AF389581

FACTVM,

DE

MESSIRE VINCENT RAGOT, Preftre Docteur en Droict Canonique, Promoteur de l'Eglife & Diocefe d'Alet, tant pour luy que pour le Syndic du Clergé dudit Diocefe, & Meffire NICOLAS PAVILLON Evefque d'Alet, entant qu'il y a, & peut avoir intereft.

Contre le pretendu Syndic, de quelques Gentils-hommes, & quelques Ecclefiaftiques & Reguliers de ce Diocefe.

Contenant une ample inftruction du Procés pendant entre eux au Confeil du Roy, avec les raifons & autoritez qui juftifient la conduite dudit Seigneur Evefque d'Alet, & des Ecclefiaftiques de fon Diocefe.

PRESENTE' PAR LEDIT PROMOTEUR

A Meffeigneurs les Commiffaires nommez par fa Majefté pour le jugement du Procés, pour luy fervir

D'ADVERTISSEMENT.

A PARIS,

M. DC. LXVI.

FAVTES SVRVENVES EN L'IMPRESSION.

Page.	Ligne.	Fautes.	Correction.
5	10	on ajoûte	ils ajoûtent.
7	7	convinere	convaincre
8	8	evoient	avoient
12	12	purticuliere	particuliere
14	4	fa	la
18	37	das	dans
21	6	eft	les
ibid	27	defquels	de quels
22	39	& qu'ils	eft qu'ils
31	36	s'il eft	s'il y eft
35	19	Vicaites	Vicaires
49	39	enferma	enfermer
53	1	en la	en le
58	7	d'Anat	d'Axat
76	17	en fait	en a fait
78	9	qu'on l'ait	quoy qu'on l'ait
ibid	39	à faire ouverture	à force ouverte
85	19	fi mal fondée de cette plainte,	de cette plainte fi mal fondée.
91	19	de qu'il	de ce qu'il
107	8	rapportant	rapportent.
ibid	21	de qu'il	de ce qu'il
108	31	exceptiftis	excepiftis
119	3	conçûe	conceuë
ibid	31	vivant	fuivant
135	11	Hilaronus	Hilarionus
138	44	fut	& fut
148	36	fericti	ftricti
161	22	pœncitentiæ	pœnitentiæ

FACTVM,

De Meſſire Vincent Ragot Preſtre Docteur en Droit Canonique, Promoteur de l'Egliſe & Dioceſe d'Alet, tant pour luy que pour le Syndic du Clergé dudit Dioceſe, & Meſſire Nicolas Pavillon Eveſque d'Alet, entant qu'il y a , & peut avoir intereſt.

Contre le pretendu Syndic , de quelques Gentils-hommes , & quelques Eccleſiaſtiques & Reguliers de ce Dioceſe.

CONTENANT une ample inſtruction du Procés pendant entre eux au Conſeil du Roy , avec les raiſons & autoritez qui juſtifient la conduite dudit Seigneur Eveſque d'Alet, & des Eccleſiaſtiques de ſon Dioceſe.

PRESENTE' PAR LEDIT PROMOTEUR,

A Meſſeigneurs les Commiſſaires nommez par ſa Majeſté pour le jugement du Procés , pour luy ſervir

D'AVERTISSEMENT.

IL eſt difficile de s'imaginer une vexation plus injuſte que celle que la pluſpart des Gentils-hommes du Dioceſe d'Alet font à leurs Paſteurs & à leur Eveſque, mais il n'y a point auſſi de perſecution plus glorieuſe devant Dieu, que celle que ſouffrent ces Preſtres de IESUS-CHRIST ; puis que c'eſt ſeulement pour avoir tâché de ſatisfaire à leur devoir , & d'accomplir , autant que Dieu leur en a donné de lumiere & de force, les obligations les plus eſſentielles de leur Miniſtere.

Si M. l'Eveſque d'Alet s'eſtoit contenté de joindre à une vie exemplaire , un ſoin ſuperficiel des ames que Dieu luy a commiſes, il n'auroit receu que des applaudiſſemens de toute la Nobleſſe de ſon Dioceſe ; & ceux qui le décrient aujourd'huy, auroient tenu à gloire d'avoir un Eveſque ſi pieux , parce que ſa pieté eſtant demeurée en luy meſme ; ne les auroit point troublez dans leurs injuſtices & dans leurs paſſions criminelles. Et quand meſme ce Prelat auroit fait les plus beaux reglemens du monde pour reformer les abus & arreſter le débordement des vices, s'il n'avoit point trouvé de Cooperateurs fidelles pour éxecuter ſes ordres , perſonne ne ſe ſeroit plaint de ces Loix infructueuſes , qui auroient laiſſé les plus déreglez dans la malheureuſe impunité qu'ils ſouhaittent.

A ij

Mais parce que M. d'Alet s'eſt appliqué ſerieuſement à procurer le ſalut de ceux dont il doit répondre à I. C. en travaillant à em-peſcher autant qu'il ſe pourroit la profanation des Sacremens, qui fait trouver le poiſon où on doit trouver le remede, & que Dieu beniſſant les ſoins qu'il a pris de former des bons Eccleſiaſtiques, a donné aſſez de zele & de force à pluſieurs de ſes Curez pour mettre en pratique, autant que Dieu leur en donnoit d'ouverture, ſes ſaintes inſtructions. Comme d'un coſté ils ont rendu de tres-grands ſervices à pluſieurs bonnes ames qu'ils ont miſes dans le chemin d'une vie vrayement chreſtienne, ils ſe ſont attirez de l'autre une cruelle guerre, de la part de ceux qui *haïſſoient la lumiere parce que leurs œuvres eſtoient mauvaiſes*, ſelon la parole de l'Evangile, & qui ont regardé comme une choſe inſupportable, qu'on les vouluſt aſ-ſujettir aux loix de Dieu & de l'Egliſe.

Voilà le veritable ſujet du Procés que les Gentils-hommes du Dioceſe d'Alet ont fait à leurs Curez. Car ce Prelat ayant veu qu'une patience de 20. années ne pouvoit rien gagner ſur ces ames endurcies, ſe crut obligé pour delivrer luy meſme ſon ame, & n'eſtre pas chargé de leur ſang quand il comparoiſtra devant le Souverain Iuge, d'inſtruire dans ſes conferences les Curez & les Confeſſeurs de ſon Dioceſe de l'obligation qu'ils avoient de porter efficacement ceux d'entre ces Gentils-hommes qui eſtoient leurs paroiſſiens, à changer de vie, & à reparer le tort qu'ils avoient fait au prochain, ou le ſcandale qu'ils avoient cauſé.

Quelques uns des Curez voulant obeïr à Dieu qui leur parloit par la bouche de leur Prelat, ſe mirent en devoir de faire con-noiſtre à cette Nobleſſe ſes obligations ; mais ils n'en receurent que des mépris & des rebus. De ſorte que ne pouvant ſans trahir leur miniſtere & violer les plus ſaintes regles de l'Egliſe, les admettre aux Sacremens, qu'ils ne pouvoient, en l'eſtat où ils eſtoient, recevoir ſans ſacrilege, ils furent obligez de les leur refuſer. Et M. d'Alet les ayant trouvez dans le cours de ſes viſites dans cette diſpoſition d'impenitence ; & voyant que quelques uns d'en-tre eux avoient paſſé juſqu'à trois, quatre, ſix & huict ans ſans ſe mettre en eſtat de participer aux Sacremens, & que tous ſes avertiſſemens & ſes remontrances reïterées avoient eſté inutiles à leur égard, il fut contraint d'interdire l'entrée de l'Egliſe à quelque uns d'eux, & il en excommunia ſeulement un, dont la vie eſtoit horiblement ſcandaleuſe.

Ce procedé ſi canonique, qui n'avoit point d'autre ſource que la charité d'un vray Paſteur, & point d'autre fin que le ſalut de ces ames égarées, les irrita au lieu de les ramener. Ils apprehenderent qu'on ne diminuaſt ce pouvoir tyranique qu'ils avoient exercé juſqu'alors ſur leurs vaſſaux. Ils craignirent comme ils le diſoient

eux meſmes

eux mefmes de n'eftre plus roys dans leur païs, & que M. d'Alet & les Curez ne les troublaffent dans cette licence à laquelle ils eftoient accoutumez.

C'eft pourquoy, comme s'il euft efté queftion de remedier à un mal tres preffant, ils firent diverfes affemblées en divers lieux du Diocefe avec grand éclat fans permiffion du Roy, ny du Gouverneur, ny du Lieutenant de Roy de la Province, ny d'aucun Magiftrat, & coururent de village en village pour folliciter les habitans de fe plaindre de leurs Curez, à qui par ce moyen, ils fufciterent plufieurs procez.

Ce procedé fi violent, & fi injufte porta les deux Archipreftres du Diocefe d'aller eux mefmes à Toulouze pour fe plaindre au Parlement de ces entreprifes & des vexations étranges que l'on faifoit aux Curez, & ils y prefenterent Requefte pour en obtenir des deffenfes. C'eft à quoy ils fe reduifoient & non pas à porter cette caufe dans ce Parlement, puifqu'apres avoir montré que les Curez dont on fe plaignoit & qu'on accufoit d'une infupportable feverité dans l'adminiftrariou du Sacrement de Penitence, ne fuivoient que des regles conftantes & autorifées, par le fentiment de toute l'Eglife & particulierement de l'Eglife Gallicane, on ajoûte enfuitte : *Que s'il y a des penitens qui croyent que les Confeffeurs pour s'y attacher, meritent punition, ils devroient au moins reconnoiftre que ce n'eft pas un crime privilegié, pour lequel ils puiffent les traduire au Tribunal feculier : mais en tout cas s'ils abufent de la fainteté de ces regles, ou fe fervent mal des Ordonnances de leur Evefque, leur donnant un fens contraire à fon intention, ils doivent les appeller devant leur Superieur Ecclefiaftique : ce qu'ils evitent pourtant malicieufement, parce que fçachant, que les Ecclefiaftiques ne peuvent répondre de ces matieres devant le tribunal Seculier fans encourir les Anathemes & Cenfures qui font portées contre ceux qui foumettent les Sacremens à fon autorité, ils penfent que par ce moyen ils pourront facilement faire condamner par defaut & fous des pretextes controuvez, ceux qu'ils fçavent n-avoir pas la liberté de s'y venir deffendre.*

Mais quoy que cette requefte qui fut imprimée dés lors, euft efté donnée à tous les Confeillers de la grand'Chambre & à plufieurs des autres, on ne pût jamais obliger ce Parlement d'y rien répondre, parce que d'une part elle eftoit fi jufte qu'on ne la pouvoit rejetter, ne s'agiffant que d'en obtenir des deffenfes, & non point de le rendre juge de cette affaire puis qu'il y eftoit au contraire declaré expreffement, que les Curez ne s'y pouvoient deffendre fans encourir les Cenfures de l'Eglife, & que de l'autre il y avoit une faction trop forte contre M. d'Alet pour en pouvoir rien tirer de pofitif pour reprimer ceux qui combattoient fa conduitte.

Ce fut fans doute ce qui donna encore plus de hardieffe à ces Gentil-hommes, & qui les porta à fe lier plus étroittement en creant des Syndics par un attentat manifeste contre l'autorité du Roy, pour s'employer avec plus d'ardeur & plus de perseverance à tourmenter les Curez.

Quelques Reguliers à qui M. l'Evesque d'Alet n'avoit pas jugé à propos pour des raisons importantes, de donner la permission de prescher & de confesser, se joignirent à cette cabale, & elle se grossit encore de quelques Ecclesiastiques déreglez qui ne pouvoient souffrir qu'on les voulut obliger de vivre clericalement, & de n'entrer dans les benefices que par des voyes legitimes.

Le principal moyen que ces Gentils-hommes crurent devoir employer pour ruiner la discipline que M. d'Alet avoit établie dans son Diocese, par un travail de 23. années, fut de la rendre odieuse par une infinité de calomnies. Et afin qu'elles portassent un plus grand coup, ils eurent la temerité de les adresser au Roy, s'imaginant que sa Majesté en estant prevenuë, il seroit plus difficile d'effacer les impressions desavantageuses qu'elles auroit prise de la conduitte de ce Prelat.

Ils dresserent dans ce dessein un cahier de plaintes qu'ils envoyerent au R. P. Annat, avec une lettre signée de 16. ou 18. de ces Gentils-hommes. Ce Pere presenta cette piece au Roy. Mais quoy que sa Majesté pust estre surprise par le recit de tant de faits qui estoient raportez avec une si étrange hardiesse, qu'une personne moins judicieuse & moins équitable, y eust pu d'abord ajoûter foy; elle entrevit par la lumiere si penetrante de son esprit, au travers de ces impostures, qu'il n'y avoit pas d'apparence que la conduitte d'un Prelat fust telle, qu'elle estoit representée dans cet écrit calomnieux. Et pour s'en asseurer davantage elle mist ces plaintes entre les mains de M. l'Archevesque de Paris, en luy ordonnant d'en écrire à M. d'Alet & de luy en envoyer copie. M. de Paris s'acquitta de cette commission d'une maniere tres obligeante, & M. d'Alet luy envoya avec la lettre qui a esté imprimée les reponses au cahier des Gentils-hommes, qui ayant esté presentée au Roy par M. l'Archevesque de Paris, sa Majesté apres les avoir examinées dans son Conseil le chargea d'écrire de sa part à M. d'Alet qu'elle estoit pleinement satisfaite de ces réponses & de sa conduitte, & qu'elle se recommandoit à ses prieres, ausquelles elle avoit bien de la confiance.

Pendant que ces Gentils-hommes faisoient joüer cette machine à la Cour pour perdre leur Evesque dans l'esprit de sa Majesté, si la simple exposition de la verité n'eust dissipé leurs calomnies; il arriva au mesme temps une rencontre particuliere qui fit éclater leurs mauvais desseins.

Quelques Curez qui n'avoient pas esté de ces chiens muets qui sont maudits par l'Ecriture, ayant publié un monitoire & receu en suitte des depositions contre un de ces Gentils-hommes Syndiquez dont la vie est si debordée, que M. d'Alet a esté obligé de l'excommunier pour ses desordres tout à fait horibles & scandalleux, ce Gentil-homme obligea par contrainte & par menaces quelques particuliers ses vassaux de desavoüer leurs depositions, & de changer mesme la marque qu'ils avoient pris pour seing, afin de pouvoir par là convincre ces Curez de faussété.

Ce procedé si étrange porta celuy des Syndics du Clergé, qui estoit chargé de pourvoir aux affaires qui pouroient arriver, à presenter sans le sçeu de M. d'Alet, une Requeste au Parlement de Toulouze contre la Noblesse liguée, sur laquelle Requeste intervint Arrest du 5. Octobre 1663. par lequel les parties furent renvoyées en jugement huitaine apres la saint Martin, pour apres avoir esté ouïes, ensemble le Procureur General de sa Majesté, leur estre fait droit ainsi qu'il appartiendroit; & fut ordonné que cependant l'Acte du pretendu Syndicat des Gentils-hommes seroit remis au Greffe du Parlement, avec deffenses à toutes personnes de troubler les Curez, Vicaires & autres Ecclesiastiques dudit Diocese, dans les fonctions de leur charges, à peine de quatre mil livres d'amande; & à tous Notaires de recevoir aucunes plaintes, ny informer contre lesdits Ecclesiastiques, à peine de nullité & sur les peines portées par les Ordonnances : ce qui auroit esté aussi ordonné par Arrest du Conseil d'Estat du 5. Novembre de la mesme année, rendu sur les plaintes faites à sa Majesté par M. le Prince de Conty, des entreprises desdits Gentils-hommes. Cet Arrest du Parlement de Toulouze fut signifié au Sieur de Rennes l'un desdits Syndics, aussi à l'insceu de M. d'Alet. Mais il arriva par une surprise que l'Huissier qui estoit chargé de faire cette signification à ce Syndic pretendu de la Noblesse, n'ayant ordre que de notifier les inhibitions portées par ledit Arrest, exceda sa commission, & luy donna assignation au Parlement de Toulouze. La surprise fut reconnuë & desavoüée expressement par l'Huissier mesme dés le lendemain, comme il paroist par les pieces que ce Gentil-homme a produites au procez, de sorte qu'il n'avoit eu aucun lieu de s'en servir.

Mais nonobstant cela les Gentils-hommes liguez crurent qu'ils devoient prendre ce mauvais pretexte pour se servit contre M. d'Alet, de l'autorité d'une brigue puissante qu'ils ont au Parlement de Toulouze, où ils avoient plus de trente des principaux Officiers qui estoient ou leurs parens, ou ennemis declarez de M. l'Evesque d'Alet, à cause de l'affaire de Pierre Aostenc Receveur des Tailles du Diocese d'Alet, condamné à mort, à la Requeste du Syndic de la Province de Languedoc, ensuitte de la plainte que ledit Sieur Evesque avoit faite aux Estats, des concussions, pilleries & malverſations commiſes par ledit Aoſtene en l'exercice de ſa charge dans ledit Dioceſe: ce qui a fait de puiſſans ennemis à M. l'Eveſque d'Alet dans le Parlement de Toulouze, parce que ce Receveur eſt appuié d'une puiſſante brigue audit Parlement, ayant épouſé la fille du Preſident Cironis. Ces Gentils-hommes voulant donc ſe ſervir de ces avantages, preſenterent une Requeſte au Parlement pleine d'une infinité de faux faits, & qui contenoit une partie des meſmes impoſtures dont ils evoient remply le memoire envoyé au Roy, & quelques-unes de nouvelles.

M. l'Eveſque d'Alet ayant eſté averty de ces procedures, & ne pouvant eſperer aucune juſtice au Parlement de Toulouze, tant à cauſe du grand nombre de parens, que ces Gentilshómes y avoient, qui excede celuy de vingt, ſans comprendre la brigue du S. de Freſals qui eſt tout a fait oppoſée à M. d'Alet pour les cauſes qui ont eſté marquées; & de plus s'agiſſant de matieres purement ſpirituelles, & qui regardoient la conſcience pour leſquelles le Parlement de Toulouze eſt entierement incompetent, il crût que pour faire ceſſer tous ces troubles & la perſecution qui luy eſtoit ſuſcitée, & à ſes Eccleſiaſtiques, il ſe devoit mettre ſur la protection du Roy & de ſon Conſeil.

Il ne s'agit pas de punir ces Gentils-hommes de leurs excez. Car quoy qu'ils ſoient notoires & publics, & qu'il y en ait peu qui ne ſe puiſſent prouver par des actes autentiques; ce n'a jamais eſté l'intention de M. l'Eveſque d'Alet d'entreprendre cette pourſuitte criminelle. Il les conſidere toûjours comme ſes enfans. Il n'a pour eux que des entrailles de Pere. Plus leur eſtat eſt miſerable & plus il ſe croit obligé de travailler à les en tirer: & il eſpere qu'en ſouffrant en eſprit d'humilité & de penitence les outrages qu'ils luy font, il pourra peut eſtre attirer en fin la miſericorde de Dieu ſur eux. Que s'il decouvre leurs excez ce n'eſt pas pour leur inſulter, ny pour aigrir contre eux, ceux qui ont le pouvoir de les en punir; mais c'eſt ſeulement pour empeſcher que la conjuration qu'ils ont faite entre eux, ne mette un obſtacle au ſoin qu'il deſire prendre pour leur conſervation & pour leur ſalut.

Il ne s'agiſt pas non plus d'examiner ſi la conduite que M. d'Alet garde dans ſon Dioceſe, eſt canonique & conforme à l'Eſprit de l'Egliſe. Il en a rendu compte à ſa Majeſté en répondant, comme elle avoit deſiré, aux plaintes calomnieuſes de ces Gentilshommes, & elle luy a rendu témoignage, luy faiſant écrire par M. l'Archeveſque de Paris, qu'elle en eſtoit pleinement ſatisfaite.

Il s'agit ſeulement de ſçavoir, s'il eſt permis à des Gentilshommes de faire des aſſemblées & de créer des Syndics, ſans permiſſion de ſa Majeſté ou de ceux qui ont ſon autorité dans la Province: S'il leur eſt permis ſous un pretexte qui ne manque jamais, de s'aſ-
ſembler,

sembler, de persecuter par une infinité de voyes les Curez & les Vicaires pour leur faire trahir leur ministere, & de faire leurs efforts pour troubler tout un Diocese, & y détruire le travail & l'application de 25. ans, afin d'obliger un Evesque à relascher des regles saintes & sacrées de l'Evangile, contre son devoir & sa conscience.

ECLAIRCISSEMENS PARTICVLIERS.

APRES avoir donné cette idée generale de l'affaire des Gentils-hommes, il est necessaire d'en expliquer tous les points en particulier, afin de ne laisser aucune couleur à la calomnie de se cacher sous des accusations vagues, ou de se prevaloir de certains faits si malicieusement proposez, que ce qui semble en apparence devoir faire blasmer la conduite d'un grand Evesque, est au contraire ce qui en doit donner une siguliere veneration.

Mais afin qu'il y ait moins de confusion dans ces Eclaircissemens, on les divisera en six parties.

La premiere sera des plaintes que ces Gentilshommes ont osé proposer à sa Majesté.

La seconde de celles qu'ils ont inserées dans leur requeste au Parlement de Toulouze.

La troisiéme des cas particuliers, publics & notoires qui ont empesché que les Gentilshommes nommez dans le Syndicat, n'ayent esté receus aux Sacremens; ce qui les a portez à exciter tout ce trouble.

La quatriéme de l'étrange persecution qu'ils ont faite à l'un des meilleurs Prestres du Diocese d'Alet, pour donner quelque couleur à leurs calomnies.

La cinquiéme des desordres qu'ils ont voulu autoriser pour faire de la peine à M. d'Alet, en ruinant la discipline qu'il a tasché d'établir.

La sixiéme des pretentions schismatiques de quelques reguliers, que ces Gentilshommes ont compris dans leur Syndicat, de prescher & de confesser dans le Diocese d'Alet contre le gré de l'Evesque, ou de quester n'en estant pas.

PREMIER ECLAIRCISSEMENT.

Des Plaintes presentées au Roy, & refutées par M. d'Alet.

Ce n'est que pour renuoyer aux Réponses de M. d'Alet que l'on parle icy de ces plaintes. Car il n'y a rien à ajoûter aux justifications si nettes, si sinceres & si moderées de ce charitable Pasteur qui ne respire que le salut de ceux qui le persecutent lors mesme qu'il est obligé de se defendre de leurs outrages.

Comme ces Réponses ont déja été imprimées par deux fois, il

seroit inutile de les repeter icy. Mais il est absolument necessaire
de les lire, comme la plus importante piece de cette affaire, parce
qu'elle comprend tout ce que ces Gentilshommes ont pû trouver
de plus specieux pour décrier la conduite de ce Prelat, de sorteque
ces calomnies estant ruïnées, comme sa Majesté a déja jugé dans
son Conseil qu'elles l'estoient entierement par cette Réponse, il
n'y a pas lieu de douter que toute cette tempeste ne soit un ouvrage de tenebres & de cabale, qui n'a pour fondement que le mensonge & l'imposture, & pour but que de se procurer une licence
effrenée dans les injustices & dans les desordres.

Mais ce qui est plus considerable, est que selon toutes les loix & civiles & canoniques, des personnes qui ont esté convaincuës de calomnies si manifestes contre leur Prelat en des matieres si importantes, non seulement ne doivent plus estre ouïs, mais on est obligé de
les condamner à reparer de tels excés par une satisfaction publique.

Et c'est ce qui fait voir l'aveuglement horrible de ces personnes.
Ils se plaignent qu'on ne les reçoit pas aux Sacremens : Et ils y apportent un nouvel obstacle qui les met encore plus hors d'estat de
les recevoir qu'ils n'estoient auparavant. Car s'il est dit d'Hero-
des, qu'estant repris par saint Iean de tous les maux qu'il avoit
faits, il ajoûta à ses autres crimes celuy de mettre ce Saint en prison : *Adjecit & hoc super omnia , & inclusit Ioannem in carcere* ;
On peut dire aussi de ces Gentils-hommes, qu'estant repris par
leur Evesque de leurs crimes & de leurs desordres, ils ont ajoûté
pour surcroist à tous leurs autres pechez, de s'emporter comme
des phrenetiques contre le medecin qui les veut guerir, & de noircir par des impostures attroces la sainteté de sa conduite. Or comment veulent-ils apres cela qu'on les admette à la participation des
saints mysteres qui ne pourroient que leur donner la mort dans un
si mauvais estat ? Il est ordonné par un des plus anciens Conciles
de l'Eglise : *Que si quelqu'un ne peut prouver les crimes qu'il auroit impo-*
sez faussement à un Evesque, ou à un Prestre, ou à un Diacre ; on ne luy
doit pas donner la communion mesme à la mort. Voila ce que merite cette criminelle temerité, selon ce Canon qui a esté renouvellé par le
Pape Adrien I. dans ses capitulaires c. 62. Il suffit pour tomber
dans la peine de ce Canon d'avoir imposé un crime à un Ministre
de I. C. & de ne le pouvoir prouver. On ne demande point d'autre
marque de la fausseté de l'accusation, parce que tout accusateur est
censé caloniateur s'il ne prouve ce qu'il avance. Or comment pour-
roient-ils, par exemple prouver les erreurs grossieres & detestables
qu'ils attribuent à M. d'Alet contre le sceau de la confession. M. d'A-
let leur à respondu : *Qu'on ne peut assez s'estonner de la hardiesse qu'ils*
avoient prise d'imposer à un Evesque une erreur si grossiere, & une impieté
si execrable qui rendoit tout à fait odieux l'usage d'un Sacrement si neces-

Conc. Elibe-
rit. c. 74.

faire à tous les fidelles, comme eſt celuy de la penitence ; d'autant plus qu'il à pris un ſoin particulier depuis le commencement de ſon adminiſtration juſqu'à preſent, d'enſeigner & d'inculquer en toutes ſortes d'occaſions, tant aux Eccleſiaſtiques qu'aux Laïques, l'obligation tres étroite que contraEtent les Confeſſeurs de garder inviolable le ſecret de la confeſſion, non ſeulement à l'égard des crimes & notables pechez ; mais encore des plus legers & meſme des moindres choſes qui peuvent donner en quelque maniere que ce puiſſe eſtre, la connoiſſance de ce qui eſt declaré dans la confeſſion, leur remontrant & leur faiſant apprehender les peines que l'Egliſe a impoſées à tous les infraEteurs de cette loy indiſpenſable ; ce qui ſe juſtifie par les matieres des conferences données aux Eccleſiaſtiques, & par les inſtruEtions chrétiennes que l'on en fait au peuple.

Qu'ont-ils repliqué à cela, & que peuvent-ils y repliquer ? Et ainſi il n'y a point dans l'Egliſe de Confeſſeur à moins qu'il ne ſoit entierement ignorant, ou étrangement corrompu qui les puiſſe abſoudre, ou leur donner aucune eſperance de pardon, s'ils ne ſatisfont à une médiſance ſi criminelle par une reparation publique, puis que ce ſeroit une hereſie de croire qu'une perſonne ſoit capable d'abſolution en ne voulant pas ſe dedire d'une diffamation ſcandaleuſe contre l'honneur d'un Eveſque.

Cependant voila une image de l'embaras où ſe ſont ſouvent trouvez les Curez du Dioceſe d'Alet, & de ce qui a fait crier contre eux ces pecheurs impenitens. Ils ne ſe ſont trouvez dans l'impuiſſance d'abſoudre ces Gentils-hommes, que comme ils s'y trouveroient encore aujourd'huy avant qu'ils euſſent deſavoüé de ſi noires calomnies contre leur Prelat. Et comme en leur refuſant l'abſolution dans cet eſtat, ils ne feroient que ſuivre les regles indiſpenſables de la conduitte des ames ; ils n'ont ſuivy que les meſmes regles lors que pour de ſemblables raiſons, ils n'ont pas ſouffert qu'ils ſe rendiſſent encore plus coupables qu'ils n'eſtoient par la prophanation des choſes ſaintes.

Second Ecclaircissement.

Contenant la Réponſe à d'autres plaintes des Gentils-hommes dans une Requeſte au Parlement de Toulouze.

Ces plaintes des Gentils-hommes dans leur Requeſte au Parlement de Toulouze eſtant preſque les meſmes en ſubſtance que celles qu'ils avoient déja envoyées en Cour, on auroit pû ſe paſſer d'y répondre, s'il n'avoit eſté avantageux de faire voir en particulier, qu'en oſtant les menſonges & les fauſſetez dont ils alterent pluſieurs des faits qu'ils rapportent ; il n'y a que des ſujets d'approbation & de loüange, en ce qu'ils prennent, ou par ignorance, ou par malice, pour des marques d'une conduite fort blaſmable.

Et pour agir avec plus de sincerité, on imitera le procedé de M.
d'Alet en rapportant leurs propres paroles , & joignant à chaque
Article la Refutation de leurs vains ou malicieux reproches.

I. Plainte.

„   Que les Curez & les Vicaires du Diocese d'Alet, ayant depuis
„ longues années pris une conduite toute particuliere, & contraire à
„ l'Esprit universel de l'Eglise en la direction des consciences de leurs
„ Parroissiens, & en l'administration des Sacremens se sont portez à
„ cét excés de rigueur, &c.

Refutation.

Il n'y a rien de plus injuste & de plus pernicieux que ces accusations vagues *de conduite toute particulière & contraire à l'esprit universel
de l'Eglise en la direction des consciences & en l'administration des Sacremens.* C'est un moyen asseuré de décrier tout ce qu'un S. Evesque
taschera de faire , pour reformer les abus qu'il aura trouvez dans
son Diocese, pour oster du Clergé les vices qui le deshonorent ;
pour en bannir l'avarice, la débauche & l'impureté ; pour arrester
les debordemens qui se sont glissez, comme dit S. Charles, dans
presque toutes les conditions , & qui font que presque personne ne
s'y peut sauver ; & enfin pour rétablir au moins quelque chose de
cette ancienne discipline, que les Peres ont appellée, *disciplinam
deificam*, & dont la ruine n'a pas esté seulement le sujet des gemisse-
mens des gens de bien , mais aussi l'une des principales causes de
tant d'heresies qui ont déchiré le sein de l'Eglise dans ces derniers
temps, comme le Concile de Trente le reconnoist & le déplore.

Les lasches Ecclesiastiques, & les mauvais Chrestiens qui ne
pourront souffrir le joug d'une discipline un peu plus exacte que
l'ordinaire, quoy que beaucoup au dessous de celle de l'Eglise dans
sa premiere vigueur, ne manqueront jamais de se conserver dans la
possession de leur ancienne licence, s'il suffit pour cela de dire,
comme font aujourd'huy ces Gentils-hommes liguez *qu'on tient sur
eux une conduite toute particuliere, & contraire à l'esprit univer·sel de l'E-
glise,* en s'imaginant ridiculement, qu'on doit juger de *l'esprit de l'E-
glise,* non par ses regles & par ses Canons, mais par ce qui se fait, ou
qui se souffre communément dans l'Eglise.

Car il est indubitable que le nombre des Pasteurs ; ou Mercenaires qui ne pensent qu'à leurs interests ; ou negligens, qui ne veil-
lent que laschement à la conduite de leur troupeau ; ou peu éclairez qui ne sont guere touchez de ses maux parce qu'ils en connois-
sent peu la grandeur ; ou foibles qui n'ont pas assez de force pour
s'opposer aux dereglemens dont ils gemissent, a toûjours esté &
& sera toûjours incomparablement plus grand que le nombre de

ceux qui ont un zele ardent pour la beauté de la maison de Dieu ; une vigilance infatigable pour le salut de leurs brebis , une lumiere penetrante pour en connoistre les besoins, & une fermeté Apostolique pour faire observer malgré l'opposition & les clameurs des hommes charnels, ce que l'Ecriture & les Canons leur apprennent estre necessaire pour bien conduire les ames que I. C. leur a confiées. Et ainsi il faut avoüer, quoy qu'avec douleur, que nous ne sommes point si heureux, qu'il n'y ait par toute l'Eglise un tres-grand nombre de Dioceses & de Parroisses , où les vrayes regles de la conduite des fidelles sont tres-peu connuës, ou tres negligées, ou tres imparfaitement observées. Il n'y a donc rien de plus dangereux & de plus déraisonnable, pour ne pas user d'un terme plus fort, que de prendre le violement des vrayes regles & des plus importantes au salut des ames, ou la negligence de les observer lors qu'elle est commune & repanduë en beaucoup de lieux, pour la seule conduite que les Evesques puissent tenir, en sorte qu'ils ne puissent les faire observer plus exactement, sans que les Laïques mesmes ayent droit de les accuser, *d'avoir une conduite toute particuliere, & contraire à l'esprit universel de l'Eglise.*

Cette pretention est pire que les desordres mesmes dont on se veut procurer l'impunité, parce que ce seroit rendre les maux de l'Eglise entierement incurables, & oster toute esperance d'y voir jamais de veritable reformation.

Quand S. Charles poussé de l'esprit de Dieu entreprit de travailler en vray Pasteur, dans la conduite des ames du Diocese de Milan, la premiere chose qu'il y fit, comme il le témoigne luy mesme dans ses Harangues Synodales, fut de déraciner beaucoup d'abus qui regnoient alors presque par tout, ainsi qu'on l'apprend des plaintes qu'en font les plus grands hommes de ce temps là , & de retablir un tres-grand nombre de points de la discipline ecclesiastique qui ne s'observoient nulle part. Tous les Laïques avoient donc droit de reprocher à ce S. Cardinal, ce que ces Gentils-hommes liguez osent reprocher à M. d'Alet, *qu'il avoit une conduite toute particuliere, & contraire à l'esprit universel de l'Eglise.*

Mais quoy qu'il ait trouvé de tres-grandes oppositions à ses bons desseins, il ne paroist pas que ceux qui ne pouvoient souffrir le joug salutaire qu'il se croyoit obligé de leur imposer pour satisfaire à la charge, ayent eu la temerité d'attribuer leurs relaschemens à l'Eglise. Ils se contentoient d'alleguer leur possession & de pretendre qu'on ne devoit pas les y troubler ny les contraindre d'estre meilleurs que leurs Peres. Et c'est ce que ce Saint foudroye par ces paroles dans la Harangue qu'il fit à l'entrée de son 2. Concile Provincial. *Il ne faut pas* , dit-il, *que nous cessions de faire ce que nostre charge demande de nous, parce que le soin que nous prenons, & les reglemens*

14

que nous faisons comme Pasteurs, blessent l'esprit de ceux qui sont enfans de perdition, & que nous entendons dire ces paroles populaires, par lesquelles on couvre d'ordinaire la corruptiõ des mœurs comme avec des feüilles de figuier. Nous ne sommes plus en un temps où l'on puisse souffrir sa severité des anciens Canons. Nous avons vêcu de la sorte. Nos Peres ont vêcu de la sorte. Pourquoy prendrons nous maintenant une nouvelle façon de vie? Méprisons toutes ces paroles & tout ce que l'on peut dire de semblable.

M. l'Evesque d'Alet se doit estimer heureux qu'on ne puisse faire contre sa conduite, que des plaintes semblables à celles que l'on à faites autrefois contre la conduite du grand S. Charles, & il n'a qu'à suivre l'exemple du mesme Saint en continuant de travailler comme luy, nonobstant ces vains murmures, au retablissement solide de la discipline chrétienne, autant que la foiblesse de ce siecle le peut souffrir. .

II. Plainte.

„ Que les Curez se sont portez à cet excés des rigueur contre les
„ Diocesains, que d'en mettre ou faire mettre une partie en inter-
„ dit, d'en priver une autre partie de la participation des Sacremens
„ de la sainte Eucharistie & de la Penitence, & de faire excommunier
„ ensuitte, ceux qui n'ont pas esté à confesse au temps Paschal.

Refutation.

C'est à cela que les Gentils-hommes appliquent le reproche general qu'ils font aux Curez d'avoir une conduite toute particuliere, & contraire à l'Esprit universel de l'Eglise. Et c'est ce qui enferme une erreur visible, & mesme une heresie de la maniere qu'il est proposé. Car ils ne disent pas qu'on a interdit ces personnes, ou qu'on leur a differé l'absolution (ce qu'ils appellent priver des Sacremens) sans cause legitime ; parce qu'ils seroient obligez pour justiffier cette accusatiõ, d'alleguer les causes pour lesquelles on l'auroit fait ; & de montrer qu'elles ne sont pas legitimes, ce qu'ils n'ont garde de faire n'y pouvant trouver que leur condamnation, comme il paroistra dans la suitte de ces éclaircissemens, mais ils mettent simplement cette *conduitte toute particuliere & contraire à l'esprit de l'Eglise*, en ce qu'il y a des personnes qu'on a interdites, & d'autres à qui on a refusé l'absolution. Or on ne peut dire que cela soit contraire à l'Esprit de l'Eglise, sans luy ravir l'usage des clefs, & ne luy laisser qu'un ministere servil d'absoudre indifferremment & aveuglement tous ceux qui le demandent dans quelque disposition qu'ils puissent estre : au lieu qu'on ne peut nier sans heresie que les Ministres de l'Eglise, n'ayent aussi bien receu de I. C. le pouvoir de retenir les pechez aux pecheurs impenitens, ou qui ne sont pas encore assez bien disposez pour en recevoir l'abfolution, que de les remettre aux pecheurs vrayment penitens.

Ce n'eft donc que fur le mauvais ufage de la puiſſance de lier &
de délier, qu'on peut accuſer les Curez du Dioceſe d'Alet de conduite particuliere & d'une infupportable rigueur. Or la conduite
qu'ils tiennent, n'eft autre que celle qui eft contenuë, & qui leur a
efté enfeignée dans les Conférences du Dioceſe qui font entre les
mains de tout le monde. Il faut donc montrer, ou que ces conferences font contraires à l'Efprit de l'Eglife, ou que ſi on eft obligé d'avoüer qu'elles ne contiennent rien qui ne ſoit tres canonique,
& tres faint, les Curez & les Vicaires ne s'y font pas conformez,
& qu'ils ont fait des choſes qui y font contraires. Et c'eft ce qu'on
eft affuré qu'on ne fera point voir par des preuves juridiques.

Mais comme cette accuſation eft prefque le fondement de toutes les autres, on ne la peut mieux ruiner que par la réponſe que
M. l'Evefque d'Alet y a faite luy mefme en refutant les plaintes des
Gentils-hommes, où il reconnoift qu'en pluſieurs cas il a jugé à
propos que l'on differaſt l'abſolution, & il marque mefme quels
ils font. De forte que découvrant luy mefme ſa conduite dans ces
rencontres, qui comprennent toutes celles qui ont fait ſoulever
ces Gentil-hommes ; il faut, ou qu'ils les combattent dans ces
points particuliers, s'ils ont affez de temerité pour cela, ou que
dans l'impuiſſance de le faire ils fe dedifent de leurs calomnies.
Voicy donc ce que porte cette Réponce.

Quand au delay ou refus de l'abſolution, il eft vray que M. d'A- «
let recommande à tous les Confeſſeurs de fon Dioceſe la ſoigneuſe «
pratique des regles de l'Eglife dans la difpenfation des Sacremens, «
& fpecialement de celuy de la penitence, pour n'en prophaner «
pas l'uſage qui eft de ne point abſoudre. 1. Tous ceux qui font dans «
l'ignorance des principaux myſteres de noftre foy, & que l'on re- «
connoit que cette ignorance eft un effet de leur negligence,& man- «
que d'affection pour ce qui regarde leur ſalut; ou que ce font des «
perſonnes ſi groſſieres, que l'on ne peut pas les inftruire fur le «
champ. 2. Tous ceux qui ont pris ou retiennent le bien d'autruy, «
& ne le veulent pas reftituer felon leur pouvoir en tout ou en «
partie, ou qui ayant fait quelque tort au prochain en fon hon- «
neur refufent de le reparer. 3. Ceux qui ont quelque inimitié & «
ne veulent pas fe reconcilier avec leurs ennemis. 4. Ceux qui font «
dans l'occaſion prochaine de quelque peché, par exemple «
d'impureté, ayant chez eux ou en leur difpofition la perſonne «
avec laquelle il ont eü un cómerce criminel & ne la veulent pas con- «
gedier; oubien quand ils fe trouvét dans une condition dangereuſe «
pour eux, dans laquelle eü égard à leurs difpofitions, & à l'expe- «
rience qu'on a de leur vie paſſée; il leur eft moralement impoſſible «
de s'empefcher d'offencer Dieu mortellement; & qu'ils ne la veu- «

» lent pas quitter. 5. Ceux qui font dans quelque habitude de pe-
» chez mortel ‘& qui ne s’en corrigent point , & ne donnent aucune
» marque de leur veritable amendement ; puis que c’eft la conftante
» doctrine de l’Eglife , & dont la pratique a efté foigneufement re-
» commandée par S. Charles dans les avis qu’il a dreffez pour les
» Confeffeurs de fon Diocefe : Et il eft à remarquer que ce faint veut
» qu’on étende encore ces refus ou delais de l’abfolution à beaucoup
» de moindres cas. Or M. d’Alet s’eft contenté de propofer & recom-
» mander ces regles aux Confeffeurs dans les affemblées des Curez
» & Conferences Ecclefiaftiques de fon Diocefe , ou par quelques
» lettre Paftorale , fans leur determiner pourtant l’application au
» cas d’aucun particulier , pour leur laiffer l’entiere liberté dans cette
» fonction.

Les Curez s’en font expliquez de la mefme forte dans leur
requefte au Parlement de Touloufe , où ils declarent : Qu’on les
» perfecute , quoy qu’ils n’ayent autre penfée que de fantifier leurs
» Parroffiens par la fidelle difpenfation des Sacremens , n’exerçant
» autre feverité envers eux , que celles que leur prefcrivent les SS.
» Decrets , qui ne leur permettent point d’abfoudre ceux qui eftant
» en eftat de peché mortel , n’en veulent pas fortir , tels que font les
» perfonnes , qui ayant injuftement ravy les biens ou l’honneur du
» prochain , ne veulent le reftituer , qui ne fe veulent faire aucune
» violence pour fortir de l’habitude d’un peché quand ils y croupif-
» fent de puis long temps ; qui refufent de fe reconciler avec leurs en-
» nemis , ou fortir de l’occafion prochaine quand ils y font engagez :
» ne pouvant les Confeffeurs fe departir de cette conduitte fans blef-
» fer le fentiment unanime de toute l’Eglife , & fpecialement des
» Prelats de l’Eglife Gallicane qui delibererent en leur Affemblée
» generale de l’année 1655. que le livre des Avis aux confeffeurs de
» faint Charles Boromée , ou ces 4. cas font contenus fuft imprimé
» aux depens du Clergé , afin que quelque Confeffeur ne vint à errer
» par ignorance contre des maximes fi neceffaires à fuivre.

C’eft contre cette premiere requefte des Curez auffi bien que
contre la deuxiéme , que les Gentils-hommes ont prefenté celle
d’où font tirées les plaintes , aufquelles on répond icy. Pourquoy
donc difent-ils en l’air , que ces Curez ont *une conduite toute particuliere dans l’adminiftraion des Sacremens* , puis qu’ils declarent fi nette-
ment quelles font les maximes qu’ils fuivent dans l’adminiftation
de la penitence , & enquoy confifte ce que l’on veut faire paffer
dans leur conduite pour un excez de rigueur ? Pourquoy ces Cenfeurs temeraires de leurs Pafteurs ne marquent ils pas en particulier ce qu’ils trouvent à redire ou en toutes , ou en quelqu’une de
ces maximes ? Et s’ils n’y peuvent rien reprendre , quel crime ont
commis des Preftres de fuivre avec autant de charité que de fermeté

meté des regles ſi ſaintes & ſi ſalutaires ? Ne meritent-ils pas qu'on
leur adreſſe ces parole de ſaint Cyprien contre de ſemblables pecheurs inſolens, *qui querelloient les Preſtres & les Eveſques, de ce qu'on* De lapſis.
ne leur vouloit pas permettre de recevoir auſſi-toſt le Corps du Seigneur
avec des mains toutes ſoüillées, & de boire ſon ſang avec une bouche cor-
rompue ? Furieux & inſenſé, dit ce ſaint Martyr, conſidere combien ta
folie eſt grande ! Tu t'animes de colere contre celuy qui tâche de detour-
ner la colere de Dieu de deſſus toy. Tu menaces celuy qui implore pour
toy, la miſericorde du Seigneur, qui ſent ta playe laquelle toy-meſme tu ne
ſens pas, & qui rèpand des larmes pour toy, lors que peut eſtre tu n'en ré-
pand pas pour toy-meſme. Ne vois tu pas que tu augmente encore ton crime,
que tu le fais monter juſqu'à ſon comble ? Penſe-tu pouvoir appaiſer l'indi-
gnation de Dieu contre toy, puis qu'on ne ſçauroit appaiſer la tienne contre
les Pontifes & les Miniſtres de Dieu ? Ecoute plûtoſt ce que nous
diſons : Pourquoy te rens tu ſourd à nos paroles, & aux preceptes
ſalutaires que nous te donnons ? Pourquoy fermes tu les yeux pour ne pas
voir le chemin ſalutaire de la penitence que nous te montrons ? Pourquoy
l'ame qui eſt bleſſée & malade refuſe t-elle les remedes Souverains que nous
luy preſentons, & que nous enſeignons aux autres apres les avoir appris des
Ecritures divines ?

Voila pource qui regarde ceux que ces Gentils-hommes ſe plaignent qu'on a privez de la participation des Sacremens & qu'ils
diſtinguent de ceux qu'ils diſent qu'on a mis en interdit. A les en-
tédre dire *qu'on a exercé un tel exces de rigueur envers les Dioceſains d'A-*
let, qu'on en a mis une partie en enterdit, & qu'on en a privé une autre partie
des Sacremens, il ſemble qu'il n'y ait preſque plus dans le Dioceſe
d'Alet que des interdits, ou des perſonnes qu'on n'abſout point.
Mais ſans parler de ces derniers dont la conduite dépend du ſecret
de la Confeſſion, le nombre des interdits qu'on a voulu faire paſſer
pour infiny ne paſſe pas 15. ou 16. dont aucun ne l'a eſté que tres-
canoniquement, ou pour n'avoir pas fait ſon devoir paſchal en
gardant l'ordre preſcrit par le Canon : *Omnis utriuſque Sexus*, apres
la publication que M. d'Alet, ſelon l'ordre de l'Egliſe, en fait faire
au commencement du Careſme dans toutes les Paroiſſes, ou en
executant les Ordonnances de M. d'Alet renduës contre ceux qui
eſtoient tombez dans quelque peché public & ſcandaleux & qui
ayant eſté citez à la congregation de ce Prelat, n'ont pas voulu ſe
ſoûmettre & reparer le ſcandale qu'ils avoient donné.

Mais ce que ſuppoſent ces Gentils-hommes qu'on excommunie
ceux qui n'ont pas fait leur devoir paſchal eſt une autre fauſſeté.
Car il eſt notoire que M. d'Alet depuis 25 ans qu'il eſt Eveſque, n'a
excommunié que 7. ou 8. perſonnes, & tous pour des crimes publics dans leſquels ils perſeveroient, & nul pour n'avoir pas fait ſon
devoir paſchal.

On les marquera tous, mais ſans les nommer, afin qu'on puiſſe
mieux juger quelle eſt la ſageſſe & la moderation de M. d'Alet dans
l'uſage qu'il fait des Cenſures de l'Egliſe.

Il y a eu un habitant de Caudies & deux autres de baſſe condition
qui ont eſté excommuniez pour concubinage public.

Entre les Gentils-hommes, il y en a un qui ayant eſté auſſi excommunié apres les monitions canoniques pour un concubinage
public, a tiré par la miſericorde de Dieu, un ſi grand avantage de
cette ſeverité ſalutaire, que ſa conſtante & ſolide converſion a
réjoüy les Anges & edifié l'Egliſe, n'eſtant pas moins à preſent un
exemple de pieté, qu'il l'avoit eſté auparavant d'une vie licen-
tieuſe.

Vn autre a eſté retranché de la communion des fideles pour un
inceſte ſcandaleux, tenant une fille dans ſa maiſon qu'on ſçavoit
eſtre ſa filleule, de laquelle il avoit pluſieurs enfans.

Vn autre qui ſe rendoit indigne du nom Chrétien par un concubinage public, qu'il ne vouloit point quitter, n'euſt pas plûtoſt
eſté frappé de cette foudre ſpirituelle, qu'il ſe trouva mal & mourut dans huit jours d'une maladie extraordinaire, qui eſtoit une
eſpece de ſueur de ſang qui ſe cailloit enſuitte, & faiſoit une crou-
ſte ſur tout ſon corps, en ſorte qu'il faiſoit horreur : ce qui l'ayant
fait rentrer en luy meſme & reconnoiſtre celuy qui frappoit ſon
corps pour ſauver ſon ame, comme ſaint Paul dit de l'inceſteux de
Corinthe, il ſe reconnut, & dit à ſon Medecin, que ſon mal venoit
de Dieu, qu'il n'y avoit point de remede dans la medecine, &
qu'on voyoit en ſa perſonne ce que c'eſtoit que de ne pas obeir à
ſon Eveſque.

Vn autre a eſté declaré avoir encouru l'excommunication du
Canon : *Si quis ſuadente* contre ceux qui outragent les Eccleſiaſtiques pour avoir donné un ſoufflet au Vicaire de ſon village, à cauſe
qu'il n'avoit pas laiſſé porter un des baſtós du poëſle à la proſſeſſion
du jour du ſaint Sacrement, à l'un de ſes Officiers, qui eſtoit un
yvrongne ſcandaleux & qui n'avoit pas fait ſon devoir Paſchal.

Enfin tous ceux-là ou eſtant morts, ou ayant eſté abſous, il y en
a un qui eſt encore preſentement dans les liens de l'excommunication : mais parce que c'eſt un des principaux de ces Gentilshommes Syndiquez on ſera obligé d'en parler das la ſuite de ces
éclairciſſemens, & de faire voir par ſon exemple, qu'un ſi effroya-
ble débordement de vice, ayant eſté puny ſi tard, apres une ſi
longue patience, & tant d'avertiſſemens charitables qui n'a-
voient produit qu'un plus criminel endurciſſement, il y auroit
plus de ſujet de ſe plaindre de la trop grande douceur de M. d'A-
let, que de ſa trop grande ſeverité.

Peut-on apres cela parler de ceux que M. l'Eveſque d'Alet s'eſt trouvé obligé d'excommunier, à moins qu'on ait deffein, non pas de former une accufation contre fa conduite, mais de faire l'eloge de fon zele epifcopal ?

III. Plainte.

Que les Curez ont obligé plufieurs de fe prefenter aux Confef- ”
fionnaux avec Notaires & témoins pour faire voir qu'il ne tient pas ”
à eux qu'il ne rendent leurs devoirs à l'Eglife.   ”

Refutation.

Apres avoir fait un crime aux Curez & aux Vicaires du Diocefe d'Alet, de ce qu'ils ont plus de foin que n'en ont ailleurs plufieurs Preftres, qui connoiffent peu les devoirs de leur miniftere, de ne point donner *le Saint aux chiens* en recevant aux Sacremens ceux qui n'y apportent pas les difpofitions neceffaires, qui confiftent principalement dans une veritable converfion, & ue refolution fincere de quitter le peché, & les occafions prochaines qui y engagent, il n'eft pas étrange qu'on leur faffe encore un autre crime du procedé irregulier de quelques pecheurs endurcis, qui par une profanation facrilege du Sacrement de penitence, ont voulu que ce jugement divin que le Preftre exerce en la place de Iefus Chrift, foit en retenant, foit en remettant les pechez, ne foit qu'une action de valet dont ils doivent rendre compte devant un Notaire & des témoins, afin que tout ce qu'il fait pour le bien des ames par la connoiffance qu'il a de leur eftat felon les regles de l'Evangile & de l'Eglife, & le mouvement de fa confcience, foit foûmis à la cenfure des laïques comme l'affaire du monde la plus feculiere.

Mais afin de mieux connoiftre l'efprit de ceux qui ont introduit cét ufage, il eft bon de reprefenter quelle en a efté l'origine. Dans la vifite generale que M. d'Alet fit de fon Diocefe en 1650. ayant reconnu par plufieurs plaintes des pauvres gens qu'on les ruïnoit par des prefts & autres contracts ufuraires, on fit publier des monitoires en toutes les Parroiffes contenant en divers articles toutes les efpeces d'ufures qui fe pratiquoient dans les prefts d'argent, de grains, dans les ventes de laines, dans le loüage ou focieté de toute forte de beftail, &c. Les Curez & les Vicaires receurent les revelations & les depofitions de tous les plaignans, & des autres qui avoient connoiffance de ceux qui pratiquoient ces ufures, & en fuitte ils les envoierent à M. d'Alet, qui fit faire un eftat pour chaque perfonne contre qui on avoit depofé, où eftoit le nom des depofans, le fait dont ils depofoient, & de quels lieux ils eftoient, & on envoya cét eftat aux Curez & aux Vicaires des perfonnes accufées de ces ufures auec ordre de leur faire voir ces depofitions, & de faire venir ceux qui avoient dépofé pour éclaircir la verité de ce qu'ils avoient dit.

C ij

CependantM. l'Evesque d'Alet fit diverses Conferences, où il expliquoit toutes les conditions necessaires pour rendre justes & exempts de peché les divers contracts que l'on reconnut avoir esté exercez dans ce Diocese, & il marquoit en mesme temps les commerces & les contrats qui estoient injustes d'eux mesmes, les defauts qui estoient intervenus dans ceux qui d'eux mesmes sont justes, & les regles qu'il falloit garder pour faire faire les restitutions.

Il reduisit mesme ces Conferences en instructions par demandes & responses, afin d'en instruire les peuples, à quoy Dieu donna une telle benediction, que quoy que le Diocese soit assez petit, & qu'il n'y ait aucune Ville considerable, la plus grande n'estant que de deux cens feux ou environ, il s'y fit neanmoins en peu de temps plus de 50000. livres de restitution au grand soulagement des pauvres, à qui principalement on avoit fait beaucoup de tort par ces Contracts injustes & usuraires.

Mais comme plusieurs Gentilshommes & quelques-uns des principaux des Parroisses se trouvoient obligez à ces restitutions, la cupidité les aveuglant & preferant à leur salut, la conservation d'un bien tres injustement acquis, ils ne voulurent point se soûmettre à cette Loy si certaine & si commune : *non dimittitur peccatum nisi restituatur ablatum.*

Trois des principaux d'entre les Marchands qui avoient le plus commis de ces usures, & qui s'estoient par là beaucoup enrichis, ayant esté surpris de maladies assez subites, l'un d'eux n'ayant pû mesme témoigner que par signes, qu'il vouloit qu'on fist les restitutions selon les ordres de M. d'Alet, les deux autres l'insererent dans leurs Testamens. Les heritiers de ceux là avec quelques-uns de la Noblesse, & autres des plus riches des lieux, ne voulant point restituer demeurerent sans recevoir les Sacremens. Enfin apres quelques années, pour les réveiller d'un assoupissement si prejudiciable à leur salut, on commença à en declarer quelques-uns interdits de l'entrée de l'Eglise de la terre en vertu du Canon du Concile de Latran *omnis utriusque sexus.* Et n'estant point touchez de l'apprehention qu'ils devoient avoir d'estre exclus de celle du Ciel par la perseverance dans leur injustice qui leur en fermoit la porte, ils s'accorderent par le conseil de quelques chicanneurs, de faire des actes aux Curez & aux Vicaires ayant derriere eux un Notaire & des témoins lors qu'ils se presentoient au Confessionnal, afin de les obliger à leur dire pourquoy il les refusoiét, & prendre sujet delà de les tourmenter & de les traduire devant les Iuges seculiers, devant lesquels ils n'auroient pû contester sur des choses aussi spirituelles qu'est l'administration du Sacrement de penitence sans encourir les Censures de l'Eglise.

Ceux qui se trouvoient dans d'autres cas pour lesquels on ne les pouvoit recevoir aux Sacremens ne voulant pas faire ce qui leur estoit neceſſaire pour n'en eſtre pas tout à fait indignes, ſuivirent l'exemple de ces uſuriers. Et voila comme cét uſage profane, de demander avec un Notaire & des teſmoins l'abſolution de ſes pechez, à celuy qui tenant la place de Ieſus Chriſt ne doit abſoudre que ceux qu'il juge eſtre en eſtat d'eſtre abſous, au Ciel, lors qu'il eſt abſous ſur la terre, s'eſt introduit dans le Dioceſe d'Alet.

IV. Plainte.

De leur refuſer ſans ſujet l'abſolution durant longues années " apres avoir ouy leurs pechez, meſme pendant le temps du Iubilé " univerſel de l'année 1661. "

Refutation.

C'eſt une calomnie, que les Curez du Dioceze d'Alet refuſent l'abſolution *ſans ſujet*. Ils ne le font que pour des cauſes pour leſquelles on le doit faire ſelon les regles de l'Egliſe, comme ils l'ont declaré dans leur requeſte imprimée au Parlement de Thoulouze.

Mais la penſée que ces Gentilshommes ont euë qu'ils rendroient ce refus odieux, en faiſant entendre qu'il y en a, à qui on l'a refuſée *pendant pluſieurs années, & apres avoir ouy leurs pechez*, ne peut eſtre fondée que ſur une erreur ou une ignorance groſſiere.

Car c'eſt une erreur de s'imaginer que quand les pecheurs ont découvert leurs pechez au Preſtre, il n'ait plus de droit de leur refuſer l'abſolution, comme ſi ſon miniſtere ne conſiſtoit qu'à les écouter & à les abſoudre en quelque diſpoſition qu'ils ſe trouvent. Au lieu que c'eſt au contraire le fondement de l'obligation qu'ils ont de découvrir leurs playes à leur Medecin, afin qu'il puiſſe juger par les regles de la medecine celeſte deſquels remedes il doit uſer pour les guerir, évitant ſur tout *de ne pas admetre facilement les ames impures à la participation de l'Euchariſtie*, comme dit S. Ambroiſe ; & de ne pas donner *le poiſon pernicieux d'une Communion précipitée au lieu de remede ſalutaire que le retardement apporte*, comme le Clergé de Rome écrit à S. Cyprien: *pro ſalutaribus dilationum remediis properatæ communicationis venena.*

Ambr. l. 2. de
pen it. c. 9.

C'eſt encore un autre ſujet de plainte auſſi mal fondé de repreſenter ce refus des Sacremens comme une rigueur inſupportable, parce qu'il dure quelquefois pluſieurs années.

Il n'eſt point neceſſaire d'alleguer, que les penitences canoniques ſont preſque toutes de pluſieurs années, & qu'il y en avoit meſme qu'on ne reconcilioit qu'à la mort, comme tous ceux entr'autres qui eſtoient tôbez dans les crimes capitaux pour leſquels ils avoient déja fait penitence. De ſorte que ſi un pecheur touché vivement de l'horreur de ſes pechez, avoit un mouvement de Dieu de ſe ſou-

C iij

mettre à cette rigueur falutaire, apres de longs defordres on ne devroit que loüer le Preftre ou l'Evefque qui fuivant cet inftinct de de grace fi rare en ce temps, le laifferoit pendant quelques années dans les pleurs de la penitence pour affermir d'avantage fon retour à Dieu & luy donner lieu de recevoir avec plus de confiance le pardon de fes crimes.

Mais ce n'eft pas dequoy il eft queftion prefentement. Il s'agift de perfonnes à qui on refufe l'abfolution, ou parce qu'ils ne veulent pas reftituer du bien notoiremét mal acquis, ou parce qu'ils ne donnent aucune marque qu'ils fe repentent fincerement de leurs pechez, puis qu'ils ne veulent faire aucune violence pour fe détacher des habitudes qu'ils en ont contractées, ny fe feparer des occafions prochaines qui les y engagent. Or que fait à cela le temps de plufieurs années pendant lefquelles on refufe de les admettre aux Sacremens demeurans en cet eftat, finon à les rendre plus coupables & plus indignes de les recevoir par la longue perfeverance dans cette mauvaife difpofition?

C'eft donc une des plus grandes loüanges qu'on puiffe donner à la conduitte de M. d'Alet, de faire connoiftre qu'il eft inflexible envers les pecheurs endurcis; qu'il ne fe laiffe point gagner par une fauffe mifericorde, pour leur accorder *une fauffe & inutile paix*, comme parle faint Cyprien, *pernicieufe à ceux qui la donnent & infructueufes à ceux qui la reçoivent*. IRRITA *& falfa pax periculofa dantibus, & nihil accipientibus profutura* : & que le nombre des années pendant lefquelles on eft contraint de les priver des Sacremens luy donne bien fujet de gemir & d'attirer fur eux autant qu'il peut par fes prieres, la grace d'une veritable converfion, mais non pas de prendre la longueur du temps qu'ils ont continué & qu'ils continuent dans leur endurciffement pour une raifon de fouffrir comme par laffitude qu'ils ajoûtent à leurs autres pechez, la prophanation de Sacrez Myfteres.

Enfin la confideration du Iubilé, n'eft pas plus avantageufe à ces Gentils-hommes pour colorer une plainte fi déraifonnable. Eft-ce donc qu'ils croyent que les Preftres foient moins obligez pendant les Iubilez, qu'en un autre temps, de ne pas laiffer approcher des faints myfteres ceux qui en font indignes & qui n'y pourroient trouver que leur mort & leur condamnation? L'ancienne forme des Bulles par lefquelles les Souverains Pontifes départent ces graces, & qu'ils les accordent *vere pænitentibus & confeffis*, à ceux qui feront vrayment penitens, & qui fe feront confeffez de leurs pechez. Or c'eft eftre moqueur & non pas penitent, felon ces Saints que de retomber encore dans les crimes pour lefquels on fait penitence. *Irrifor eft, non pænitens qui adhuc agit quod pænitet.*

Ce feroit donc bien abufer du Iubilé, qui doit porter les hom-

mes à la penitence, que de s'en servir pour les entretenir dans l'impenitence, & leur oster le sentiment de leurs maux par une fausse
reconciliation. Mais il n'y a rien que M. d'Alet n'ait fait pour rendre autant qu'il pouvoit tous ses Diocesains capables de recevoir
avec fruit cette grace de l'Eglise; & il a eu cette consolation de voir
qu'au regard de plusieurs, les semences qu'il a jettées ont porté
des fruicts de vie, Dieu ayant daigné par sa grace, donner l'accrois-
sement à ce qu'il avoit planté & arrosé.

Le Iubilé ne se donnoit qu'en divers temps aux divers endroits
du Diocese, & 15. jours avant qu'il s'ouvrist, M. l'Evesque d'Alet,
ou de pieux Ecclesiastiques de sa part, instruisoient les peuples
avec un grand soin des dispositions necessaires pour profiter de
cette grace de l'Eglise, & des obstacles qui la rendroient inutile
si on ne travailloit à les lever. Dieu a donné une benediction particuliere à la vigilance Pastorale de cet exellent Prelat & à ses saintes
instructions. Ce temps s'est trouvé veritablement au regard d'un
grand nombre de personnes de ce Diocese un temps de Iubilé, c'est
à dire un temps de remission. Dieu y a fait voir la puissance de sa
grace par des conversions solides : par de dignes fruits de penitences; par des restitutions considerables; par des reconciliations
sinceres. Mais si parmy ces sujets de joye on en a eu de gemisse-
mens en voyant des ames endurcies qui n'ont point esté touchées
de tant d'exemples si edifians; c'est à ces ames à trembler dans
l'attente de leffroyable jugement de Dieu, puis qu'aulieu de se servir de tous les moyens qu'il leur presente pour les attirer à la penitence, elles ne travaillent qu'à amasser un tresor de colere pour le
jour de la colere. Mais c'est le comble de leur endurcissement de
quereller leurs Pasteurs, parce qu'ils ne se font pas rendus indul-
gens à leur perte & à leur ruine, & d'alleguer le temps du Iubilé,
qui est un temps où les pecheurs doivent plus serieusement penser
à retourner à Dieu, comme une raison qui devoit obbliger les
Prestres de I. C. de les admettre à la participation des Sacrement
sans user d'aucune discretion, & en violant les regles les plus constantes de la conduite des ames.

V. Plainte.

De leur faire souffrir des penitences publiques pour des fautes «
legeres sans distinction de sexe ny de qualité, obligeant les uns a «
demeurer aux portes de l'Eglise la torche alumée à la main pendant «
plusieurs Dimanches consecutifs; les vns nuds pieds, les autres «
sans pourpoint, & les femmes la teste couverte d'un sac, & à de- «
mander publiquement pardon à toute la Paroisse avec manifesta «
tion des cas les plus secrets & les plus sçandaleux. «

REFUTATION.

Tout cela n'eſt qu'un ramas de veritez tres édifiantes, & de fauſſetez puniſſables, pour rendre la verité odieuſe par le mélange du menſonge.

Il eſt vray que M. d'Alet a rétably la penitence publique pour les pechez publics, & en cela on ne peut que loüer ſon zele puis qu'il n'a fait que ſuivre l'eſprit, non ſeulement de toute l'Egliſe ancienne, mais auſſi du dernier Concile Oecumenique qui l'a ordonné en termes exprés dans la ſeance 24. ch. 8. *Apoſtolus monet*, dit ce S. Concile, *publicè peccantes palam eſſe corripiendos. Quando igitur ab aliquo, publicè & in multorum conſpectu, crimen commiſſum fuerit unde alios ſcandalo offenſos, commotoſque fuiſſe non ſit dubitandum, huic condignam pro modo culpæ pænitentiam publicè injungi oportet, ut quos exemplo ſuo ad malos mores provocavit, ſuæ emendationis teſtimonio, ad rectam revocet vitam.*

S. Charles a reconnu combien il eſtoit utile à la reformation des mœurs des fidelles, de faire executer ce decret ſi ſalutaire du Concile de Trente, d'obliger les pecheurs publics à la penitence publique, puis qu'il a pris tant de ſoin de le renouveler en pluſieurs de ſes Ordonnances.

Dans le 1. Concile de Milan il en parle de cette ſorte : *Les Paſteurs*, dit-il, *impoſeront penitence publique à ceux qui pecheront publiquement, ainſi qu'il a eſté ordonné par le Concile de Trente : & ils ne prendront point la hardieſſe de changer cette penitence publique en une particuliere & ſecrette ſi l'Eveſque ne leur en donne le pouvoir.* Il dit la meſme choſe dans ſon Rituel & dans ſes avis aux Confeſſeurs, écrits en langue vulgaire qui ont eſté imprimés par ordre du Clergé. Il leur defend en terme expres de ne pas prendre la hardieſſe de changer la penitence ou ſatisfaction publique en quelque autre penitence ſecrette & particuliere ſans en avoir une permiſſion expreſſe de l'Archeveſque. Et il remarque en un autre endroit que c'eſt un des chefs, que les Eveſques doivent contraindre les Reguliers d'obſerver, nonobſtant leurs exemptions & leurs privileges : *de ne point diſpenſer les pecheurs publics de la Penitence publique ſant le conſentement de l'Eveſque.*

On ne peut donc que loüer M. l'Eveſque d'Alet d'avoir imité le grand ſaint Charles dans ce rétabliſſement de la penitence publique. Mais il eſt bon de conſiderer en particulier avec quelle ſageſſe, & quelle diſcretion il a fait ce ſaint rétabliſſement.

1. Il eſt tres faux qu'on ait jamais impoſé penitence publique pour des fautes ſecrettes, & c'eſt une noire calomnie de dire, comme font ces Gentils-hommes, qu'elle ſe fait *en demandant pardon à toute la Paroiſſe avec manifeſtation des cas les plus ſecrets & les plus ſcandaleux*

daleux. Ils n'en ſçauroient apporter aucun exemple, & une impoſture ſi criminelle merite une punition exemplaire.

2. On a tort de s'en prendre aux Curez pour ce qui regarde les
penitences publiques, puis qu'il ne s'en ordonne aucune que par
l'ordre de M. l'Eveſque d'Alet.

3. Ces penitences publiques ne conſiſtent pour l'ordinaire qu'en
ce que le Curé ou le Vicaire, ou au Proſne, ou avant que de commencer la Meſſe le peuple eſtant déja aſſemblé dit : *Voicy un tel qui*
eſt icy pour témoigner le regret qu'il a d'avoir commis telle faute (qui
n'eſt jamais qu'une faute publique, & meſme ſouvent on ne dit pas
pourquoy , mais ſeulement en general du ſçandale donné afin
qu'on ne puiſſe prédre aucun avantage de cette declaration) *& pour*
demander pardon à toutes la Parroiſſe du ſcandale qu'il a donné. Il s'eſt pre-
ſenté à Monſeigneur, qui luy a ordonné telle prieres , tels jeuſnes , telles au-
moſnes à l'Egliſe. C'eſt ce qu'on a voulu faire paſſer pour des amédes.
Cependant la perſonne qui s'eſt ſoûmiſe à cette penitence eſt à genoux dans l'Egliſe , qui témoigne en diſant : *ouy* , qu'elle eſt dans
ce regret , qu'elle demande pardon , & qu'elle veut accomplir la
penitence que M. l'Eveſque d'Alet luy a impoſée. Qu'y a-t-il en cela
qui ne ſoit tres loüable & tres edifiant pour l'Egliſe ? Ces ſortes de
penitences s'ordonnent pour des blaſphemes, batteries, yvrongne-
ries, impuretez dont le ſcandale a eſté public , comme ſi une fille
ou une veuve eſtoit accouchée au ſçeu de tout le voiſinage ; pour les
duels, pour les travaux defendus quand ils ont eſté notables & publics aux jours de Feſtes & Dimanches ; pour les danſes aux jours
defendus , & pour celles qui ſe font d'une maniere diſſoluë comme
ils ſe faiſoient & ſe font encor ordinairement dans le Dioceſe
d'Alet.

4. Il n'eſt point vray qu'on ait obligé des femmes de ſe tenir à la
porte des Egliſes , *la teſte couverte d'un ſac* , quoy qu'il n'y euſt rien
en cela qui n'ait eſté autrefois pratiqué dans l'Egliſe avec l'edifica-
tion de tous les fidelles , puiſque le ſac & la cendre eſtoient les
marques les plus ordinaires des vrais penitens : *In ſinere & ſacco vo-*
lutari, comme parle Tertullien. Et ſaint Hieroſme décrivant la
penitence que fit ſainte Fabiole pour s'eſtre remariée du vivant de
ſon mary , parce qu'elle s'eſtoit imaginée par erreur que l'ayant pû
quitter à cauſe de ſes adulteres, elle avoit pû auſſi en épouſer un autre , il dit : *Que pour confeſſer publiquement cette faute elle* SE COUVRIT
D'UN SAC , *& qu'à la veuë de toute la ville de Rome ayant les cheveux*
épars , le viſage plombé & les mains ſales , elles baiſſa humblement ſa
teſte couverte de poudre & de cendre ſous la diſcipline de l'Egliſe : le Pape, le
peuple & les Preſtres fondant en larmes avec elle. Et ce Pere remarque
auſſi au meſme lieu , que le Roy Achab ne fit revoquer l'Arreſt que
le Prophete Elie avoit prononcé contre luy pour le meurtre de

Naboth, que pour avoir témoigné le repentir qu'il en avoit, *en de-chirant ses vetemens, en se couvrant d'un cilice*, EN SE REVESTANT D'UN SAC, *en jeusnant & marchant la teste baißée contre terre*.

Ce n'auroit donc pas esté un mal quand quelques Femmes tou-chées de douleur pour quelque faute confiderable, auroient voulu imiter l'exemple de cette Sainte, & de ce Roy, *en se couvrant d'un Sac*, & il y a quelque forte d'impieté, de reprefenter comme une chofe blafmable, & tout à fait ridicule, une humiliation qui a esté fi faintement pratiquée par tant d'ames penitentes. C'eft neant-moins une fiction de ces Gentilshommes, & tout ce qu'il y a de reel, eft que felon l'ancien vfage de l'Eglife de Narbonne, Metro-politaine de celle d'Alet, on oblige les Femmes & les Maris de de-meurer à la Porte de l'Eglife pendant quelque temps, les Diman-ches & Feftes, lors qu'ils ont étouffé leurs enfans en les mettant dans le lit, avant l'an & jour.

5. Il n'eft pas vray non plus que les hommes foient *fans pourpoint*, cela ne s'obferve point pour les penitences publiques; mais il eft arri-vé trois ou quatre fois que M. d'Alet ayant à abfoudre des perfon-nes qui avoient esté nommément excommuniez pour de grands crimes, il a creu devoir obferver ce qui eft porté fur ce fujet dans le Pontifical qui eft fa regle. Que fi c'eft cela mefme qui leur femble digne de reprehenfion & de cenfure, on ne peut avoir que de l'in-dignation contre la temerité criminelle de ces Laïques, qui ofent faire un crime à un Evefque, de ce qu'il obferve dans la reconcilia-tion des excommuniez, ce que l'Eglife veut expreffement que l'on y obferve, parce qu'il leur plaift d'en juger, non par l'amour de l'humiliation qui doit eftre dans le cœur d'vne perfonne qui de-mande à r'entrer dans le fein de l'Eglife, apres en avoir esté exclud pour fes crimes; mais par les fentimens d'orgueil, dont ils font pof-fedez, qui leur donnent de l'horreur, des humiliations les plus juftes & les plus neceffaires, pour guerir les ames fuperbes.

6. Ce qu'ils ajoûtent que les Penitens font aux portes des Eglifes nuds pieds, & la torche à la main, ne s'eft fait qu'en Capfir, qui eft vne partie du Diocefe d'Alet qui eftoit d'Efpagne, & qui n'eft de France que depuis la Paix. Ce furent les Peres Fournier & Bouché Iefuites, qui dés le commencement de l'Epifcopat de M. d'Alet, ayant esté envoyez en Miffion dans ce païs, qui eft le plus haut païs habité de toutes les Pyrennées, où les hommes vivoient dans une étrange licence, crûrent devoir frapper l'efprit de ce peuple par quelque chofe de furprenant, pour leur donner horreur des meurtres qui y eftoient fort ordinaires, parce qu'ils demeuroient impunis, ne s'y faifant point de juftice : C'eft ce qui porta ces deux Peres dont le dernier vit encore, & a un extréme refpect pour M. l'Evefque d'Alet, d'obliger ceux qui eftoient coupables de

meurtres de faire penitence publique, les pieds nuds & la torche au poing, afin que ce spectacle extraordinaire fist plus d'impression sur ces gens grossiers.

M. l'Evesque d'Alet a continué de faire faire en ce païs là des penitences publiques à ceux qui y commettent des meurtres quãd cela arrive, & il a soin aussi de les obliger de dedommager les veuves & les enfans, mais non pas d'estre nud pieds, & d'avoir une torche à la main. Et il est certain que le soin que M. l'Evesque d'Alet a pris d'instruire ce Peuple sauvage, ne manquant jamais de le visiter deux ou trois fois l'année, l'ayant rendu plus traitrable, & ces Penitences luy ayant fait concevoir plus d'horreur des meurtres, ils n'y sont pas si frequens. A quoy on peut ajoûter une chose assez étrange, qui est que ce Peuple ne sçachant point le François, mais parlant une Langue composée du Catalan & du Languedochien qui est fort differente de la Françoise, M. l'Evesque d'Alet ne laisse pas de se faire entendre à ces bonnes gens, comme quelques uns qui entendent leur jargon en ont esté asseurez, leur ayant fait repetter ce qu'ils avoient compris des discours de ce Prelat, pour lequel Dieu leur a donné une singuliere veneration.

Voila la verité de tout ce qui regarde l'vsage de la Penitence publique dans le Dioceze d'Alet. De sages Payens en seroient édifiez, & de mauvais Chrestiens en sont scandalisez : Ils font un sujet d'accusation contre leurs Pasteurs, de ce qui leur devroit estre un sujet d'estime & de veneration. Et Dieu l'a permis afin que cét aveuglement fist connoistre à tout le monde leur méchante disposition, selon cette parole d'un Ancien : *Bonæ res neminem scandalizant, nisi malam mentem.*

VI. PLAINTE.

De faire passer pour nulles, abusives & sacrileges, les confessions faites dedans & dehors le Dioceze à des Reguliers, quoy qu'approuvez, & de punir par amande, ceux qui ont esté à confesse dans les lieux du voisinage, lors des Festes votives, pour y gagner les Indulgences.

REFUTATION.

Il n'est pas besoin de rien ajoûter sur cét Article, à ce qui y a esté répondu par M. l'Evesque d'Alet, dans l'éclaircissement des plaintes presentées à Sa Majesté : car il y fait voir qu'il n'est pas vray qu'il ait jamais déclaré invalides les confessions de ceux qui se trouvent de bonne foy hors du Dioceze pour des voyages & des affaires qu'ils peuvent avoir ailleurs ; mais il reconnoist en mesme temps qu'il enseigne & fait enseigner, que les confessions faites hors de son Dioceze par ses Diocesains, qui vont exprés les faire ailleurs pour éviter la difcipline du Dioceze, pour fe difpenfer des veritables regles de confcience, & pour frauder le devoir qu'ils font obligez de rendre à leurs Pafteurs legitimes, font illicites, & mefme invalides, eftant faites contre fa défenfe à des Confeffeurs qui ne font pas approuvez de luy ; ces perfonnes fe trompant elles mefmes & trahiffant leur confcience, felon l'experience journaliere qu'il en a depuis qu'il eft en charge.

Et en effet, ce feroit donner la liberté aux pecheurs envieillis de continuer dans leurs defordres, que d'autorifer cette illufion : car les Curez n'ayant point d'autre moyen de les faire r'entrer en eux mefmes, que par les exhortations qu'ils leur font dans l'adminiftration du Sacrement de Penitence, par le delay de l'abfolution, & par la crainte de l'interdit, ce qui en reduit plufieurs, ils font privez de ce feul moyen de travailler au falut des ames de ces pecheurs, quand ils fuivent les mauvais confeils qu'on leur donne de s'adreffer à des Religieux qui ne refufent perfonne, eftant bien aife d'attirer le monde par une indulgence criminelle.

Ce defordre en eft venu jufqu'à ce point, qu'il y a de ces Gentilshommes Syndiquez qui font affez hardis pour donner des Billets aux Payfans de leurs Villages, pour s'aller confeffer hors du Diocefe aux Capucins de Limoux ou de Chalabre, & Dieu a permis qu'il foit arrivé fur ce fujet une hiftoire bien confiderable, qu'un habitant de la Parroiffe des Bains, a luy mefme racontée au Vicaire de cette Parroiffe. Il luy dit qu'il avoit pris un Billet du Sieur de Couftaufa fon Seigneur, pour s'aller confeffer aux Capucins de Limoux ; qu'en vertu de ce Billet le Gardien l'avoit oüy en confeffion, & l'avoit communié enfuitte ; qu'en s'en revenant il avoit rencontré des Voicturiers en un endroit où le chemin eftoit difficile & plein de bouë ; que l'un d'eux l'ayant pouffé en paffant l'avoit jetté dans la bouë, d'où il fe retira avec colere, & qu'il s'eftoit emporté à jurer le nom de Dieu : Qu'aprés eftant rentré en foy mefme, & ayant frappé fa poitrine de fon emportement, fi-toft apres fa Confeffion & fa Communion, il avoit reconnu que cette confeffion faite fur le Billet de fon Gentilhomme n'eftoit pas bonne, parce que fi elle euft efté bonne, il ne fe feroit pas emporté à jurer, comme il avoit fait, & qu'il eftoit venu luy declarer le tout, dans le deffein de refaire fa Confeffion, & d'accepter la Penitence qu'il luy voudroit impofer.

VII. Plainte.

» De faire defenfe aux Diocefains de donner l'aumône aux Reli-
» gieux Capucins, à peine de peché mortel.

REFUTATION.

N'y ayant point de Capucins dans le Diocese d'Alet, & ceux des Dioceses voisins s'estans tres-mal conduits envers M. l'Evesque d'Alet (comme il sera dit en un autre endroit où il sera parlé des Reguliers qui ont embrassé le party de ces Gentilshommes revoltez) il n'a point eu d'obligation de leur permettre la queste dans son Diocese, qui estant d'ailleurs fort pauvre, a assez de peine à nourrir les Religieux qui y sont establis depuis long-temps ; mais il n'est pas vray qu'on ait defendu de leur donner l'aumône, à peine de peché mortel. C'est une calomnie, pour rendre odieuse la défense tres-juste & tres-legitime, qu'on a faite à ces Capucins de quester dans un Diocese étranger, contre le gré de l'Evesque.

VIII. PLAINTE.

De refuser l'absolution aux Moribonds jusqu'à ce qu'ils eussent «
renoncé aux pretentions legitimes qu'ils avoient, ou contre lesdits «
Curez & Vicaires, ou contre certaines autres Personnes, en vertu «
des Arrests, Iugemens, ou Sentences, soit de Iurisdictions Ecclesia- «
stiques, ou Laïques.   «

REFVTATION.

Quoy que des pretentions soient autorisées par des Iugemens ou Sentences, elles ne laissent pas quelquefois d'estre fort injustes, parce que ces Sentences peuvent avoir esté données par faveur, ou obtenuës sur de faux exposez : & quand cela est si notoire & si certain qu'il ne se peut pallier par aucune cause, il est indubitable que les Moribonds mesmes ne sont point capables d'absolution, s'ils n'y renoncent, & que ce seroit leur donner une fausse Paix, & d'autant plus pernicieuse, qu'ils sont plus prés de comparoistre devant Dieu, que de les admettre en cét estat, à la participation des Sacremens.

On ne peut contester cette maxime generale, que par une erreur manifeste. Et cela suffiroit pour faire voir l'injustice de cette plainte, puisque les Prestres du Diocese ne sont pas obligez de rendre compte à des Gentilshommes, des raisons qu'ils ont de refuser l'absolution à des Moribons, s'ils ne faisoient ce qui estoit necessaire pour s'en rendre dignes. On veut bien neanmoins entrer dans le cas particulier qui leur a donné lieu de former cette accusation contre les Curez, parce qu'on y verra encore mieux combien elle est injuste & déraisonnable.

Il y avoit une femme mariée dans l'un des Principaux lieux du Diocese, qui estant séparée de son mary menoit une vie tres scandaleuse, au veu & sceu de son Pere & de sa Mere, ce qui avoit esté cause que la Mere & la Fille avoient esté interdites de l'entrée de l'Eglise , pour n'avoir pas fait leur devoir Pafcal, pendant 7. ou 8. ans , parce qu'on ne vouloit pas les recevoir aux Sacremens qu'ils n'euffent remedié à ce fcandale , dont ils eftoient fi éloignez qu'ils avoient appellé comme d'abus de l'Ordonnance, que **M.** d'Alet avoit rendue dans le cours de fa vifite , pour porter cette femme à retourner avec fon mary, comme elle y eftoit obligée par tout droit divin & humain. Cependant , parce que les Vicaires de ce lieu-là agiffoient conformément à l'Ordonnance de leur Prelat, le Pere de cette malheureufe femme avoit obtenu par deffaut des defpens contre eux au Parlement de Toulouze, en confequence de certaines informations , fur ce qu'au préjudice de quelques défences de ce Parlement , ils avoient voulu faire fortir de l'Eglife , fa femme & fa fille. Ce fut à fes defpens qu'on l'obligea de renoncer s'il vouloit mourir en Chreftien. Y-a-t-il aucun Preftre qui connoiffe les regles de l'Eglife, qui euft pû faire autrement ? & n'auroit-ce pas efté le tromper que de luy promettre le falut , en perfeverant dans la volonté de continüer une fi injufte vexation, contre des Preftres de IESUS-CHRIST!

IX. Plainte.

„ Se fervant encore du mefme refus d'oüir les Confeffions des Peni-
„ tens qui font en pleine fanté , s'ils ne leur donne un pouvoir abfo-
„ lu , de difpofer de leurs affaires temporelles.

Refutation.

Cela veut dire que l'on refufe d'admettre aux Sacremens ceux qui ne veulent pas reftituer le bien notoirement mal acquis , ou qui font travailler les pauvres gens fans leur payer leur falaire ; ce que l'Apoftre S. Iacques dit eftre un peché qui atttire fur les riches la malediction de Dieu : ou qui font des Contracts manifeftement injuftes & ufuraires ; ou qui ne payent point leurs debtes, quoy que les Marchands & les Artifans à qui ils doivent en foient notablement incommodez. Voilà le fondement de la plainte que font ces Gentilshommes , que leurs Pafteurs *refufent de les ouyr, s'ils ne leur donnent un pouvoir abfolu de difpofer de leurs affaires temporelles.* Ils voudroient qu'on eftablit en leur faveur ces nouvelles regles de confcience : ou qu'on ne peche point dans les affaires temporelles ; ou qu'on n'y commet point de pechez qu'on foit obligé de reparer pour eftre admis aux Sacremens; ou que ces fortes de pechez ne font pas foûmis au Tribunal de la Penitence , & que les Preftres n'en doivent pas prendre de connoiffance. Mais comme on ne peut foûtenir aucune de ces maximes fans herefie , puifqu'il eft certain d'une part qu'on peut faire de tres-grands pechez dans les affaires temporelles par les injuſtices qu'on y commet envers le prochain ; & que de l'autre il n'y a gueres de pechez dont la reparation, quand elle eſt poſſible, ſoit plus neceſſaire pour en obtenir le pardon, ſelon cette parole du droit canonique tirée de S. Auguſtin : *Non dimittitur peccatum, niſi reſtituatur ablatum.* Et qu'en fin il eſt du devoir indiſpenſable des Preſtres, de ne pas tromper les peſcheurs en les abſoluant, lors qu'ils perſeverent dans un état de peché mortel, quoy que ce peché regarde une affaire temporelle. Que faut-il conclure ſinon que le reproche que ces Gentilshommes font à leurs Curez n'eſt fondé que ſur des erreurs pernicieuſes, & tres-malicieuſement propoſées, comme ſi obliger des Penitens de reparer les injuſtices qu'ils auroient commiſes dans des affaires temporelles, avant que de les recevoir aux Sacremens, eſtoit la meſme choſe que ſe ſervir du refus de l'abſolution, pour faire donner un pouvoir abſolu de diſpoſer de leurs affaires temporelles ?

X. Plainte.

D'obliger quelquefois les Penitens de declarer hors la Confeſſion, les crimes qu'ils ont commis avec d'autres complices. «   «

Refutation.

Il eſt certain que le Preſtre ne peut rien découvrir de ce qu'il ſçait ſous le ſceau de la Confeſſion. Mais le ſecret qu'il doit garder inviolablement de ſa part, n'empeſche pas que le Penitent ne puiſſe eſtre obligé d'ailleurs par un devoir de la juſtice naturelle, de découvrir de certaines veritez, comme pour délivrer un innocent de vexation pour obeïr aux ordres de l'Egliſe, qui fait publier des Monitoires, & pour faire ceſſer des maux publics & notables. Or quand cette obligation eſt évidente de la part du Penitent, le Confeſſeur n'eſt pas moins obligé de la luy repreſenter, que toutes ſes autres obligations. Suppoſons par exemple, qu'une perſonne ait achepté de faux témoins, pour faire perir un innocent, qui ſeroit prés d'eſtre condamné à mort ſur ces faux témoignages, on ne peut nier que quand il n'y auroit point de Chriſtianiſme, cét homme ne fuſt obligé par la ſeule loy de la nature, de découvrir cette calomnie, pour ſauver la vie à cét innocent opprimé. Ne ſeroit-il donc pas ridicule de s'imaginer que pour s'eſtre confeſſé de ce crime, il ne ſoit plus obligé à ce qu'il eſtoit obligé auparavant, ou s'il eſt obligé, comme on n'en peut pas douter, que le Confeſſeur puiſſe le recevoir aux Sacremens ſans qu'il le voye réſolu de ſatisfaire à cette obligation.

XI. Plainte.

De vouloir contraindre les Femmes de ſe ſeparer de leurs maris de lit, d'habitation, & d'intereſt ſans ſujet legitime, au grand ſcandale de tout le monde.

REFUTATION.

Cette plainte feroit tolerable fi cela eſtoit arrivé à quelqu'un de ces Gentilshommes Syndiquez. Mais cela n'eſtant point, c'eſt une hardieſſe inſupportable à des Laïques d'entreprendre de cenſurer leurs Paſteurs en des choſes qui ne les regardent point, & d'aſſeurer inſolemment qu'ils ont fait ſans ſujet legitime, ce qu'ils peuvent avoir fait pour des raiſons tres-legitimes.

Car on ne peut nier qu'un Confeſſeur ne puiſſe avoir droit d'obliger une Femme de ſe ſeparer de lit & d'habitation de ſon mary, lors meſme qu'il ne peut rendre conte au public de la raiſon qu'il a de le faire, puiſqu'il eſt decidé dans les Decretales C. *Inquiſitioni de ſent. excom.* Qu'une Femme mariée qui ſçait certainement qu'il y a entre ſon mary & elle un empeſchement de mariage, qui luy en rend l'vſage illicite, s'en doit ſeparer, quoy qu'elle ne puiſſe prouver cét empeſchement, & s'expoſer plûtoſt à eſtre excommuniée par l'Egliſe, à qui elle ne peut juſtifier ſon procedé faute de preuves, que de luy rendre le devoir du mariage. Or cela eſtant, n'eſt-il pas viſible que ſi une Femme découvroit à ſon Confeſſeur qu'elle ſçait certainement un empeſchement de cette nature, il ſeroit obligé de la porter à s'y conduire, ſelon cette deciſion du droit canonique, quelque ſcandale qui en puſt arriver, à l'égard de ceux qui ne ſçauroient pas les raiſons de cette conduite? Et c'eſt ce qui fait voir combien il eſt dangereux & déraiſonnable de condamner ſur des apparences, ce que font des Preſtres pieux, & habiles dans l'adminiſtration du Sacrement de Penitence, parce qu'il ſe paſſe tant de choſes ſecrettes dans ce Tribunal, dont il leur eſt defendu de rendre conte, & qui ſont neantmoins les motifs de leur conduite, que ceux qui ne les ſçavent point, & qui ne les peuvent ſçavoir, ne peuvent ſans crime les juger ainſi temerairement, & ſans connoiſſance de cauſe.

Mais outre ces empeſchemens qui rompent le mariage dans la verité, & devant Dieu, quoy que n'eſtant pas connus, ils ne le rompent pas devant les hommes, il y en a d'autres qui ne rendant pas le mariage nul, en rendent l'vſage illegitime, au moins pour un temps, & juſqu'à ce qu'on en ait obtenu la diſpenſe. Or pendant ce temps là un Confeſſeur n'eſt il pas obligé, lors que cela regarde l'une & l'autre partie, d'employer les moyens qu'il juge neceſſaires pour les empeſcher de faire ce qu'ils ne pourroient faire ſans un grand peché. Et c'eſt le cas dont ces Gentilshommes ont voulu parler qu'on veut bien rapporter icy, quoy qu'on n'y fuſt pas obligé.

Vn homme ayant fait vœu d'eſtre Capucin, fut ſollicité par une perſonne de l'épouſer. Et quoy que pour ſe délivrer de ſes importunitez, il luy euſt declaré le vœu qu'il avoit fait, elle ne laiſſa pas

de

de le tant preffer qu'il fe maria avec elle fans avoir obtenu aucune difpenfe de fon vœu. Cette Femme enfuitte de ce mariage dans quatre ou cinq couches, eut toûjours des enfans morts, & reffentit des douleurs qui la mettoient dans une efpece de defefpoir. L'un & l'autre s'adrefferent à un Preftre, & luy raconterent ce qui vient d'eftre dit, luy avoüant mefme que le Chirurgien & l'Apoticaire qui avoient affifté cette Femme, & qui eftoient fes beaux Freres l'avoient affeurée qu'elle ne pouvoit faire de bonnes couches. Sur cét aveu commun ce Preftre jugea qu'ils eftoient obligez au moins jufques à ce que la difpenfe fuft venuë de Rome, de fe féparer de lit, & mefme d'habitation, à caufe de leur incontinence, dont ils avoient des preuves, & il confeilla à la Femme de confentir à l'execution du vœu de fon mary, à quoy d'abord elle avoit donné les mains par des raifons de confcience fondées, tant fur le vœu de fon mary qu'elle avoit fceu & qu'elle l'avoit preffé de rompre, que fur le danger de mourir pour elle dans le defefpoir où les douleurs de l'enfantement la mettoient, & la confideration de n'accoucher que d'enfans morts & privez de la grace du Baptefme.

Voila ce que ces temeraires cenfeurs decident hardiment n'eftre pas un fujet legitime de feparer de lit ou d'habitation deux perfonnes mariées. Mais quand il pourroit y avoir diverfité de fentiment entre les Theologiens, fur la refolution d'un cas fi extraordinaire; il eft certain au moins que le fentiment qu'en a eu cét Ecclefiaftique eft appuyé fur de tres-grandes raifons, & incomparablement plus fortes que celles que pourroient avoir ceux qui feroient d'un autre avis. Car il eft vray que le vœu fimple de l'une des parties n'empefche pas l'autre de demander le devoir conjugal, & qu'alors celle qui a fait le vœu eft obligée de le rendre, parce que le mariage fubfiftant, nonobftant ce vœu, il n'eft pas jufte que la perfonne qui ne l'a pas fait demeure trompée. Mais cette raifon n'a plus de lieu, quand elle a fceu ce vœu, & qu'elle s'eft engagée volontairement à époufer un homme qu'elle fçavoit bien eftre engagé dans ce lien. Car alors il femble bien raifonnable qu'elle attende au moins que l'Eglife l'en ait difpenfé. A quoy ajoûtant le danger de mort où elle fe trouvoit dans fes couches, & la perte du falut des enfans qu'elle mettoit au monde, il n'y avoit que trop de fujet dans toutes ces circonftances d'obliger ces deux perfonnes à la continence, au moins jufqu'au temps que leur difpenfe fuft venuë de Rome.

XII. Plainte.

De reveler bien fouvent les Confeffions & les pechez les plus fe- «
crets des Penitens, de prefcher en public, & notamment fur l'ex- «
pofition de l'Evangile du demon muet, que ces revelations fe doi- «
vent faire, & qu'il y a du peché mortel de ne le croire pas, ce qui «
donne occafion à plufieurs confeffions facrileges.

E

Refutation.

Cette plainte n'eſt autre choſe qu'une horrible & impudente calomnie qui n'a de fondement que ſur des depoſitions extravagan-
tes de quatre ou cinq perſonnes ſubornées, pour faire perir un des
plus pieux Eccleſiaſtiques du Dioceſe d'Alet, le recit de ſa perſecution ſera le ſujet de l'un de ces éclairciſſemens, c'eſt pourquoy
il ne ſera pas neceſſaire d'en parler icy davantage, ſi ce n'eſt qu'il
eſt important de remarquer par avance, que ce qui fut preſché le
jour de l'Evangile du demon muet, ne regardoit ny les Confeſſions
ny les Preſtre, mais les Laïques à qui l'on preſchoit, & que l'on
avertiſſoit de l'obligation qu'ils avoient de donner avis à leur Eveſque des ſcandales & des deſordres publics qui pouvoient arriver
dans la Parroiſſe : d'où l'on a forgé par une malice diabolique la revelation des pechez ſecrets qu'on avoit appris par la confeſſion.

XIII. Plainte.

,,   De refuſer les Sacremens à certains Beneficiers, juſqu'à ce qu'ils
,, renoncent ou promettent de renoncer à leurs Benefices en faveur
,, de certaines perſonnes, & ſous certaines conditions qu'ils leurs
,, propoſent.

Refutation.

Il n'y a rien de plus ridicule que ce reproche, tant en luy meſme
qu'en la bouche de ceux qui le font. Eſt-ce à des Gentilshommes
de ſe meſler de la conduite qu'un Eveſque tient ſur ſes Eccleſiaſtiques ? Et s'en meſlant le pouvoient-ils faire d'une maniere plus ex-
travagante ? car s'il n'y avoit jamais eu de Beneficiers mal entrez
dans leurs Benefices, ou notoirement incapables de s'en bien acquitter, on pourroit trouver étrange que des Confeſſeurs refu-
ſaſſent quelquefois les Sacremens à des Beneficiers qui ne voudroient pas renoncer ou promettre de renoncer à leurs Benefices.
Mais s'il n'y en a que trop qui uſurpent les Charges de l'Egliſe par
des voyes illegitimes, & condamnées par les Canons, ou qui ſont
tout à fait incapables de ſatisfaire à ce que ces Charges demandent,
que peuvent faire autre choſe ceux qui doivent juger ces perſonnes
en la place de I. C. dans le tribunal de la Penitence, que de les
avertir de leur devoir, & de ne les pas tromper par une abſolution
qui ſeroit leur condamnation devant Dieu, en leur permettant ou
de joüir du prix de leur ambition ſacrilege ; ou de retenir des emplois qui les rendent ſans ceſſe coupables, eſtant audeſſus de leurs
forces, & qui leur peuvent meſme fournir, eu égard à leur foibleſ-
ſe, & à leur peu de vertu, des occaſions prochaines de peché.
C'eſt donc un ſujet de loüange pour M l'Eveſque d'Alet, qu'on

tienne la main dans son Diocese à empescher le desordre si funeste
& si commun des Beneficiers mal entrez ou incapables : & l'Eglise
seroit heureuse si on avoit par tout le mesme soin , & la mesme
exactitude. Mais le soupçon que veulent donner ces Gentilshommes , que cela se fait par interest ou par cupidité , en ce que l'on
fait , disent-ils , renoncer ces Beneficiers en faveur de certaines
personnes , est une pure calomnie , comme on le justifiera quand ils
auront la hardiesse de rapporter les cas particuliers , où ils pretendent que cela s'est fait.

XIV. Plainte.

De deferer ouvertement aux Prosnes les hommes , femmes &
filles , au grand scandale des peres & meres , marys , femmes , freres & sœurs , & de tous les assistans à ces diffamations.

Refutation.

C'est la continuation de la mesme imposture qui leur a fait dire
auparavant que dans les Penitences publiques , on manifestoit les
pechez les plus secrets : car on n'a jamais nommé personne aux
Prônes , qu'en la maniere qu'on a déja dit , lors que les personnes
qui avoient donné un scandale public , par des fautes publiques &
notoires , se sont reconuuës , & ont accepté la satisfaction qu'on
leur avoit imposée , selon l'esprit de l'Eglise , *ut quos exemplo suo ,*
comme parle le Concile de Trente , *ad mores malos provoçaverant ,*
suæ emendationis testimonio ad rectam revocarent vitam.

XV. Plainte.

De diffamer aussi ausdits Prônes & aux Predications , les Gentilshommes dudit Diocese d'Alet , disant qu'ils estoient des Seditieux & des Pendars , en presence desdits Gentilshommes & des
Paroissiens.

Refutation.

Si quelqu'un des Curez ou des Vicaires s'estoient emportez jusqu'à cét excez , ceux que cela eust regardé n'auroient eu qu'a en
faire plainte à M. d'Alet , qui n'eust pas manqué de leur en faire
faire satisfaction. Mais on ne sçache point qu'aucun Prestre ait jamais vsé de ces termes injurieux , ny dans leurs Prônes , ny dans
leurs Predications , & ceux qui le disent n'en doivent pas estre crus
sans preuves , apres avoir esté convaincus de tant de manifestes
calomnies.

XVI. Plainte.

Priver ces mesmes Gentilshommes de leurs droits honorifiques.

E ij

REFUTATION.

Cette plainte ne peut avoir rapport qu'à deux choses : l'une qu'on leur a representé que les Presbiteres & enceintes de l'Autel estoient la place des Ecclesiastiques, & non pas des Laïques : l'autre est le Reglement que M. l'Evesque d'Alet a fait touchant les Listres, dans la 43 de ses Ordonnances Synodales, dans laquelle il n'a fait que suivre l'Esprit de l'Eglise, & la disposition du 1. Concile de Milan, tenu par S. Charles.

XVII. PLAINTE.

,, Entreprendre sur la justice temporelle.

REFVTATION.

Ces pretenduës entreprises sur la justice temporelle se reduisent d'une part, aux procés & differens qu'on accommode entre les Parroissiens de ces Gentilshommes, comme si un Evesque devoit laisser de pauvre gens se consumer en frais, & vivre dans des inimitiez & des querelles, de peur que s'il les accorde, on ne dise qu'il a entrepris sur la justice temporelle : & de l'autre au soin que l'on prend d'empescher qu'on ne viole la Loy de Dieu, & les Ordonnances Royales, en travaillant ou vendant les jours de Festes en frequentant les Cabarets, & en blessant la pudeur & l'honnesteté par des danses tres-dissoluës. Quand des Gentilshommes s'employent eux-mesmes à empescher ces desordres (comme il y en a qui le font avec tres-grand zele) on s'en repose entierement sur eux : mais quand ils les dissimulent, ou que mesme ils les autorisent, n'est il pas du devoir de l'Evesque de les reprimer par les voyes Ecclesiastiques qui sont encore plus douces que les civiles ?

XVIII. PLAINTE.

,, Priver les enfans desdits Gentilshommes âgez seulement de qua-
,, tre ans de la Sepulture de leurs Ancestres.

REFVTATION.

Cette plainte regarde un enfant de M. de Rasiguieres que l'on jugea à propos d'enterrer dans le Cimetiere, qui est le vray lieu de la Sepulture des Fidelles, & non pas dans l'Eglise où on ne devroit enterrer personne que pour des sujets bien considerables. La raison de cette conduite est que le Pere de cet enfant avoit esté excommunié dans toutes les formes, pour un nombre infiny de pechez enormes, & il estoit juste que s'estant rendu si indigne des graces de l'Eglise, qu'il avoit si horriblement scandalisée, il ne jouïst pas d'un privilege particulier, puisque l'ayant perdu pour luy, il eftoit cenfé l'avoir perdu pour toute fa famille qui ne le poffedoit que par luy. Le feul motif qu'on avoit en cela eftoit de le faire rentrer en luy mefme, par une punition qui luy pouvoit eftre fenfible, felon les regles de l'honneur du monde, & qui ne portoit aucun prejudice à cét enfant, qui eftant devant Dieu n'avoit plus toutes ces penfées de la vanité humaine. Car comme remarque S. Auguftin, *les pompes funebres, les funerailles magnifiques, les enterremens fomptueux, les Sepulchres baftis avec art & avec dépenfe, peuvent bien donner quelque confolation aux vivans, mais ils ne peuvent apporter aucun foulagement aux morts: Vivorum funt qualiacumque folatia, non adjutoria mortuorum.*

XIX. PLAINTE.

Et ce non feulement pour des cas graves, mais pour des caufes « fort legeres, & pour cela leur enjoindre des penitences publiques, « comme pour avoir danfé en public ou en particulier. «

REFUTATION.

Ce ne feroit pas à ces Gentilshommes qu'on s'en voudroit rapporter pour difcerner les cas graves des caufes legeres. Ils ne trouvent rien que de leger dans les plus grands defordres. La moindre humiliation pour reparer le mauvais exemple qu'on a donné à l'Eglife, leur paroift une chofe infupportable, & on a déja veu qu'il n'eft pas jufqu'aux penitences publiques pour les meurtres publics aufquelles ils ne trouvent à redire. Il ne faut donc pas s'étonner s'ils fe plaignent qu'on en impofe pour des pechez moindres que des meurtres, mais qui ne laiffent pas d'eftre tres-grands devant Dieu: comme font des danfes tres-fcandaleufes, ou qui fe font publiquement en des jours de Feftes, contre les Canons de l'Eglife & les Ordonnances Royales. Mais il n'eft pas neceffaire de s'arrefter fur ce point, parce qu'on en parlera en un autre lieu.

XX. PLAINTE.

Comme auffi d'exercer tant de cruauté & de tyrannie en general « & en particulier, contre lefdits Diocefains que beaucoup de fa- « milles ont efté obligées d'abandonner ledit Diocefe, les uns s'e- « ftant retirez en Efpagne & les autres à Toulouze & ailleurs. «

REFUTATION.

Voilà un plaifant fujet de plainte! Eft-ce donc qu'un Evefque doit fouffrir tous les defordres de fon Diocefe, & abandonner les ames dont I. C. l'a chargé en ne prenant aucun foin d'arrefter les dereglemens les plus fcandaleux; de peur que s'il fe trouve des perfonnes, qui ne pouvant fouffrir ce joug falutaire, fe retirent en d'autres Dioceses, où la discipline ne sera pas si bien observé, on ne l'accuse *de cruauté & de tyrannie.* Si cela estoit, on auroit eu bien plus de sujet de faire ces mesmes reproches au Grand Cardinal Ximenes, puisque les Historiens remarquent qu'ayant entrepris de reformer en Espagne plusieurs Ordres Religieux qui y estoient estrangement corrompus, il se trouva plus de 500 Moines de divers Ordres, qui estant choquez de la severité de cette reforme, qui les eût empeschez de continuer dans leurs débauches, passerent en Affrique, pour y abjurer la Religion Chrestienne, & secoüer par cette Apostasie le joug qu'on leur vouloit imposer. Mais s'il n'est jamais venu dans l'esprit de personne, d'imputer cette funeste revolte à ce pieux Archevesque, & de le traitter sur cela de *cruel* & de *tyran*, qu'y a-t'il de moins raisonnable que de s'imaginer que la conduitte de M. d'Alet doit passer pour cruelle & pour tyrannique, à cause que deux Gentilshommes dereglez & interdits de l'entrée de l'Eglise pour des causes tres legitimes; sont sortis du Diocese, pour se retirer l'un à Perpignan, & l'autre à Toulouze, quoy que celuy qui se retira à Toulouze, qui est M. de Sournia, l'ait fait principalement pour y poursuivre un grand procés, contre ses habitans. Ainsi toute cette plainte de beaucoup de familles, qu'on dit avoir esté obligées d'abandonner le Diocese d'Alet, à cause de la pretenduë *cruauté & tyrannie* de M. l'Evesque d'Alet, se reduit à celle de M. de Rasiguieres, qui ayant esté excommunié dans toutes les formes pour des pechez tres-scandaleux, comme il a déja esté dit plusieurs fois, & voulant neantmoins assister au Service Divin, nonobstant son excommunication, le dépit qu'il a eu de ne point trouver de Prestre dans le Diocese qui le voulust celebrer en sa presence, le porta à se retirer en Roussillon, où il a une terre & à demeurer à Perpignan pour y trouver compagnie; mais ce n'a esté que pour peu de temps, estant revenu incontinent dans le Diocese.

Rinaldus ad An. 1497. n. 55.

XXI. Plainte

" Et on a veu des hommes, qui pis est, qui par l'apprehension des
" rigoureuses Censures desdits Curez & Vicaires se jettant dans le
" desespoir, se sont chastrez eux-mesmes, & des Femmes qui se
" sont penduës, & des Prestres qui se sont empoisonnez.

Refutation.

De toutes les sortes de calomnies, il n'y en a guere de plus abominables que celle-cy, parce qu'il n'y en a point dont le sujet puisse moins manquer à tous les méchans, pour décrier les meilleurs Evesques. Car le dereglement de l'esprit humain est tel, qu'il est impossible qu'il n'arrive quelquefois dans tout un Diocese que

des personnes par folie, par mélancolie, ou par defefpoir commettent contre eux-mefmes de deplorables excez. Qui fera donc le
Saint Evefque, dont on ne puiffe accufer la conduite de *cruauté*,
s'il eft permis d'atribuer fans raifon au renouvellement de la difcipline Ecclefiaftique qu'il tâchera de reftablir, la mort de tous ceux
qui fe feront faits mourir eux-mefmes, ou par foibleffe d'efprit, ou
par l'emportement de quelque paffion violente? Cependant c'eft
où en font reduits ces malins accufateurs de l'un des meilleurs
Prelats de l'Eglife. Il y a quatre ou cinq perfonnes à qui ce malheur
eft arrivé depuis 25. ans dans le Diocefe d'Alet, & il eft conftant
que de ceux là, il y en a deux qui avoient perdu l'efprit, & que les
autres ne s'y font precipitez que pour des fujets de déplaifir qu'ils
avoient dans leur famille. Mais c'eft une fauffeté plus que ridicule
de rejetter cet accident fur l'apprehenfion des rigoureufes cenfures
dont on ufe dans le Diocefe, puifqu'il n'y a pas la moindre con-
nexion entre l'un & l'autre.

Il n'y a que la mort d'un Preftre qui s'eft empoifonné luy-mefme
& qu'ils multiplient en plufieurs Preftres, quoy que cela ne foit arrivé qu'à un feul, qui ait quelque liaifon avec la difcipline du Diocefe, mais une liaifon bien glorieufe pour M. l'Evefque d'Alet. Car
il eft vray que ce miferable nommé Palac ajoûta ce crime à une infinité d'autres qu'il avoit commis, & pour lefquels on le menoit
prifonnier du Diocefe de Caftres, (où il s'eftoit refugié pour continuer fes débordemens avec plus de licence), à celuy d'Alet, d'où
il s'eftoit évadé, lors qu'on avoit déja commencé à luy faire fon
procez, pour eftre convaincu d'incefte avec fa fille fpirituelle. Mais
que peut-on conclure de là, finon qu'on ne fouffre pas dans le
Diocefe d'Alet, que des defordres de cette nature qui fcandali-
fent l'Eglife, deshonnorent le Clergé, & font capables d'attirer la
colere de Dieu fur toute une Province, demeurent fans punition?
Et que doit-on inferer au contraire de la hardieffe de ces Gentilshommes, qui ofent reprocher à M. d'Alet, le defefpoir de ce méchant homme, comme un effet de fa *cruauté*, & de fa *tyrannie*, finon
qu'ils voudroient qu'on laiffaft une liberté entiere aux plus Scele-
rats de commettre impunément toutes fortes d'abominations &
d'infamies, & que ce feroit alors qu'ils trouveroient qu'ils n'y auroit rien que de faint & d'Apoftolique dans la conduite de M.
d'Alet?

Il n'eft pas neceffaire de parler plus au long de cette hiftoire, parce qu'on l'a déja fait dans un memoire imprimé qui eft joint à la
Requefte prefentée au Clergé contre les calomnies du Sieur de
l'Eftang Doyen d'Alet, où on en a rapporté toutes les circonftances, qui font voir manifeftement que c'eft un excez d'impofture tout
à fait puniffable, d'alleguer cét accident comme une preuve que

M. d'Alet reduit le monde au defefpoir par une conduite cruelle &
inhumaine.

Il y a auffi peu de raifon à ce qu'ils difent, que la rigueur des
Cenfures a fait que des perfonnes fe font fait Eunuques par defefpoir. Cela ne peut regarder qu'un jeune garçon de Quilhan qu'on
dit avoir commis cét excez contre luy mefme. Mais il eft bien certain que fi cela eft, ce ne peut avoir efté que par quelque folie, ou
par quelque phantaifie mal reglée, fans que la difcipline du Diocefe
y ait rien contribué, fi ce n'eft qu'on en voulût attribuer la caufe au
foin general que l'on y prend de donner beaucoup 'd'horreur des
pechez qui bleffent la pureté, ce qui feroit auffi injufte que glo-
rieux pour M. d'Alet.

CONCLVSION DE CES PLAINTES.

„ Tous lefquels defordres ayant non feulement fcandalifé tout le
„ Diocefe d'Alet, mais encore tous les Voifins & les plus éloignez,
„ les Nobles de ce mefme Diocefe, qui dans la confiance qu'ils
„ avoient en leurs Pafteurs avoient refpectueufement fouffert cette
„ nouvelle difcipline, & en ont enfin reconnu les mauvais effets &
„ les fuittes funeftes, ont crû que tant pour leur propre intereft que
„ pour celuy de leurs vaffaux aufquels ils doivent protection, & fin-
„ gulierement pour la gloire de Dieu, pour le bien de l'Eglife, & le
„ repos de leurs confciences, ils eftoient obligez de s'oppofer à cette
„ mauvaife conduite defdits Curez & des Vicaires, & de créer des
„ Syndics pour s'aller plaindre à Sa Majefté contre M. l'Evefque
„ d'Alet en fon particulier, comme eftant refponfable de ce que les
„ Ecclefiaftiques prefchent, enfeignent & pratiquent fous fon auto-
„ rité, pour la direction des confciences & adminiftration des Sa-
„ cremens.

REFUTATION.

Voilà un digne couronnement de l'audace criminelle de ces
Laïques contre leur Evefque. Il ne leur fuffit pas d'avoir fondé toutes leur plaintes, ou fur des calomnies manifeftes, ou fur des re-
prehenfions temeraires & fcandaleufes de la plus fainte conduite
qu'un Evefque puiffe tenir dans le gouvernement de fon Diocefe;
ils ont encore la hardieffe d'attribuer le jugement fi déraifonnable
qu'ils portent de leur Prelat, non feulement à tout fon Diocefe,
mais encore à tous les Diocefes voifins, & mefme aux plus éloignez. Si on les en croit tout le Languedoc & toute la France eft
fcandalifée de la conduite de M. d'Alet. On ne daigne pas refuter une fauffeté fi ridicule : elle n'eft propre qu'à faire voir le dére-
glement de ces efprits emportez.

Ce fcandale n'eft pas moins imaginaire que les faintes intention
qu'ils

qu'ils s'attribuent dans la perfecution qu'ils ont faite à leurs Pafteurs.
Si on s'en rapporte au témoignage qu'ils fe rendent à eux mefmes,
il n'y eut jamais de zele plus pur que le leur. Ce font des perfonnes
tout à fait chreftiennes, qui n'ont pour but principal dans toute cette pourfuite *que la gloire de Dieu, le bien de l'Eglife & le repos de leurs
confciences.* On n'auroit pas befoin dans le Diocefe d'Alet de leur
ofter ce faux mafque, parce que leurs déreglemens y font connus, &
qu'on y fçait les caufes particulieres qui ont porté chacun de ces
Gentilshommes à fe revolter contre leurs Curez. Mais puis qu'ils
forcent de les découvrir devant fa Majefté, où ils fe vantent d'avoir
porté leurs plaintes calomnieufes, on le fera quoy qu'à regret, & par
la feule neceffité de defendre contre leurs infultes & leurs calomnies, tout ce qu'un Grand Evefque a fait de plus faint, de plus glo-
rieux pour l'Eglife, & de plus avantageux pour le falut des ames par
une vigilance continuelle, & des travaux infatigables de vingt cinq
années.

✳✳✳✳✳✳✳✳✳✳✳✳✳✳✳✳✳✳✳✳✳✳✳✳✳✳✳✳✳✳✳✳✳✳

TROISIE´ME E´CLAIRCISSEMENT.

Des cas publics & notoires qui ont empefché que les Gentils-
hommes nommez dans le Syndicat n'ayent efté receus aux
Sacremens, ce qui les a portez à exciter tout ce trouble.

§. 1. *Combien eft injufte la vexatiou qu'on fait aux Curez fur ce fujet.*

ON a fait voir dans l'Efclairciffement precedent que les Curez du Diocefe d'Alet, n'ont fuivy dans leur conduite, & dans l'adminiftration du Sacrement de Penitence, que des regles tres certaines & des maximes tres faintes. Ainfi tout ce qui refteroit à dire, eft qu'ils auroient excedé dans l'ufage de ces regles en les appliquant à ces Gentilshommes, quoy qu'ils ne fuffent pas dans les cas qui obligent à les pratiquer.

Mais il eft indubitable qu'il y a plufieurs des cas qui obligent à refufer l'abfolution, comme des habitudes dans des pechez fecrets, les occafions prochaines & autres femblables, dont les Confeffeurs n'ayant connoiffance que par la confeffion qui doit demeurer dans un fecret inviolable, il ne leur eft pas permis d'en rendre conte à perfonne. Or de la maniere dont vivent la plus-part des Gentilshommes dans le Diocefe d'Alet, il eft bien difficile pour ne pas dire moralement impoffible, qu'il n'y ait affez fouvent de ces cas fecrets qui ne font connus que des Confeffeurs qui ayent empefché qu'ils ne les puffent abfoudre. De forte que c'eft la vexation du monde la plus injufte que de les traduire pour ces refus d'abfolution à des tribunaux feculiers ou mefme Ecclefiaftiques; Car n'y ayant rien que M. d Alet leur ait plus recommandé, que de ne jamais donner la moindre atteinte au fceau de la confeffion en quelque maniere que ce foit, ils font refolus non feulement d'abandonner leur temporel à ceux qui le font faifir par des Arrefts tres injuftes, mais de fe laiffer plûtoft brûler que de fe défendre d'une maniere qui puiffe donner le moindre foupçon, qu'ils fe ferviroient pour cela de ce qu'ils auroient apris dans le tribunal de la penitence.

Neanmoins ce qui fait dans cette rencontre que ces Curez n'en font pas tout à fait reduits à cette extremité, eft que plufieurs des fujets pour lefquels on n'a pû recevoir ces Gentilshommes aux Sacremens, font des chofes qui fe fçavent par des voyes publiques, & qu'on n'a aucune obligation de tenir fecretes. Et ainfi ne touchant point à ce qui pourroit eftre d'une autre nature, on parlera feulement icy de ce qui eft public & connu de tout le monde.

§. 2. *Des sujets qui ont fait excommunier M. de Rasiguieres l'un des Syndics.*

Il ne faut pas s'étonner si ce Gentilhomme qui est un des plus riches & des plus puissans du Diocese, a esté des premiers à entrer dans le Syndicat contre son Evesque. Ce charitable Pasteur ayant employé inutilement toutes sortes de moyens pendant plusieurs années pour le retirer de ses effroyables débordemens, & arrester le scandale qu'il causoit en quatre villages dont il est Seigneur, & en quelques autres de son voisinage, où il débauchoit autant de filles & femmes qu'il en pouvoit seduire, a esté enfin obligé de l'excommunier dans toutes les formes de l'Eglise pour essayer encore ce dernier remede. Voilà ce qui le fait crier contre la conduite de ce Prelat, & le sujet qu'il a de pretendre qu'on abuse dans le Diocese d'Alet des Censures de l'Eglise, parce qu'on les a employées pour reprimer ses desordres.

Mais parce que tous les autres Gentilshommes ont aussi la hardiesse d'alleguer cet exemple pour justifier la plainte qu'ils font, *que M. l'Evesque d'Alet excommunie pour des causes frivoles*, il est necessaire d'expliquer en particulier tout ce qui s'est passé dans cette affaire, en rapportant les actes mesmes de M. d'Alet afin que tout le monde puisse juger, qu'il n'y eut jamais de conduite plus Episcopale & plus charitable que celle de ce Prelat : que personne n'a jamais esté plus justement & plus canoniquement excommunié que ce Gentilhomme, & que si les entreprises du Parlement de Toulouze pour luy procurer l'impunité dans ses effroyables desordres, estoient soufertes dans l'Eglise, il ne faudroit plus parler de discipline, ny regarder les Evesques que comme les valets des Magistrats seculiers.

M. l'Evesque d'Alet estant averty des horribles debordemens de M. de Rasiguieres qui scandalisoient tout le païs, n'a rien omis de tout ce que les instructions d'un Pasteur éclairé, & les remontrances charitables d'un vray Pere, pouvoient contribuer pour le porter à sortir d'un estat si miserable, & qui ne pouvoit que le conduire à un malheur eternel. Mais ayant attendu inutilement, non pas trois ny quatre ans, mais dix, douze & quatorze ans que ce figuier infructueux portast quelque fruit de penitence : enfin il se resolut de l'arracher du champ de l'Eglise, s'il perseveroit encore quelque temps dans une si damnable sterilité. Et ainsi pour faire les choses dans l'ordre, & s'asseurer plus parfaitement par les voyes canoniques de ce qu'il ne sçavoit déja que trop, il fit une ordonnance en forme de Monitoire le 28. Ianvier 1661. qu'il envoya aux Curez des villages dont ce Gentilhomme est Seigneur, pour y estre publiée par trois Dimanches consecutifs. Cette ordonnance portoit ces termes.

ORDONNANCE EN FORME DE MONITOIRE.

„ **N** I C O L A S par la grace de Dieu & du faint Siege Apoftolique
„ Evefque d'Alet. Aux Recteurs du Vivier & de Puy-Laurens, & au-
„ tres Preftres premiers requis, Salut & benediction. L'obligation que
„ noftre Seigneur Iesus-Christ Souverain Pafteur, nous a impofée
„ de donner noftre vie pour les ames qui font commifes à noftre gar-
„ de, & de nous oppofer au Loup qui vient pour les devorer, nous
„ preffe d'apporter quelque remede aux ravages que nous fçavons
„ eftre faits dans vos Parroiffes depuis plufieurs années par le vice de
„ l'impureté, où certains perfonnages d'autorité abufant de leur pou-
„ voir par l'entremife de perfonnes perduës de l'un & l'autre fexe, at-
„ taquent la pudicité des filles & femmes qu'ils tâchent de corrom-
„ pre & feduire par toutes fortes de voyes. Sur lefquels defordres nous
„ nous eftions contentez jufques icy de gemir devant Dieu, le Sup-
„ pliant de toucher les cœurs de ceux & celles qui les caufoient, & de
„ vouloir donner benediction aux avertiffemens paternels que nous
„ leur avons fouvent donnez en particulier dans nos vifites : Lefquels,
„ au lieu d'avoir executé les promeffes qu'ils nous avoient faites de fe
„ corriger, continuent, comme nous avons appris avec douleur, dans
„ leurs defordres & fcandales, & vont les augmentant de jour à autre,
„ en forte que s'il n'y eftoit remedié, ils corromproient entierement
„ vos Parroiffes. Et comme aux maux extrémes, il faut appliquer
„ d'extrémes remedes, nous avons crû devoir employer les peines
„ plus grieves de l'Eglife & nous fervir de fes cenfures pour arrefter,
„ autant qu'il eft en nous, le torrent de cette corruption. Et à cet
„ effet, afin que nous puiffions, outre les connoiffances que nous en
„ avons déja, fçavoir expreffément toutes les perfonnes de quelle
„ qualité, condition & fexe qu'elles puiffent eftre dans vos Parroiffes,
„ qui font coupables de ces impuretez & corruptions, & quelles font
„ celles de l'un & l'autre fexe qui donnent leur entremife, & s'em-
„ ployent pour en feduire les filles & les femmes, afin que les fçachans
„ nous puiffions agir contre elles, ainfi qu'il appartiendra, en implo-
„ rant mefme le bras des Puiffances feculieres pour faire punir ces per-
„ fonnes, ainfi qu'il nous eft ordonné par le faint Concile de Trente,
„ aprés les avoir, par l'excommunication, retranchez de la compagnie
„ des Fidelles, privez de la communion au corps & fang precieux de
„ Iesus-Christ, & les avoir livrez à Sathan felon le pouvoir que nous
„ en avons receu du mefme Iesus-Christ. Nous vous mandons
„ et ordonnons fous peine de fufpence que vous encourerez, *ipfo
„ facto*, que vous ayez à publier les articles fuivans par trois Diman-
„ ches confecutifs és Profnes des Meffes parroiffiales : & de noftre au-
„ torité, enjoindre fous peine d'excommunication à tous vos Parroif-
„ fiens, qu'ils ayent à reveler ce qu'ils fçauront defdits articles, pour

d'avoir veu, oüy dire, ou autrement. Lesquels Articles nous vou- «
lons estre publiez dans les Parroisses de Montfort & de Rasiguieres, «
aussi bien que dans celles du Vivier, & de Puylaurens, comme s'ensuit. «
1. Quelles sont les personnes d'autorité qui dans lesdites Parroisses «
du Vivier, Puy-Laurent, Montfort & Rasiguieres, se servent de leur «
pouvoir pour seduire & porter les filles & femmes à la debauche? «
2. Qui sçauroient pour l'avoir veu, oüy dire, ou autrement, que «
ces personnes ont usé de menaces, vexé, battu, chassé & mal-traitté «
les Peres, Meres, Maris, Freres ou autres Parens des Filles ou Femmes «
qu'ils vouloient seduire, lors qu'ils s'en sont plaints & ont témoigné «
ne pas agreer leurs poursuites & recherches. «
3. Quelles sont les femmes perduës dont ils se servent, lesquelles «
par present d'argent, de bled, d'habits & promesses de faire marier, «
portent à la debauche les filles & femmes, & quels sont aussi les hom- «
mes ou garçons qu'ils employent à cet effet? «
4. S'il n'est pas veritable que quelques unes desdites femmes per- «
duës, outre qu'elles se sont abandonnées elles mesmes à ces person- «
nes, leur ont encore prostitué leurs propres filles. Quelles sont lesdi- «
tes femmes, & si elles & leurs filles ne se sont trouvées enceintes, & «
s'il n'est pas public que ces personnes d'autorité ont mal-versé avec «
les meres & les deux sœurs leurs filles? «
5. Qui sçauroient que ces femmes prostituées ont attiré dans leurs «
maisons des filles & femmes, tant desdites Parroisses que d'autres «
lieux, & que ces personnes d'autorité s'y sont renduës, & s'il n'est «
pas vray que ces femmes sortant de leurs maisons les y enfermoient «
avec les filles ou femmes qu'elles y avoient attirées? «
6. S'il n'est pas veritable que ces personnes d'autorité ayant abusé «
de quelques filles les ont mariées par leur autorité, menaces ou autre- «
ment, avec leurs valets ou autres garçons dépendans d'eux, & qu'ils «
ont continué leurs malversations avec ces filles depuis leurs maria- «
ges: & si faisant absenter leurs maris sous pretexte de leur faire faire «
quelques messages ou autrement, ils ne sont allez publiquement «
coucher dans les maisons de ces femmes qu'ils avoient ainsi mariées, «
& avec d'autres qu'ils avoient débauchées? «
Donné à S. Paul le 28. Ianvier 1661. Signé NICOLAS E. d'Alet: «
Et plus bas, Par Monseigneur, Ragot. Et scellé. «
Et ensuite est écrit:
Ie sous-signé certifie avoir publié par quatre Dimanches au Pros- «
ne de la Messe de Parroisse le present Monitoire, aux chefs duquel il «
y a eu plusieurs revelans. En foy dequoy signez, Marcis, Saurel, «
Peprats, Calvin. «
Ce Monitoire ayant esté publié, on eut un tres grand nombre de
preuves de tout ce qu'il contenoit: ce qui n'empescha pas que M.
d'Alet ne tenta encore toutes les voyes de douceur pour faire rentrer

en luy mefme ce pecheur public, avant que de le frapper des fou-
dres de l'Eglife, s'il demeuroit dans fon endurciffement & dans fon
impenitence.

Ainfi outre tous ces avertiffemens publics, & ceux que ce charitable Pafteur luy avoit fait tres fouvent en particulier, il donna encor
charge au Curé du Vivier où il demeure, de luy faire trois Monitions
canoniques, ce que ce Curé executa fidelement, comme il paroift
par le certificat qu'il en a donné en ces termes:

„ Ie fous-figné Recteur du Vivier, certifie & attefte que fuivant
„ l'ordre de Monfeigneur l'Evefque durant ce Carefme, j'ay fommé
„ & requis Noble Henry du Vivier Sieur de Raziguieres de vouloir
„ quitter fa vie fcandaleufe, de rentrer en luy-mefme & de fe difpofer à
„ en faire penitence, & luy ay protefté de la part de mondit Seigneur,
„ qu'en cas qu'il continuaft fes débauches en matiere d'impureté,
„ qu'il feroit procedé contre luy par cenfure d'excommunication, lef-
„ quelles Monitions & requifitions je luy ay reïterées par trois diverfes
„ fois de huit en huit jours, ou plus long intervale de temps, quand
„ j'ay pû avoir la prefence dudit Sieur de Raziguieres depuis l'ordre
„ receu de luy faire lefdites Monitions. Et pour eftre la verité telle me
„ fuis figné le vingtiéme Avril 1661. Signé Saurel Preftre & Recteur
„ du Vivier.

Monfieur d'Alet attendit encore prés de fix mois, & remit à la
vifite qu'il devoit faire dans ce pays-là, à reconnoiftre fi ce Gentilhomme n'auroit point efté touché de ces avertiffemens, & s'il n'auroit point executé la promeffe qu'il luy avoit faite diverfes fois de fe
corriger, & de faire penitence de fes defordres. Mais il en apprit des
nouvelles bien contraires lors qu'il fit cette vifite au mois de Septembre fuivant, comme il paroift par le Procez verbal de vifite du
lieu de Puylaurens, qui eft un des Villages de M. de Raziguieres.

Extrait *de l'Original du Procez verbal de vifite du lieu
de Puylaurens.*

„ L'an mil fix cens foixante un, & le fecond du mois de Septem-
„ bre, fçavoir faifons. Nous Nicolas par la grace de Dieu & du
„ Saint Siege Apoftolique Evefque d'Alet, que continuant noftre vi-
„ fite Epifcopale, nous nous ferions acheminez du lieu d'Axas à Puy-
„ laurens en compagnie de M. Vincent Ragot Preftre noftre Promo-
„ teur, de M. Antoine Delmas, auffi Preftre pris pour noftre Secre-
„ taire, & autres nos domeftiques, où eftant arrivez environ les cinq
„ heures du foir, nous nous ferions tranfportez à l'Eglife pour faire
„ noftre priere devant le Saint Sacrement, & invoquer fon affiftance
„ & benediction fur l'action de noftre vifite, à l'entrée de laquelle
„ M. Antoine Marcis Preftre Recteur, nous auroit receu en la manie-
„ re accouftumée. Nos prieres achevées nous nous ferions achemi-

nez à la maison presbiterale, où nous nous ferions fait rapporter «
l'Estat de la Parroisse depuis nostre derniere visite, pour en prendre «
par nous mesme une entiere & pleine connoissance. Et nous aurions «
appris en premier lieu que bien que dans nostre derniere visite, nous «
eussions fait ce qui estoit de nous pour purger cette Parroisse de l'im_ «
pureté qui y faisoit de jour en jour des progrez d'autant plus dange_ «
reux, que ceux qui les devoient reprimer en estoient les auteurs; «
neanmoins tous nos soins & toute nostre diligence pour remedier à «
un si grand mal, n'avoit point eu le succez que nous en avions esperé, «
mais qu'au contraire le mal s'estoit augmenté, de telle sorte que ces «
impuretez estoient devenuës si publiques & manifestes, que non «
seulement ce lieu, mais tout le païs en estoit scandalisé : ce qui nous «
auroit esté manifesté par la voix de la pluspart des habitans qui se «
plaignoient de ces desordres si publics & si scandaleux, qui conti_ «
nuoient depuis si long-temps, ausquels ils demandoient qu'il fût re_ «
medié. Et nous estant enquis plus particulierement desdits desor_ «
dres, nous aurions appris aussi bien qu'à nos precedentes visites, que «
noble Henry du Vivier Sieur de Raziguieres Seigneur dudit lieu en «
estoit l'auteur : qu'il se servoit dans ce malheureux commerce de la «
nommée Claude Rolande du Masage de Caunel, qui non seulement, «
selon le bruit commun, s'estoit prostituée à luy, mais avoit encore «
prostitué ses propres filles qu'elle luy menoit au rendez-vous qu'elle «
luy marquoit, & chez laquelle il couchoit & mangeoit quand il «
estoit audit Puylaurens, y ayant table, lit & autres meubles, au veu «
& sceu de tous les habitans ; que ces abominations ne s'estoient pas «
renfermées dans la maison de ladite Rolande, mais qu'il s'estoit ef_ «
forcé d'en remplir tout le lieu, ayant fait solliciter par ladite Claude «
un tres grand nombre de filles & femmes d'iceluy, dont les unes «
avoient presté l'oreille à ses sollicitations & promesses, & s'estoient «
abandonnées à luy, & d'autres y avoient fortement resisté, ce qui «
auroit causé beaucoup de desordres dans les familles : Qu'on avoit «
aussi apperceu ledit Sieur de Rasiguieres dans des bois & d'autres en_ «
droits écartez malversant avec diverses filles & femmes, qu'il y fai_ «
soit conduire sous divers pretextes, sans qu'elles sceussent le piege «
qui leur estoit tendu : Qu'il venoit quelquefois de nuit audit Puy_ «
laurens, & de peur d'estre découvert empastoit les pieds de son che_ «
val pour entrer avec moins de bruit & plus secrettement dans les «
maisons où il commettoit ses impuretez ; Que quelques habitans «
dudit Puylaurens se plaignant, quoy que secrettement de sa vie si «
débordée, il les avoit menacez, les uns de les brûler tout vifs eux & «
leurs maisons ; & quelques autres de les mal-traiter s'il entendoit «
qu'ils parlassent tant soy peu de ses déportemens. Enfin il n'y avoit «
fille ny femme qui eust son honneur en asseurance. Et ledit Recteur «
nous auroit dit de plus, que bien qu'il eust publié en sa Parroisse par «

» quatre diverfes fois, l'Ordonnance en forme de Monitoire que nous
» avions fait dreffer pour faire rentrer ledit Sieur de Raziguieres en
» luy mefme, reconnoiftre fon miferable eftat & s'humilier profonde-
» ment devant Dieu ; en demander penitence & faire concevoir aux
» habitans de l'un & l'autre fexe, l'horreur qu'on doit avoir d'une vie fi
» abominable, & pour prendre une pleine connoiffance de fes defor-
» dres, afin de les pouvoir reprimer par les voyes canoniques, & qu'en
» fuite de tres grand nombre de revelations qui en avoient efté faites
» par lefdits habitans, nonobftant toutes les intimidations & menaces
» que ledit Sieur de Raziguieres leur avoit faites & par luy mefme &
» par d'autres, il euft exhorté ledit Sieur de Raziguieres à fe reconnoî-
» tre & donner l'exemple qu'il devoit donner à fes vaffaux ; neanmoins
» il eftoit obligé de nous avertir qu'il n'avoit point difcontinué fes pra-
» tiques fcandaleufes, nous fuppliant, & à luy joint noftre Promoteur,
» de vouloir remedier efficacement à ce mal. Nous aurions enfuite
» pris la connoiffance la plus exacte que nous aurions pû des particu-
» liers, &c. Ainfi que deffus a efté par nous procedé. NICOLAS
» E. d'Alet, ainfi figné à l'original, d'où le prefent extrait a efté tiré
» par moy fous figné Secretaire dudit Seigneur Evefque. Signé Pega
» Secretaire. Et fcellé.

Quelques jours apres M. l'Evefque d'Alet eftant party de Puylaurens pour fe rendre au Vivier, qui eft le lieu de la demeure ordinaire de M. de Raziguieres,& ayant appris la mefme chofe touchant
la continuation de fes débauches, outre les trois Monitions canoniques qui luy avoient déja efté faites dés le mois d'Avril precedent,
il luy en fit faire encore deux nouvelles par un des Ecclefiaftiques
qui eftoient avec luy, qui ne l'ayant non plus touché que les autres,
il fut enfin obligé d'ufer de la puiffance que Iefus-Chrift luy a donnée contre une perfonne fi endurcie. Mais comme on ne peut rien
defirer fur ce fujet, ny de plus authentique, ny de plus édifiant que
ce qui en eft rapporté dans le procez verbal de cette vifite, il eft important d'en faire voir icy l'extrait.

EXTRAIT *du Procez verbal de vifite du lieu du Vivier.*

» L'an mille fix cens foixante-un, & le onziéme du mois de Septem-
» bre. Nous NICOLAS par la grace de Dieu & du Saint Siege Apo-
» ftolique Evefque d'Alet, continuant noftre vifite epifcopale au païs
» de Fenailledes, nous ferions acheminez du lieu de Puylaurens à ce-
» luy du Vivier, en compagnie de M. Vincent Ragot Preftre noftre
» Promoteur, de Maiftre Delmas auffi Preftre pris pour noftre Secre-
» taire, & autres nos domeftiques, où nous ferions arrivez environ les
» cinq à fix heures du foir, & aurions efté receus par Maiftre Raphaël
» Saurel Preftre Recteur en la maniere accouftumée, qui nous auroit
» conduit à la maifon prefbyterale, où nous aurions commencé l'a-
ction

ction de noftre vifite indite à ce jour, par la connoiffance que nous «
aurions prife de l'eftat de la Parroiffe pour le fpirituel. Et nous au- «
rions appris, en premier lieu par la plainte de plufieurs habitans du- «
dit lieu, que Noble Henry du Vivier Sieur de Raziguieres conti- «
nuoit fes débauches & fes impuretez au veu & fceu, non feulement «
de la Parroiffe, mais de tous les lieux circonvoifins, & que tout le «
foin que nous avions pris dans les diverfes vifites faites par nous audit «
lieu & dans plufieurs autres rencontres, où nous l'avions repris de «
fon peché & exhorté à penitence avoit efté inutile, & que bien que «
dans la vifite que nous fifmes exprés l'année derniere audit lieu pour «
l'admonefter de penfer à luy & de fe corriger d'une vie fi fcandaleu- «
fe qu'il menoit depuis plufieurs années, il nous eut avoüé fon peché «
& promis de s'en retirer; neanmoins il avoit continué avec plus de «
fcandale & de licence qu'auparavant fes malverfations & malheureu- «
fes pratiques: Que l'Ordonnance que nous avions fait publier au «
mois de Ianvier dernier, pour le folliciter plus vivement de fe recon- «
noiftre & de quitter fes fcandaleufes habitudes, & pour donner hor- «
reur à tous les habitans du lieu de Puylaurent, de Rafiguieres, du «
Vivier & Monfort, tant de l'un que de l'autre fexe d'un vice fi abo- «
minable, & qui traifne aprés foy tant de defordres, n'avoit point eu «
l'effet que nous en avions efperé, non plus que les fommations que «
ledit Me Saurel Recteur luy avoit faite de noftre ordre le Carefme «
dernier, de quitter fa mauvaife vie & fe foûmettre à la penitence «
qu'il luy propofoit de noftre part, qu'autrement nous procederions «
contre luy par excommunication, conformément à noftredite or- «
donnance en forme de monitoire, & depuis encore reïterées, n'ayant «
donné depuis ce temps aucune marque de vouloir fe foûmettre à la- «
dite penitence; qu'au contraire ayant toûjours continué depuis «
dans fes malverfations & impuretez, pour lefquelles il fe fervoit, «
ainfi qu'il avoit fait par le paffé, d'une nommée Bernadonne femme «
perduë de reputation, dans la maifon de laquelle il donnoit fes ren- «
dez-vous, & faifoit conduire les filles & femmes qui avoient prefté «
l'oreille, & confenty aux follicitations qu'il leur avoit faites ou fait «
faire par ladite Bernadonne, la Sartreffe de Raboüillet, d'un valet «
nommé Gridelin, d'un autre appellé Sixdoigts, de Pierre Rofaud, «
& autres dont il fe fert ordinairemèt pour faciliter fes malverfations; «
qu'on l'avoit veu tres fouvent entrer feul dans ladite maifon où quel- «
qu'une defdites filles ou femmes avoit efté conduite, & ladite Ber- «
nadonne fortir & les enferma tous deux enfemble, ce qu'on nous au- «
roit attefté eftre arrivé mefme depuis la publication dudit Monitoi «
re: Qu'on l'auroit veu s'enfermer dans des maifons un peu éloignées «
du village avec des filles qu'il y faifoit venir fous pretexte d'aller «
chercher de l'huile, où autres denrées ou il demeuroit les deux heu- «
res entieres, & qu'au fortir de ces maifons, apprehendant d'avoir efté «

G

» apperceu, il avoit menacé quelques-uns de ses vassaux qui travail-
» loient en veuë de ces maisons, de les roüer de coups de barres s'il
» entendoit qu'ils parlassent de rien ; qu'il avoit fait les mesmes mena-
» ces à plusieurs autres qui l'avoient trouvé à des heures induës dans
» des maisons seul avec quelques filles ; qu'on l'avoit veu dans des bois
» malversant avec d'autres qu'il y avoit fait conduire, & où il demeu-
» roit les deux heures entieres faisant tenir son cheval par les femmes
» qui avoient conduit les filles & femmes en ces lieux, lesquelles il se-
» duisoit sous promesses d'argent, bled, hardes, de les marier, & de
» leur fournir ce qui leur seroit necessaire ; qu'on l'auroit aussi veu tres
» souvent s'entretenir avec la nommée Claude Rolande, de Puylau-
» rens, avec ladite Bernadonne & autres personnes suspects, & passer
» & repasser souvent avec celle-cy au devant des maisons dudit Vivier
» où il y avoit de jeunes filles qu'elle avoit sollicitées de s'abandoner à
» luy : & qu'enfin on ne pouvoit assez s'imaginer combien ses sollicita-
» tions, promesses, & les artifices dont il usoit pour seduire les pau-
» vres filles & femmes de ce lieu, joints à son autorité, y avoient cau-
» sé de vices & de pechez, & en causoient journellement.

» Apres toutes ces connoissances, nous aurions envoyé environ les
» huit heures du soir ledit Me Delmas Prestre, pour solliciter derechef
» ledit Sieur de Raziguieres de quitter sa mauvaise vie, & de se soû-
» mettre à la penitence que nous luy avions déja fait proposer par le-
» dit Me Raphaël Saurel, & luy protester qu'à faute de l'accepter,
» nous procederions contre luy par censures : ce qu'il auroit refusé de
» faire.

» Le lendemain matin environ les huit heures, nous aurions ren-
» voyé ledit M. Delmas vers ledit Sieur pour faire un dernier effort
» en son endroit, & l'obliger à se reconnoistre, & autrement luy de-
» clarer que nous allions proceder contre luy par excommunication:
» ce qui auroit pareillement esté inutile, si bien que voyant sa contu-
» mace obstinée au mal, apres avoir meurement examiné les connois-
» sances que nous avions prises de ses deportemens scandaleux dans les
» visites de Puylaurens & de ce lieu, ainsi qu'il resulte de nos procés
» verbaux, & par les revelations faites à l'ordonnance en forme de
» Monitoire cy-dessus exprimé, és lieux de Puylaurens, Vivier,
» Raziguieres & Monfort, Nous nous serions portez à l'Eglise envi-
» ron les dix heures, où apres avoir celebré la Messe nous aurions ex-
» posé au Peuple le sujet de nostre visite, & la douleur que nous avions
» de ce que la vie si scandaleuse de leur Seigneur, & le peu de corres-
» pondance que nous avions trouvé en luy pour profiter de nos admo-
» nitions paternelles, entrer dans la reconnoissance de son peché, &
» d'en faire penitence, nous obligeoit de le separer du reste du trou-
» peau que Dieu avoit commis à nostre garde, de peur qu'il ne le cor-
» rompît. Apres quoy, Nous aurions fait lire par ledit M. Delmas la

Sentence d'excommunication que nous avions fait dreſſer de teneur: «
NICOLAS par la grace de Dieu, &c. par laquelle nous excommu- «
nions & retranchions du corps de l'Egliſe ledit Sieur de Raziguieres «
pour les cauſes cy-deſſus, ainſi qu'il eſt plus amplement porté par «
ladite Sentence, lequel eſtant preſent à cet action, l'interrompit par «
quelques paroles peu reſpectueuſes, apres leſquelles il ſortit de l'E- «
gliſe. La lecture de cette Sentence d'excommunication faite, nous «
aurions declaré aux Habitans & Parroiſſiens du Vivier là preſens «
leur obligation ſur ce ſujet, &c. Ainſi que deſſus a eſté par nous pro- «
cedé. NICOLAS E. d'Alet ainſi ſigné à l'original, d'où le preſent «
extrait a eſté tiré par moy ſous-ſigné, Secretaire dudit Seigneur «
Eveſque, Signé, PEGA Secretaire & ſeellé. «

On peut voir par là que jamais Eveſque n'a plus religieuſement
obſervé toutes les formes canoniques dans une excommunication
que M. l'Eveſque d'Alet a fait dans celle cy, qui fut conceuë en ces
termes.

Excommunication decernée contre le Sieur de Raziguieres, attendu la
continuation de ſa vie ſcandaleuſe & débordée.

NICOLAS par la grace de Dieu & du S. Siege Apoſtolique Eveſque «
d'Alet, faiſant noſtre viſite Epiſcopale dans l'Egliſe Paroiſſiale du Vi- «
vier prenant connoiſſance de l'eſtat de la Parroiſſe, nous aurions apris «
la continuation de la vie ſcandaleuſe du Sr Henry du Vivier Seigneur «
dudit lieu, & que nonobſtant les promeſſes qu'il nous avoit faites «
dans noſtre precedente viſite, de ſe corriger du ſcandale qu'il don- «
noit en matiere d'impureté dans les lieux du Vivier, Puylaurens, Ra- «
ziguieres & Montfort, leſquelles promeſſes il nous avoit faites lors de «
nos viſites eſdites Parroiſſes, ſur les menaces que nous luy faiſions de «
proceder contre luy par cenſures, attendu la publicité de ſes deſor- «
dres. Enſuite dequoy ſur de nouvelles plaintes que nous auroient «
faites les Recteurs deſdites Parroiſſes des ravages qu'il y faiſoit, «
qu'ils nous aſſeuroient eſtre tels, que par ſon autorité & l'entremiſe «
de certaines femmes entierement perduës, l'honneur & la pudicité «
des filles & femmes de toutes ſes terres eſtoit dans l'extréme danger «
s'il n'y eſtoit par nous remedié, nous aurions donné une ordonnan- «
ce en forme de Monitoire pour eſtre publié dans leſdites Parroiſſes «
tant pour faire rentrer ledit Sieur du Vivier en luy meſme, le preſſer «
de ſe corriger, que pour jetter l'horreur de ces débauches dans l'eſ- «
prit des filles & femmes, & des perſonnes qui les favoriſoient, & les «
y ſollicitoient. Apres ledit Sieur nous auroit avoüé, comme il a déja «
fait dans nos viſites, qu'il eſtoit à la verité coupable, mais non pas au «
point qu'on nous pouvoit avoir rapporté, qu'il eſtoit diſpoſé de re- «
cevoir de nous penitence, & qu'à l'avenir il ne donneroit aucun ſu- «
jet de plainte : ce qu'il n'auroit executé, ains continué ſes mauvais «

» commerces. Ce que nous eſtant rapporté, nous aurions dans le Ca-
» reſme dernier mandé ſon Recteur, auquel aurions ordonné de re-
» querir & ſommer, comme il a fait par diverſes fois, ledit Sieur du
» Vivier de ſe corriger & venir recevoir penitence, & qu'à faute de ce
» nous procederions contre luy par cenſures, ainſi qu'il eſtoit porté
» par noſtre Ordonnance en forme de Monitoire, qui a eſté publiée
» par quatre fois dans leſdites Parroiſſes du Vivier, Puylaurens, Ra-
» ziguieres & Montfort. Or dans noſtre preſente viſite de ce lieu & de
» Puylaurens, ayant appris par la declaration de pluſieurs habitans,
» la multitude & l'enormité des crimes dudit Sieur du Vivier en ma-
» tiere d'impureté, & leur publicité tant dans ce lieu que dans les au-
» tres ſus-nommez, comme il appert par les verbaux de nos viſites,
» nous aurions le jour d'hier & ce matin, fait ſommer & requerir par un
» de nos Eccleſiaſtiques ledit Sieur du Vivier de ſe reconnoiſtre & re-
» courir à la penitence, luy declarant qu'à faute de ce nous allions le
» denoncer excommunié ; ce qu'il auroit refuſé de faire. Nous,
» voyant ſa contumace, & que tous nos ſoins, avertiſſemens & Moni-
» toires paternels depuis pluſieurs années n'avoient pû le flechir pour
» arreſter le torrent de ſes débauches, & empeſcher la perte des ames
» commiſes à noſtre ſoin, ſommes contraints avec douleur d'apporter
» à ce mal extréme les extrémes remedes pour ne nous en rendre cou-
» pables, & pour conſerver la pureté dans le reſte du troupeau confié
» à noſtre garde. A CES CAUSES, appuyé en l'autorité que Dieu a
» donnée à ſon Egliſe de lier & délier, Nous AUONS EXCOMMUNIE'
» ET EXCOMMUNIONS LEDIT HENRY DU VIVIER, & le ſeparons &
» retranchons de la participation au corps & ſang de IESUS-CHRIST,
» & des prieres, merites & bonnes œuvres de tous les Fidelles, & le
» livrons au pouvoir de Sathan pour l'humilier & affliger en ſa chair,
» afin que ſon eſprit & ſon ame, en ſe reconnoiſſant & faiſant peniten-
» ce, puiſſe enfin obtenir le ſalut eternel au jour de l'avenement du
» Seigneur. PRONONCE' audit lieu du Vivier dans l'Egliſe Parroiſſia-
» le, dans l'action de noſtre viſite, le onziéme jour de Septembre
» 1661. NICOLAS Eveſque d'Alet, ainſi ſigné en l'original, duquel le
» preſent extrait a eſté tiré par moy ſous-ſigné Secretaire. Signé
» RAGOT Secretaire.

§ 3. *Entrepriſe du Parlement de Toulouze contre cette excommunica-*
tion, qui vont à ruiner toute la diſcipline Eccleſiaſtique.

Le meſme eſprit d'impenitence qui avoit fait mépriſer au Sieur de
Razigueres, tous les avertiſſemens de ſon Paſteur, luy inſpira auſſi
de s'élever inſolemment contre la Sentence dont il ne l'avoit frappé
que pour luy donner de l'horreur du miſerable eſtat ou ſon peché l'a-
voit reduit, & le porter à prevenir par une penitence ſalutaire, le
jugement plus terrible que Dieu prononcera contre luy, s'il demeu-

re dans son endurcissement, en la separant pour jamais de la societé des Saints dont l'Eglise est la figure. Au lieu de s'humilier pour meriter par ses larmes & par un veritable changement de vie, de r'entrer dans le sein de l'Eglise dont il avoit esté retranché, il ne pensa qu'à chercher des moyens humains pour s'opposer à son Evesque ou plûtost à Iesus Christ dont il n'avoit esté que le Ministre. Il crut qu'il en trouveroit dans le Parlement de Toulouze par les parens qu'il y a, & l'alienation que plusieurs de cette compagnie avoient contre M. d'Alet pour les raisons qui ont esté representées plusieurs fois. Il y appella donc comme d'abus de la procedure la plus juste, la plus ecclesiastique, & la plus canonique qui fut jamais. Et parce que M. d'Alet ne jugea pas à propos de souffrir que personne se presentast pour defendre devant des Iuges qu'il avoit tant de raison de tenir suspects, l'usage tres legitime qu'il avoit fait de la puissance qu'il a receuë de I. C. ce Gentilhomme obtint Arrest sur Requeste le 10. Novembre 1661. qui le r'envoyoit pardevant l'Archevesque de Toulouze, ou ses Vicaires generaux ou autre Evesque, pour luy estre pourveu du benefice d'absolution *ad cautelam.* Et ensuite un Vicaire general de feu M. de Marca Archevesque de Toulouze, sur une simple Requeste de cet excommunié, & sans autre pouvoir que celuy que des Magistrats seculiers luy pouvoient avoir donné, eut la hardiesse, par un attentat tout à fait insupportable, de ruiner par provision ce qu'avoit fait un Evesque aussi sage & aussi éclairé que M. d'Alet avec tant de connoissance de cause.

Les termes de la Sentence de ce grand Vicaire sont considerables, & meritent d'estre conservez à la posterité pour un monument éternel de l'abus déplorable de ces pretenduës absolutions *à cautele.*

Sur la Requeste à nous presentée par noble Henry du Vivier Seigneur de Raziqueres au Diocese d'Alet, tendante à ce qu'il nous plaise lever & oster l'excommunication ad cautelam contre luy laxée par ledit Seigneur Evesque d'Alet, suivant & conformement à l'Arrest de la Cour du Parlement de Toulouze du 9. Novembre mois courant, afin qu'il ne demeure pas privé de l'entrée des Eglises, ny de pouvoir faire & exercer les actes de chrestien. Veu ledit Arrest & tout consideré. Nous Vicaire general & Official sous signé faisant droit sur ladite Requeste, avons osté & levé, ostons & levons l'excommunication laxée par ledit Seigneur Evesque d'Alet contre ledit sieur du Vivier, & ce faisant luy avons pourveu du benefice d'absolution d'icelle ad cautelam suivant ledit Arrest, afin qu'il ne demeure pas privé pendant le Procés de l'entrée de l'Eglise, & de la participation des Sacremens d'icelle, s'estant à ces fins mis à genoux devant nous.

On a fait voir dans l'affaire du sieur de l'Estang Doyen d'Alet, combien c'estoit un étrange abus, que l'usage qu'on fait maintenant de ces absolutions *à cautele*, en pretendant qu'elles retablissent dans la participation des Sacremens, lors mefmes qu'elles font données fans aucune connoiffance de caufe, & mefme fans aucun pouvoir en ceux qui les accordent, que celuy qu'ils pourroient tirer d'une Ordonnance de Iuges Laïques. Mais voicy un exemple qui eft plus fort tout feul pour faire condamner cet etrange procedé, que toutes les raifons que l'on pourroit apporter pour le combattre. Car peut-on rien s'imaginer de plus ridicule & de plus infoutenable que l'entreprife de ce grand Vicaire? Vn Evefque d'une pieté exemplaire & tres zelé pour le falut de fon Peuple, apres 14. ans de patience juge à propos d'ufer de la puiffance que I. C. luy a donnée pour arrefter les débordemens d'un pecheur public & endurcy, qui ne fe contentoit pas de fe perdre, mais perdoit encore avec luy un grand nombre d'ames. Et un Preftre d'une autre Province qui n'a aucune fuperiorité fur le Diocefe de ce Prelat, fur une fimple Requefte de cét excommunié, où il n'eft pas propofé la moindre chofe contre l'excommunication decernée par cet Evefque pour en montrer la nullité, & fur l'Arreft d'une compagnie de Laïques, qui peuvent au plus empefcher qu'on n'opprime des innocens par des excommunications manifeftement injuftes, ne craint point de dire hardiment *qu'il ofte, & qu'il leve cette excommunication laxée par cét Evefque*, & qu'il remet dans l'Eglife celuy qu'il en avoit chaffé, & qu'il retablit dans la participation des Sacremens celuy qui n'en avoit efté retranché, que parce qu'il s'en eftoit rendu luy mefme entierement indigne par fes abominations & par fes crimes.

Si cela fe fouffre, il n'y aura rien de plus méprifable aux pecheurs que ce qui leur doit eftre plus redoutable. Ils fe moqueront des menaces de l'excommunication, puis qu'il n'y aura rien de plus aifé, que d'en éviter le coup: & pouvant ainfi rendre vaines avec tant de facilité les dernieres & les plus terribles peines de l'Eglife, ils s'abandonneront avec une licence effrenée à toutes fortes de déréglemens.

Mais de plus qu'auroit répondu ce grand Vicaire fi on luy avoit demandé: *In qua poteftate hæc facis?* En qualité de Preftre, eftant inferieur de droit divin aux Evefques, il en devoit reverer & non pas caffer les Sentences. En qualité de Grand Vicaire de l'Archevefque de Toulouze, il n'avoit que voir à ce qui fe fait dans le Diocefe d'Alet qui eft d'une autre Province ecclefiaftique entierement indépendante de celle-là. Par quelle autorité a-t-il donc agy, & qui luy a donné droit, non de declarer que cette excommunication eftoit nulle (ce qu'il n'avoit garde de pouvoir faire, ne luy en ayant efté propofé aucune nullité) mais de la lever & de l'annuller, ce qui demande certainement une puiffance Superieure? Qu'auroit il pu alleguer que l'Arreft du Parlement de Toulouze, eftant bien affeuré que fans cela il ne l'auroit ofé entreprendre, parce qu'il auroit bien veu que ç'auroit efté une entreprife Schifmatique de vouloir

délier ce que M. d'Alet avoit lié par l'autorité de I. C. luy qui n'avoit
selon l'ordre de l'Eglise, aucune autorité Superieure à celle de ce
Prelat? Il devoit donc dire en absolvant cét excommunié, & en le
retablissant dans la participation des Sacremens dont ses crimes aussi
bien que la Sentence de son Evesque l'avoient rendu si indigne: *Au-*
toritate Parlamenti Tolosani quâ fungor in hac parte ego te absolvo à
vinculo excommunicationis quo per Episcopum tuum ligatus es. Voila
l'unique fondement de cette pretenduë absolution qui est un fondement manifestement heretique. Car on ne peut nier que ce ne soit
une heresie de prétendre que des Laïques puissent donner pouvoir
à celuy qui ne l'a pas de luy mesme, de faire une fonction aussi spirituelle qu'est celle, non simplement de déclarer qu'une absolution
est nulle pour n'avoir pas esté conforme aux regles de l'Eglise, mais
la supposant bonne, (puis qu'on presume toûjours pour la validité
de l'excommunication, à moins qu'on n'en fasse voir la nullité) de
la lever & remettre celuy qui en avoit esté canoniquement lié dans
la participation de toutes les choses Saintes, à cause seulement qu'il
s'est mis à genoux devant ce Commissaire d'un Parlément. Car
c'est par cela seul, si nous l'en croyons, qu'un pecheur public & endurcy a merité qu'on cassast en sa faveur la Sentence de son Evesque.
afin qu'il ne fust pas privé de l'entrée de l'Eglise & de la participation
des Sacremons, s'estant à ces fins, dit-il, *mis à genoux devant nous:*
Iamais genuflexion n'a esté plus meritoire.

Ceux qui ont porté plus loin l'autorité des Parlemens en ces matieres, comme feu M. du Puy dans ses notes sur les libertez de l'E-
glise Gallicane, n'ont eu garde de s'engager à soûtenir une chose si
deraisonnable, & si contraire à tous les principes de nostre religion.
Ils reconnoissent que les Parlemens ne peuvent rien au regard des
censures justes & canoniques: mais ils renferment toute la puissance qu'ils leur donnent à empescher, qu'on n'opprime des innocens
par des excommunications nulles & abusives. Et encore dans ce cas
là mesme, il paroist que l'ancienne pratique des Parlemens qui n'a
esté alterée que depuis quelque temps, comme on a fait voir ailleurs,
est de s'addresser à l'Evesque mesme qui a excommunié afin qu'il ab-
solve *à cautele*, en l'y contraignant par la saisie de son temporel, &
non pas de r'envoyer l'excommunié à tout autre Evesque qu'il voudra choisir, ce qui est insoûtenable, parce que ny luy, ny le Parlement ne peuvent donner à cet autre Evesque une jurisdiction qu'il
n'a pas. Or en toutes les choses qui demandent jurisdiction. *Nullus*
est major defectus quam potestatis.

Cependant quelque injuste que fût cet Arrest du Parlement de
Toulouze, & quelque abusive & nulle que fût l'absolution que le
S. de Rasigueres avoit receuë de ce Vicaire general de feu M. de
Marca, il ne douta point qu'en vertu de l'un & de l'autre, il ne pût

insulter à son Evesque, & rentrer malgré luy sans aucune satisfaction ny penitence dans tous les droits des enfans de Dieu & de l'Eglise que ses crimes luy avoient fait perdre.

Mais il trouva un Evesque aussi ferme & aussi inflexible envers les impenitens, que doux & charitable envers ceux qui se reconnoissent: Il n'avoit pas sujet de croire que M. de Raziguieres meritât quelque indulgence, puis qu'outre la continuation dans ses desordres accoutumez, il reconnut dans une visite qu'il fit sur la fin du mois de Novembre, au Pays où sont les Villages de ce Gentilhomme, qu'il s'en estoit rendu plus indigne que jamais par les violences qu'il avoit exercées pour étoufer les preuves de ses abominations.

Car ayant obtenu du Parlement de Toulouze une commission pour faire entendre de nouveau les témoins qui avoient révelé devant leurs Curez ce qu'ils sçavoient de ses débauches en vertu d'un Monitoire publié contre luy: & ayant pris un Commissaire qui luy estoit tout devoüé, il alla dans ses quatre Villages & commença par dire qu'il alloit faire pendre tous les faux témoins qui avoient revelé contre luy. Il fit venir ensuite tous les habitans des lieux, leur parloit en general & puis en particulier pour sçavoir ceux qui avoient revelé. Il les faisoit dédire de tout ce qu'ils avoient dit; les portoit à charger les Curez comme ayant extorqué leurs revelations, & obligeoit ceux qui avoient deposé de faire pour leurs seins d'autres marques que celles qu'ils avoient accoûtumé, afin de pouvoir accuser de faux les revelations qu'ils avoient faites devant leurs Curez au bas desquelles estoient leurs veritables marques.

On voit la preuve de ces violences, & en mesme temps la confirmation de tout ce qui avoit esté revelé de ses debauches en vertu du Monitoire dont il a esté parlé, & sur tout de l'inceste abominable qu'il avoit commis abusant de la mere & des deux filles, par le Procés verbal que dressa M. d'Alet de ce que luy vinrent dire ces pauvres gens au nombre de plus de trente pour appaiser le remords de leur conscience, & se rendre capables de gagner le Iubilé, parce qu'ils estoient obligez de reconnoistre que la crainte de leur Seigneur les avoit portez à se dédire de ce qu'ils avoient revelé de ses débauches, quoy qu'ils n'eussent rien dit que de vray dans ces revelations, comme ils le confirmerent de nouveau.

Ainsi M. d'Alet n'ayant garde de souffrir qu'un membre si pourry & si gasté infectast de nouveau l'Eglise dont il avoit esté retranché avec tant de justice, il fit de nouvelles défenses à tous les Curez & à tous les Prestres de son Diocese de regarder le Sieur de Raziguieres autrement que comme un excommunié & de celebrer aucun office en sa presence. Les Curez écouterent la voix de leur vray Pasteur & obeïrent à ses ordres nonobstant les persecutions que leur fit le Sieur de Raziguieres les ayant obligez de quitter leurs Paroisses pour aller

se

se presenter à Toulouze sur un adjournement personnel qu'il avoit fait ordonner contre eux parce qu'ils n'avoient pas voulu celebrer en sa presence. Et ainsi la fausse absolution que ce pecheur endurcy pretendoit avoir receuë à Toulouze luy fut inutile, ou plûtost on empescha qu'elle ne luy fut tres pernicieuse en l'engageant en de nouveaux Sacrileges.

Il eut donc recours encore une fois au Parlement de Toulouze, estant asseuré qu'il y obtiendroit tout ce qu'il voudroit par le moyen de ses amis & des ennemis de M. d'Alet. Et en effet il y fit ordonner que M. d'Alet leveroit les deffenses qu'il avoit faites à ces Curez à peine de saisie de son temporel. Mais ce n'estoit pas une crainte qui pût empescher ce Prelat de maintenir l'honneur de l'Eglise & les droits de son caractere. Il auroit abandonné non seulement les biens mais la vie mesme, plûtost que de se relascher de ce que sa conscience & le devoir de sa charge l'avoient obligé d'ordonner contre cet enfant de Bellial, qui non content d'avoir deshonnoré l'Eglise par ses infamies, la vouloit encore fouler aux pieds par un orgueil & une impénitence diabolique.

L'évocation des causes de M. d'Alet au Parlement de Grenoble, qui rendoit celuy de Toulouze incompetent, osta aussi à ce Gentil-homme tout espoir de reüssir dans son entreprise criminelle, n'ayant pas osé se pourvoir à Grenoble, parce que n'y ayant pas tant d'apuy, il ne doutoit point, qu'au lieu de l'appuyer dans une si mauvaise cau-se, on ne le renvoyast à son Evesque pour s'humilier sous son baston pastoral. Ainsi ne trouvant point de Prestres dans le Diocese d'A-let qui le voulut souffrir dans l'Eglise, la honte l'a obligé de s'en reti-rer. Il a passé depuis un hyver à Perpignan, & un autre à Ille dans le Roussillon, où il a continué ses débordemens, & on a sceu qu'en cet-te dernierre ville, on l'avoit voulu jetter dans un puits allant ou re-venant d'un lieu de débauche.

§. 4. *Autres cas du mesme Sieur de Raziguieres.*

L'amour qu'il a pour le vice, le porte à le proteger mesme dans les autres. Vne femme dont le mary demeuroit à Carcassonne vivoit scandaleusement avec un Chanoine de la ville de S. Paul. M. d'Alet faisant sa visite dans cette ville ordonna sur les plaintes du mary, qu'elle se retireroit avec luy : & pour luy donner plus de facilité de l'enmener, il luy presta sa Litiere & obligea cette femme d'y entrer pour suivre son mary. M. de Rasiguieres l'enleva par les chemins, l'osta à son mary & contraignit les Muletiers de la conduire où il voulut.

Il est gouverneur d'un Chasteau scitué sur le haut d'un rocher, & il reçoit des appointemens de la Province pour y entretenir plu-sieurs Soldats, mais il n'y en tient aucun ; & ce Chasteau ne luy sert qu'à donner de la terreur aux habitans qui craignent d'y estre mis en prison ; ou a y exercer plus impunément ses impuretez qu'il continuë toûjours en se moquant des censures de l'Eglise.

Il a souvent obligé les Fermiers du Sel de luy payer pension, pour donner liberté aux gardes de passer par ses terres.

Il a usurpé beaucoup de Bois du Roy, aussi bien qu'un autre de ces Gentilshommes Syndiquez nommé M. d'Anat, avec lequel ayant eu querelle sur le sujet de ce que chacun pretendoit posseder dans la Forest, plusieurs autres Gentilshommes s'estant mis en peine de les accommoder, ceux qui furent pris pour Arbitres, apres avoir marqué les limites jusqu'où chacun pouvoit aller, dirent ouvertement, qu'ils leur avoient partagé ce qui ne leur appartenoit ny à l'un ny à l'autre : & M. de la Serpent qui estoit un des Arbitres le dit à son Curé au retour de cet accommodement.

Il est heritier du Chevalier Du Vivier son Oncle qui n'estoit pas receu aux Sacremens pour estre publiquement engagé dans des trafics usuraires.

On supprime d'autre cas pour lesquels on ne pourroit pas le recevoir aux Sacremens quand il ne seroit pas excommunié. Par exemple : Son Pere, luy, & feu son Oncle le Chevalier du Vivier, ont exigé des sommes considerables des Villages dont il est Seigneur, sous pretexte de Mariages, de renouvellement de certains Privileges, &c. ce qu'ils ne pouvoient faire en conscience. Et le Village de Puylaurens est redevable au Chevalier du Vivier (dont le Sieur de Raziguieres a herité) de la Somme de Seize cens livres pour un pretendu prest qu'il a fait pour obtenir le renouvellement de quelques Privileges imaginaires. De sorte que ce Village en paye tous les ans cent francs, ce qui est une espece de Taille, &c.

On supprime aussi par retenuë la maniere dont le bien est entré dans cette maison qui estoit autrefois fort pauvre, quoy que ce qu'on en pourroit dire soit tres vray & assez connu dans le Païs.

§. 5. *De M. de Sournia un des Syndics.*

Le Pere de celuy qui est maintenant Seigneur de Sournia, & qui est l'un des Syndics de la Noblesse, est mort depuis peu d'années apres avoir esté interdit de l'entrée de l'Eglise, & ainsi ce sera de luy principalement que l'on parlera dans cet article, tant pour justifier la conduite qu'on a tenuë envers luy, que parce que son fils estant son heritier ne peut estre receu aux Sacremens, qu'il n'ait satisfait aux restitutions ausquelles il estoit obligé.

Or voicy les mauvais moyens dont il a acquis beaucoup de bien.

Il a exigé des sommes considerables des Marchands pendant la guerre de Catalogne & depuis, sous pretexte qu'ils estoient en seureté demeurans dans ses terres, qui sont sur la frontiere de Roussillon, de Conflans & de la Cerdaigne : & ſes enfans pour avoir auſſi de l'argent les ont mal-traittez, & ils ont meſme pillé une ou deux fois à force ouverte, la boutique d'un Marchand du lieu de Trevillac dont ledit Sieur de Sournia avoit alors la joüiſſance par confiſcation, à cauſe que ce lieu appartenoit à un Seigneur Eſpagnol.

Il a joüy, comme ſes enfans en joüiſſent encore, du Prieuré de ſainte Felicité, & a fait mettre dans ſes reconnoiſſances la plus grande partie des terres qui relevent du Fief qui fait tout le revenu de ce Prieuré, dont ſon fils le Chanoine de Narbonne ſe dit titulaire, quoy qu'on n'ait pû l'obliger à en faire voir le titre, encore qu'on le luy ait ordonné ſous peine d'excommunication.

On s'eſt plaint, à M. l'Eveſque d'Alet dans ſes viſites, qu'il avoit pris du bien, des maiſons & des prez, appartenans à l'Oeuvre de l Egliſe, Il n'en oſa pas diſconvenir devant ce Prelat, & il en a meſme rendu quelque partie.

Il a tenu une rente ou dixme de Meſſieurs du Chapitre de Narbonne aux deux tiers moins qu'elle ne vaut, ces Meſſieurs n'eſtant pas en liberté de l'affermer à d'autres, comme ils l'ont ſouvent témoigné à M. l'Eveſque d'Alet, qui l'ayant preſſé de la quitter & de faire raiſon pour le paſſé au Chapitre de Narbonne ; enfin il témoigna de le vouloir faire, & pria M. d'Alet d'agreer que Meſſieurs de Mons & de Roquetaillade Gentilshommes qualifiez de la Province, ſes meilleurs & plus anciens amis, travaillaſſent avec M. l'Eveſque d'Alet à la diſcuſſion de ce qu'il pourroit eſtre obligé de reſtituer. Ces deux Gentilshommes s'eſtant rendus ſur les lieux avec M. d'Alet, apres avoir examiné & diſcutté toutes choſes ſur ſes propres memoires, ils furent d'avis qu'il devoit reſtituer la ſomme de Douze mille livres, eſtimant que c'eſtoit le traitter favorablement en ce qu'on évaluoit les denrées au plus bas prix qu'elles avoient eſté pendant tout le temps qu'il avoit tenu cette rente, y ayant eu bien plus d'années qui avoient valu le double & le triple de ce qu'on les contoit. Il témoigna alors vouloir prendre les moyens de faire peu à peu cette reſtitution, mais il en fut detourné par ſes enfans, & s'en alla à Toulouze pourſuivre un procez contre les habitans du lieu de Sournia, où il eſt mort, ſans ſatisfaire à aucune de ſes obligations, mais s'eſtant fait donner les Sacremens par ſurpriſe en diſſimulant l'eſtat où il eſtoit, & celant qu'il avoit eſté canoniquement interdit de l'entrée de l'Egliſe.

Ses enfans ont commis, & commettent encore divers ſcandales en matiere d'impureté & de violence, meſme contre les Preſtres qu'ils ont ſouvent traitez avec injure & avec inſulte : & ils ſe ſont ſervis pour cela d'une malice inoüie & tout à fait diabolique, qui eſt d'allumer la nuit de certaines drogues empoiſonnées qu'ils jettoient dans la maiſon de ces Preſtres ou dans leurs caves, qui eſtoient capa-

H ij

bles de les étoufer. Vne fois mefme que M. d'Alet eftoit couché chez le Curé de ce lieu-là, dans le cours de fa vifite, ils eurent l'info-lence de tirer plufieurs coups de moufquetons & de piftolets à la por-te & aux feneftres.

§. 6. De M. de Nebias l'un des Syndics.

Ce Gentilhomme a receu pendant la guerre lors que l'Eftape eftoit à Nebias diverfes fommes pour le rembourfement de ce que fes vaffaux & les habitans d'un petit lieu voifin appellé la Fagé en avoient fouffert. Mais il n'a point diftribué ces fommes, ou n'en a donné que tres peu de chofes, quoy qu'elles fuffent confiderables.

M. d'Alet ayant obtenu la fomme de Deux mille livres pour de femblables rembourfemens au mefme lieu de Nebias, & le regale-ment en ayant efté fait à proportion des pertes par un Gentilhomme que M. de Nebias & fes vaffaux avoient nommé avec un des Eccle-fiaftiques de M. d'Alet, apres avoir verifié fur les lieux ceux qui avoient plus ou moins fouffert, le Sieur de Nebias ayant receu fa portion & donné fa Quittance, par laquelle il declare qu'il eft payé des dommages qu'il avoit foufferts, il a obligé les habitans de luy donner encore la fomme de Quatre cens livres, fous pretexte qu'il avoit plus perdu qu'on ne luy avoit donné, ce qu'on voit affez eftre une manifefte concuffion.

Vn des plus accommodez de fon Village eftant mort fans enfans, il dit aux heritiers, qu'il vouloit prendre tous les biens en fond de cette fucceffion, fur le pied des achats que le deffunt en avoit faits. Ces pauvres gens apprehendant qu'il ne vouluft, fous ce pretexte, s'emparer de l'heredité; pour acheter la liberté de partager ce bien entre eux, luy donnerent un troupeau de moutons de l'heredité, & ils ont declaré depuis qu'ils l'avoient fait par force, & pour pouvoir joüir en repos du refte des biens de leur parent.

Il y a fix ou fept de fes habitans, & quatre ou cinq autres des envi-rons qui fe plaignent de divers torts & injuftices confiderables qu'il leur a faites, fans qu'il leur en veüille faire aucune raifon.

Il a fait des échanges de terre pour en faire une piece confidera-ble dans le meilleur fond, & a donné d'autres pieces en de tres mau-vais fonds à ceux qui luy ont cedé celles qu'ils avoient dans ce bon fond.

Le lieu de Nebias eftant exempt de tailles, fut taxé par le Trait-tant des Francs-Fiefs à la fomme de Deux mille livres. Les habi-tans eftant allez vers M. d'Alet qui eftoit aux Eftats à Toulouze, pour avoir fa protection contre les executions violentes de ce Trait-tant, on fit confulter un Avocat, qui ayant trouvé par les Privile-ges des habitans, qu'ils ne devoient rien pour ce droict, il leur dref-fa une Requefte qui fut prefentée aux Commiffaires deputez pour la levée de ces droicts, sur laquelle ils ordonnerent que le Traittant seroit assigné, & cependant deffenses de faire ces executions. Mais à leur retour, au lieu de se servir de leur Requeste, M. de Nebias les obligea de s'accorder à Douze cent livres, qu'il fit semblant de prester ; sçavoir Cinq cens quatre-vingt treize livres dix sols argent comptant, qu'il retira en suitte, & Six cens six livres dix sols, en une debte qu'il ceda à la communauté de Nebias, que le Traittant prit pour sa part ; ce qui devint notoire dés ce temps-là : Mais le Traittant n'ayant pû rien tirer de cette debte, a découvert d'une façon plus particuliere tout ce trafic, dans une Requeste qu'il a presentée à la Chambre des Francs-fiefs, pour en estre payé.

Il ne contribuë point aux frais de la communauté, pour les terres en roture qu'il y possede.

Il a acheté du bien à fort vil prix, qu'il a pris comme d'autorité à divers particuliers.

Il est dans une habitude scandaleuse de jurer le nom de Dieu, & de dire des paroles sales & impies avec des emportemens étranges: & il est dans un tel endurcissement, qu'un de ses plus grands sujets de plainte contre M. d'Alet, est le soin qu'il prend de son salut, en disant dequoy il se méle, & qu'il ne peut pas l'empescher de se damner s'il se veut damner.

Enfin ne se contentant pas du mal qu'il fait luy-mesme, il prend plaisir à en faire faire aux autres. Car c'est celuy de tous les Gentilshommes Syndiquez qui a travaillé & travaille encore tous les jours avec plus d'ardeur pour ruïner le bien que M. l'Evesque d'Alet a tâché d'établir dans son Diocese. Il a une passion maligne de faire prophaner les Dimanches & les Festes, de faire danser, de faire aller au cabaret dans tous les lieux où il a quelque credit. Mais on ne s'arreste pas icy sur cette matiere, parce qu'on aura occasion de la traitter plus au long dans un autre Eclaircissement, où il sera parlé du Procez criminel que le Promoteur d'Alet a esté obligé d'intenter contre luy au Parlement de Grenoble, pour avoir prophané la sainteté du jour consacré à l'honneur de saint Louïs, par une danse infame & scandaleuse de quatre-vingts personnes, dont il a esté obligé de reconnoistre qu'il estoit auteur.

Il arriva aussi un horrible scandale à Brenac, qui est un village proche de Nebias où il a un Fief, le 30. Aoust dernier. On y batit le Curé fort homme de bien, & celuy qui commit cet attentat a trouvé retraite chez M. de Nebias.

§. 7. *De M. de Coustaussa l'un des Syndics.*

Il est notoire à tout le Païs que la Grand'-Mere de M. de Coustaussa qui est aujourd'huy, a joüy tres long-temps du revenu de deux ou trois des meilleures Cures du Diocese, dont l'une valoit Sept à

Huit cens eſcus: & qu'elle n'y tenoit que des Vicaires ou des Curez confidentiaires qu'elle payoit en Vicaires. On ſçait que le P. Four-nier Ieſuite en ayant fait conſcience à feu M. de Couſtauſſa pere de celuy-cy, il l'avoit porté à vendre la terre de Soüille, & de luy en remettre le prix pour baſtir leur College de Carcaſſonne. A quoy ſa femme s'eſtant oppoſée, & ayant fait venir quelques Gentils-hommes pour l'aider à en détourner ſon mary: enfin le P. Ieſuite preſent, on reduiſit cette reſtitution à la ſomme de Mille eſcus, pour le payement de laquelle M. de Couſtauſſa donna un billet pour couper du bois dans ſes foreſts, dont ce Pere ne profita que de Cinq cens eſcus.

De plus, tant le Pere, que le fils, n'ont point payé les tailles des biens ruraux qu'ils ont en divers lieux dont ils ſont Seigneurs, & en-tre autres la taille du moulin qu'il poſſede au lieu de Bugarach comme noble, quoy qu'il ſoit roturier, laquelle retombe ſur la com-munauté.

Ils ont uſurpé une partie conſiderable des bois du Roy, & le Lieu-tenant du Grand Maiſtre des Eaux & Foreſts reſidant à Quillan, nommé Beſſet, ayant voulu en prendre quelque connoiſſance, le frere dudit Sieur de Couſtauſſa l'enleva, le mit dans un cachot d'un Chaſteau qu'ils ont dans les montagnes, où ils le tinrent deux ou trois mois, & ce ne fut que ſur une lettre de M. le Prince de Conty, qu'ils ſe crurent obligez de le remettre en liberté.

Il a uſurpé des biens conſiderables de l'Oeuvre de l'Egliſe de Bu-garach, une de ſes terres.

Pendant les guerres un habitant d'un village de Serdaigne du par-ty de France, s'eſtant refugié avec ſes troupeaux chez ſes parens vaſſaux de M. de Couſtauſſa, ce Gentil-homme l'ayant ſceu, prit & enleva ſes troupeaux.

Il eſt conſtant que dans un Procez pour la mort de ſon frere, il a employé de faux témoins qui ont eſté convaincus d'eſtre faux té-moins, & le Commiſſaire qui avoit receu leurs depoſitions condam-né à mort.

Il neglige de faire faire juſtice dans ſes terres, & les coupables meſmes des plus grands crimes y trouvent l'impunité.

§. 8. De M. de Rennes l'un des Syndics.

Feu M. de Rennes ſon pere preſtoit à uſure, prenant intereſt à rai-ſon du ſeul preſt. Le Sieur de Rennes qui eſt aujourd'huy ſon fils & ſon heritier, a continué de faire la meſme choſe pendant quelques années, & il y a eu de ces intereſts uſuraires qui ont eſté tirez ſur M. de Caſtel Fiſel, qui eſt fort pauvre. Il refuſe de les reſtituer. Et quoy qu'on luy ait ſouvent offert de remettre à des Docteurs de Sorbon-ne cette affaire des intereſts, il ne l'a jamais voulu; ce qui montre aſſez qu'il eſt luy-meſme interieurement convaincu de la juſtice de cette reftitution , & de l'impuiffance où l'on eft de le recevoir aux Sacremens tant qu'il refufera de la faire.

Et en effet ce cas ayant efté propofé à un grand nombre de Do-cteurs de Sorbonne de la maniere la plus favorable pour le Sieur de Rennes , & ou fes raifons eftoient reprefentées avec toute leur for-ce , ils ont entierement approuvé la conduite qu'on a tenuë envers luy tant pour la neceffité de reftituer , que pour l'obligation de ne le point abfoudre ne le faifant pas.

Il a tiré des penfions pour fouffrir que les Gardes du Sel paffaf-fent fur fes terres ; ce qui luy eft commun avec la plufpart des autres Gentils-hommes Syndiquez.

Il eft fort emporté en juremens & en blafphemes.

Il ne fait aucune juftice des crimes qui fe commettent fur fes ter-res,& fouvent mefme il empefche autant qu'il peut qu'on ne le faffe, comme il a paru nouvellement au mois d'Aouft dernier fur le fujet de plufieurs impietez horribles commifes par quatre ou cinq habi-tans du Village des Bains dont il eft Seigneur. Car l'Official d'Alet s'eftant tranfporté fur les lieux pour en informer , & ayant parlé à ceux qui avoient veu & oüy ces impietez , ils luy promirent d'abord d'obeïr à juftice & de témoigner ce qu'ils en fçavoient. Mais M. de Rennes ayant appellé d'un rocher , qui domine fur ce Village un ha-bitant pour luy parler; auffi-toft que cet habitant fut defcendu apres luy avoir parlé,on vit un notable changement dans les rémoins affi-gnez , qui ne voulurent plus fe prefenter pour porter témoignage, ce qui obligea l'Official apres avoir oüy le Vicaire & un garçon de quinze ans, de s'en retourner à Alet , ne doutant point , comme il le declare dans fon Procés verbal, que M. de Rennes par fa prefence n'euft empefché fes Vaffaux de dépofer. Neanmoins comme cette affaire avoit fait un grand bruit dans le Païs , l'Official y eftant re-tourné plus d'un mois apres,il n'a plus ofé empefcher que les té-moins ne fuffent ouïs. Mais au lieu qu'en qualité de Seigneur il eftoit obligé de punir exemplairement ces impies , il ne traite tout cela que de bagatelle , & n'en a fait faire aucunes pourfuittes par fes Officiers.

Voila en general ce qui regarde M. de Rennes. Mais parce que le procedé qu'il a tenu pour fe faire recevoir aux Sacremens malgré fes veritables Pafteurs fans fatisfaire à fes obligations , eft le fujet d'un procés entre luy & le Promoteur, qui doit eftre jugé par M M. les Commiffaires nommez par le Roy, il eft neceffaire d'expliquer en particulier ce qui s'eft paffé dans cette affaire.

§. 9. *Recit particulier du procedé tenu par M. de Rennes pour fe faire recevoir aux Sacremens y eftant tres mal difpofé.*

M. de Rennes convient que depuis la mort de fon Pere , il y a dix-

sept ou dix-huit ans, M. d'Alet luy a toûjours dit, qu'il estoit obligé
de restituer les interests que son Pere avoit receus des prests d'argent
qu'il avoit faits, & que luy-mesme avoit continué depuis. Il en demeure d'accord dans son appel comme d'abus, où il reconnoist, *que
M. d'Alet luy a souvent donné cet avis*, mais il pretend *que les directeurs
de sa conscience luy ont dit qu'il n'y estoit point obligé*. Il est vray aussi
(comme il le dit dans le mesme acte) que M. d'Alet s'estoit contenté de ces avis pendant douze ou treize ans. Et c'est ce qui justifie ce
que ce Prelat a dit dans sa Réponse à la sixiéme plainte des Nobles
presentée au Roy ; *qu'il se contente de recommander aux Curez de son
Diocese d'observer les regles de l'Eglise, sans leur en déterminer l'application au cas d'aucun particulier.* Car tandis que le Sieur Siau &
son Predecesseur ont esté Curés de Rennes, M. d'Alet a crû qu'il
luy suffisoit d'avertir ces Curés de leurs obligations sans entrer dans
le détail de ce qu'ils faisoient avec le Sieur de Rennes pour sa confession, quoy qu'il eust representé aux uns & aux autres la doctrine
& les regles de l'Eglise sur le sujet de l'usure.

Maistre Ioseph Grenier ayant pris possession de cette Cure en
1661. & voulant suivre les instructions de son Prelat dans l'exercice
de son ministere, il se trouva d'abord embarassé sur le sujet de M.
de Rennes. C'est pourquoy avant que de luy parler il en demanda
avis à M. d'Alet, qui luy apprit ce que Dieu demandoit de luy en
cette rencontre. Ce Curé qui est un fort homme de bien en avertit
M. de Rennes hors du Confessionnal, & luy dit qu'il ne pouvoit luy
administrer le Sacrement de penitence, qu'il ne donnast ordre à ce
qui regardoit ces interests. M. de Rennes luy répondit qu'il se mo-
quoit bien de son scrupule ; qu'il avoit consulté d'habiles gens ; que
c'estoit une difficulté que M. d'Alet luy avoit faite il y avoit 12. ans,
mais qu'on s'en estoit moqué. Le Curé luy ayant reparty qu'il ne
jugeoit point ses casuistes, mais que pour luy, il ne pouvoit pas suivre leurs maximes au prejudice de celles de l'Evangile & de l'Eglise,
le Sieur de Rennes vit bien ce que cela vouloit dire.

Mais apprehendant d'une part de tomber dans l'interdit faute de
faire son devoir Pascal, & ne voulant pas de l'autre se mettre dans les
dispositions necessaires pour le faire chrestiennement, ayant pris
avec luy un Notaire & deux Témoins, il alla trouver son Curé & le
somma de le vouloir confesser. Ce Curé qui est un tres bon Prestre
& qui est allé à cette Cure comme au martyre, voyant bien les tra-
verses qu'il y recevroit ; ayant le cœur percé de l'outrage fait à l'E-
glise, répondit à M. de Rennes, que ne s'estant jamais presenté à luy
au Confessionnal, il s'étonnoit de le voir demander l'administration
d'un Sacrement avec un Notaire & deux témoins ; que ce n'estoit
pas là la disposition d'un penitent ; que n'estant d'ailleurs Curé que
depuis peu, il avoit oüy parler de diverses restitutions ausquelles on

disoit

difoit qu'il eftoit obligé: Qu'il falloit éclaïcir cela avant que de paffer outre. Le Sieur de Rénnes prit acte de cette réponfe comme
d'un refus.

Et au bout de quelques jours il vint de nouveau avec la mefme
fuitte fommer une feconde fois ce Curé de le confeffer. Il luy répondit qu'il eftoit preft de le faire, qu'il ne falloit qu'aller au Con-
feffionnal & qu'il feroit fon devoir. Ils y entrerent & quelque
temps apres le Sieur de Rennes en eftant forty, requit le Notaire de
luy retenir acte comme le Curé luy avoit refufé l'abfolution, ce pauvre Curé ne difant mot, mais eftant outré de l'injure faite à Dieu.
Quelques jours apres M. de Rennes revint encore avec fon Notaire
& fes deux Témoins, fit la mefme chofe que la 2. fois & prit un acte
femblable.

Avec ces trois actes il s'adreffa au Parlement de Toulouze. Il y
prefenta Requefte le 21. Iuillet 1661. Il y fuppofa qu'on ne luy avoit
refufé l'abfolution qu'à caufe de ces interefts. Cela luy eftoit bien
facile, parce que quand il y auroit eu beaucoup d'autres caufes de ce
refus, comme il eft affez vray femblable qu'il y en avoit, le Curé qui
eftoit obligé à un fecret inviolable n'en pouvoit parler. Il conclut
par cette Requefte, à ce que le Curé de Rennes fuft affigné pour declarer la caufe de ce refus d'abfolution. M. de Frefals fut commis
pour ouïr les Parties. Mais ce Curé ne s'eftant prefenté devant luy
que par Procureur, il demanda fon renvoy devant fon Superieur ecclefiaftique, attendu que les faints Canons défendent fous les plus
grandes peines de l'Eglife, & aux Ecclefiaftiques de répondre devant
les Iuges Seculiers pour de femblables chofes, & aux Iuges Seculiers
d'en prendre connoiffance.

Cependant M. l'Evefque d'Alet continuant la vifite de fon Diocefe, vint à Rennes le 24. Aouft de la mefme année 1661. & dans la
connoiffance qu'il prit de l'eftat de la Parroiffe, il demanda au Curé
fi tous les Parroiffiens avoient fait leur communion Pafcale. Il répondit que non, quoy qu'il les euft fouvent avertis & exhortez de la
faire. Le Promoteur nomma les perfonnes qui avoient manqué de
fatisfaire à ce devoir, entre lefquelles eftoit le Sieur de Rennes qui
ne dit rien, & ne fe plaignit point de la conduite de fon Curé.

Mais quoy que felon le canon du Concile de Latran, M. d'Alet
euft pû interdire le Sieur de Rennes, & les autres qui n'avoient point
fait leur devoir Pafcal ; neanmoins comme il eft toûjours porté à
joindre la douceur à l'exactitude, & à attendre le plus qu'il peut les
pecheurs à penitence, il leur donna encore un delay de quinze jours,
apres lequel s'ils n'y avoient fatisfait ; ils tomberoient dans l'interdit
fans autre declaration avec injonction au Curé de declarer les perfonnes qui y feroient tombez ce terme paffé.

Le deuxiéme de Septembre fuivant le S. de Rennes vint faire un

I

,, acte à M. d'Alet par lequel il luy expofa, qu'il n'ignoroit pas que le
,, Sieur Grenier fon Curé luy avoit refufé l'abfolution pour des caufes
,, frivoles, à raifon dequoy il l'a mis en Inftance au Parlement : Que
,, cependant il avoit ordonné dans fa vifite, que dans quinze jours
,, ceux qui n'avoient point fait leur devoir Pafcal y fatisferoient fous
,, peine d'interdit : Qu'eftant de ce nombre, & voulant y fatisfaire il
,, le requeroit d'ordonner audit Sieur Grenier de luy donner l'abfolu-
,, tion & de le recevoir à la communion.   A faute dequoy il protefte
,, de ce qu'il peut & doit, en cas que l'on paffaft outre pour l'inter-
,, dire.
,,   M. d'Alet répondit avec fa moderation ordinaire, qu'il n'y avoit
,, que peu de jours qu'il avoit fait fa vifite à Rennes, où il eftoit pour
,, entendre les plaintes de chacun, & y faire droit. Que s'il eut fait les
,, fiennes contre fon Curé, il luy auroit parlé : Qu'il eftoit encore tout
,, difpofé de le faire ; & que quand il voudroit faire appeller fon Curé
,, devant luy dans les formes ecclefiaftiques, il luy feroit droit fur fes
,, demandes & fur fes plaintes.

Mais ce n'eftoit pas là ce que le Sieur de Rennes cherchoit. Il ne
vouloit qu'avoir un pretexte pour fe revolter contre fon Evefque :
& ainfi fans eftre touché de ce qu'on luy avoit reprefenté avec tant
de fageffe, il fe contenta de dire, qu'il perfiftoit en fes requifitions
& proteftations.

Les quinze jours de delay qu'on avoit donnez pour l'interdit
eftant expirez, le Curé de Rennes un jour de Fefte avant la Meffe,
dit que tous ceux qui dans ce delay n'avoient point fatisfait au devoir
Pafcal, felon l'ordonnance de vifite eftoient tombez dans l'interdit,
& ne pouvoient affifter aux divins offices : ce qui obligea le Sieur de
Rennes & les autres de fortir.

Mais au lieu de recourrir à la penitence, qui feule luy pouvoit faire
recouvrer ce que fon impenitence luy avoit fait perdre, il s'addreffa à
fon ordinaire au Parlement de Toulouze, & fur une Requefte qu'il
y prefenta le 22. Septembre il y fit affigner M. l'Evefque d'Alet. Et
en mefme temps il envoya fon Agent avec fon Notaire au plus haut
des Pyrennées dans le Donafan où eftoit M. d'Alet pour luy faire un
,, acte auquel ce Prelat répondit en ces propres termes : Que faifant fa
,, vifite au lieu de Rennes & s'eftant informé de toutes les perfonnes
,, qui n'avoient point fait leur devoir Pafcal, il les auroit enfuite avertis
,, dans l'action de fa vifite qu'ils euffent à y fatisfaire dans quinze jours,
,, & que ceux, qui dans ledit delay, n'y auroient point fatisfait tombe-
,, roient dans l'interdit porté par le canon du Concile de Latran, *Om-*
,, *nis utriufque fexus*, lequel ils encourreroient fans autre declara-
,, tion : & que fi quelques uns d'entre eux avoient quelque raifon de
,, n'y pas fatisfaire dans ledit delay, & qu'ils euffent quelque chofe à
,, luy reprefenter fur ce fujet, qu'ils n'avoient qu'à le faire ; qu'il n'al-

loit dans chaque lieu pour y faire sa visite, que pour y prendre con- "
noissance du general & du particulier des Parroisses : Que le Sieur "
de Rennes qui avoit esté present à ladite visite avoit entendu tout ce- "
la, & que neanmoins il ne luy avoit rien dit, ny fait aucune plainte : "
Qu'ainsi s'il est tombé dans l'interdit, c'est ensuite de l'ordonnance "
de visite pour n'avoir dans le susdit delay de quinzaine satisfait à son "
devoir Pascal. "

M. d'Alet fit donner ensuitte à cet Agent, copie de l'ordonnance
de visite en vertu de laquelle le Sieur de Rennes avoit esté interdit.
Mais il ne s'en vouloit pas contenter pretendant qu'on luy devoit
donner *copie de l'interdit in forma*, ce qui estoit impertinent, puis
qu'estant porté par cette Ordonnance, que ceux qui manqueroient
à y satisfaire tomberoient dans l'interdit sans aucune autre declaration, le Curé n'avoit rien à faire pour les traitter en interdits, le
temps estant passé, que de les dénoncer pour tels comme il avoit fait.

La réponse de M. d'Alet porta M. de Rennes, qui s'endurcissoit
de plus en plus à interjetter appel comme d'abus de l'article 1. de
l'ordonnance de visite : ce qui n'a pû estre fait que par un aveuglement étrange, ne se pouvant concevoir d'attentat plus manifeste
contre l'autorité de l'Eglise. Car voicy mot à mot tout ce que porte
ce premier article.

1. Que tous ceux qui n'ont pas fait leur devoir Pascal se disposeront
à le faire dans quinzaine sous peine d'interdit à nous reservé, qui s'en-
courrera sans autre declaration conformement au canon: OMNIS
UTRIUSQUE SEXUS, *du Concile de Latran, enjoignant audit*
Recteur de declarer les personnes qui y seront tombées ledit terme passé.

Où pourroit estre l'abus de cet article, qui n'est autre chose qu'u-
ne simple execution accompagnée mesme d'indulgence, du canon
d'un Concile general, tellement receu dans toute l'Eglise, qu'il n'y
en a peut estre aucun autre si connu. Neanmoins comme il trouvoit
à Toulouze assez de Partisans de ses entreprises ; en suitte de cet appel, il obtint Arrest sur Requeste le 13. Octobre de la mesme année
1661. qui ordonnoit qu'il seroit absous *ad cautelam*, (c'est le moyen
ordinaire de se joüer des censures de l'Eglise) & s'estant addressé au
mesme Vicaire general dont il a déja esté parlé dans l'affaire de M.
de Rasiguieres, il y trouva une merveilleuse facilité de luy accorder tout ce qu'il luy demanda, qui ne luy pouvoit servir devant Dieu
que d'une nouvelle condamnation.

Aussi tost que M. d'Alet eut appris ce renversement de la discipline de l'Eglise par cette absolution imaginaire, il crût ne devoir pas
souffrir un tel violement des Canons & de l'ordre Hierarchique.
C'est pourquoy sur la requisition du Promoteur, il fit une nouvelle
Ordonnance le douziéme Novembre de la mesme année, par laquelle il enjoignit au Sieur de Rennes de garder son interdit à peine

d'excommunication, & fit deffenses à tous Prestres de celebrer la Messe & les Offices divins devant luy.

Cette Ordonnance luy ayant esté signifiée, il envoya le quinziéme du mesme mois faire un acte à M. d'Alet, afin qu'il la revoquast. Mais ce Prelat fit réponse qu'elle estoit canonique, & qu'il n'y avoit lieu de la retracter, pour les raisons qu'il déduiroit en temps & lieu dans les formes canoniques. De sorte qu'il recourut à Toulouze, où il fit ordonner par un Arrest sur Requeste que M. d'Alet revoque-roit son Ordonnance, à quoy faire il seroit contraint par saisie de son temporel.

Il fit signifier cet Arrest à M. d'Alet le deuxiéme Decembre qui répondit, comme il avoit fait à l'acte precedent : & ainsi perdant l'esperance d'ébranler sa fermeté, parce qu'il jugeoit assez qu'il estoit resolu de tout souffrir plûtost que d'abandonner la discipline de l'Eglise, il pensa aux moyens de tourmenter le Curé, qu'il croyoit avec raison, estre plus exposé à ses violences. Dans ce dessein il se fit donner un nouvel Arrest sur Requeste du 3. Fevrier 1662. par lequel on n'insistoit plus à faire revoquer l'Ordonnance du douziéme Novembre, mais qui portoit, *Que sans y avoir égard le Sieur de Rennes joüiroit de son absolution à cautele, avec deffenses de l'empescher d'entrer dans l'Eglise, & de luy refuser les Sacremens, & que des contra-ventions il en seroit enquis.* C'est ce qu'il vouloit pour avoir lieu de persecuter ce bon Curé, qu'il sçavoit bien ne pouvoir faire autre chose que de contrevenir à cet Arrest, parce qu'il estoit plus obligé dans une matiere aussi ecclesiastique que celle-là, de suivre les ordres de son Evesque. Ainsi il continua à son ordinaire dans le refus, non seulement d'administrer les Sacremens au Sieur de Rennes, mais aussi de dire la Messe ou aucun autre Office en sa presence : dont ce Gentilhomme ayant fait informer, il obtint contre luy au Parlement de Toulouze un ajournement personnel, de sorte qu'il fut obligé de quitter les fonctions de sa Cure pour s'y aller presenter, & satisfaire à ce qu'on luy voudroit dire.

Il s'y rendit donc le 22. Avril 1662. Et Dieu luy fit la grace de répondre avec tant de lumiere & de sagesse à ce qu'on luy demanda, qu'il ne sera pas inutile de rapporter icy cet interrogatoire entier.

,, Maistre Ioseph Grenier Prestre Recteur de Rennes au Diocese ,, d'Alet, âgé de vingt-sept ans ou environ.

,, INTERROGE', Pourquoy il se fait ouïr, & s'il sçait le sujet de ,, sa prevention.

,, RE'POND, Que luy ayant esté signifié un Arrest d'ajournement ,, personnel, pour l'honneur du decret il s'est venu faire ouïr, sans sça-,, voir dequoy on se plaint contre luy, & sans prejudice de son decli-,, natoire attendu sa qualité.

,, INTERROGE', S'il ne sçait pas que l'interdit qui avoit esté de-

cerné contre le Sieur de Rennes par M. l'Evefque d'Alet, avoit efté «
levé par Meffieurs les Vicaires Generaux en l'Archevefché en con- «
fequence de l'Arreft du Parlement qui renvoye devant eux. «

Re'pond, Que le Sieur de Rennes luy avoit fait voir quel- «
que acte fait par le Sieur Vicaire General en l'Archevefché de Tou- «
louze, duquel il ne prit pas connoiffance, parce que ce n'eftoit pas «
de fon fait mais du Seigneur Evefque d'Alet. «

Interroge', Si au prejudice tant dudit Arreft que benefice «
d'abfolution qui avoit efté baillé audit de Rennes par lefdits Vicai- «
res Generaux, luy qui répond par un pur mépris aufdits Arrefts à «
luy fignifiez, il n'auroit pas refufé de celebrer la fainte Meffe toutes «
& quantes fois que ledit de Rennes y eftoit, mefmes eftant arrivé «
plufieurs fois pendant la celebration d'icelle, & luy qui répond «
l'ayant apperceu, il n'auroit pas difcontinué ladite Meffe & deveftu «
fes habits Sacerdotaux, & n'auroit pas forcé par ce moyen ledit de «
Rennes qui ne vouloit pas priver le refte des Parroiffiens d'ouïr la «
Meffe de fortir de l'Eglife, & n'en entendre point du tout. «

Re'pond, N'avoir rien fait que par l'ordre de fes Superieurs «
aufquels il doit rendre conte de fa conduite pour ce qui eft de fes «
fonctions curiales, & ne peut rien dire fur ce fujet, pour n'encourir «
les peines portées par les Conciles, & les Ordonnances de l'Eglife, «
efperant que la Cour le renvoyera pour raifon du fervice de fon Egli- «
fe pardevant fes Iuges ecclefiaftiques. «

On ne peut rien defirer de plus fage que cette réponfe. Mais comme elle n'avoit pas arrefté les vexations que le Sieur de Rennes con-
tinuoit à faire contre ce Curé, M. d'Alet qui n'avoit point voulu fe
deffendre jufqu'alors devant des Iuges Seculiers dans une caufe toute
ecclefiaftique, & qui n'avoit pû eftre ébranlé par toutes les menaces
qu'on luy avoit faites de faifir fon temporel, crût devoir donner à la
charité ce qu'il n'avoit pas donné à fes interefts. C'eft pourquoy il
fe refolut d'entrer en caufe pour delivrer le Curé de Rennes du Procez criminel où on l'avoit engagé contre toute forte de raifon, & de
prefenter Requefte au Parlement de Toulouze, comme il fit le 21.
Iuin, pour prendre le fait & caufe de ce Curé, & demander la caffa-
tion des informations, & decrets decernez contre luy.

C'eft où eft demeurée cette affaire, parce qu'en ce temps là mefme
M. d'Alet, ayãt obtenu une evocation generale de toutesfes caufes au
Parlement de Grenoble, M. de Rennes n'ofa y pourfuivre une fi
mauvaife caufe, n'ayant pas lieu d'y efperer le mefme fupport qu'il
avoit trouvé à Toulouze. Et c'eft ce qui fait voir combien cette
evocation eftoit jufte, & combien elle a efté à la décharge des Sub-
jets de fa Majefté. Car ce qui eft arrivé en ce Procez eft arrivé en
quinze ou feize autres qui avoient efté malicieufement fufcitez à ce
Prelat, pour troubler le bien qu'il fait dans fon Diocefe, & qui font

demeurez affoupis par l'evocation ; parce qu'on n'a pas ofé les pourfuivre en un autre Tribunal où M. d'Alet n'auroit pas eu d'ennemis.

§. 10. *De M. d'Efcouloubre Syndiqué.*

Il a ufurpé prés de quatre lieuës de bois qui appartiennent au Roy.
Cela luy eft commun avec plufieurs de ces Gentilshommes. Mais
voicy ce qui luy eft particulier. Les habitans d'Efcouloubre ayant
pris cy-devant les droits du Domaine moyennant Cent efcus tous
les ans pour l'Albergue, ce Gentilhomme qui fe dit Seigneur de ce
village, quoy que les habitans luy en conteftent la feigneurie, qu'ils
pretendent appartenir au Roy, ainfi qu'il a efté jugé par Arreft du
Parlement de Toulouze, s'empara de ce Domaine, en promettant
de payer les Cent efcus, & donna une declaration aux habitans de fa
jouïffance. Quelques années aprés le Fermier du Domaine pourfui-
vit les habitans pour eftre payé de l'Albergue. Ils fe deffendoient
de payer à caufe de leur non-jouïffance. Mais l'affaire ayant efté
portée au Parlement de Toulouze, ils y furent condamnez avec dépens, fauf leur recours contre le Sieur d'Efcouloubre, tant pour le
principal que pour les defpens. Mais il n'avoit garde de fatisfaire à
ce dédommagement comme il y eftoit obligé, parce qu'il eftoit bien
aife de les tenir dans l'oppreffion, & de les mettre dans l'impuiffance
de pourfuivre le Procez qu'ils avoient intenté contre luy, & qu'il a
porté au Confeil Privé touchant la feigneurie mefme d'Efcouloubre. Ainfi le Fermier du Domaine n'eftant point payé, il envoya
de nuit une troupe de Soldats pour faifir les vaches du village qui
eftoient dans les montagnes. Ceux qui les gardoient ayant pris ces
Soldats pour des voleurs en vinrent donner avis, & auffi-toft tous les
habitans, tant de ce lieu, que d'un autre lieu voifin, fe leverent pour
courir apres. Mais ayant trouvé que c'eftoit une faifie, un eftourdy
de la troupe des habitans, pendant que les autres traittoient d'accommodement tira un coup, & tua celuy qui conduifoit ces Soldats,
ce qui les a rendus tous criminels, & mis dans la derniere defolation.

On voit affez que l'injuftice de ce Gentilhomme a efté caufe de ce
malheur, & qu'il en eft refponfable devant Dieu. La violence d'un
de fes enfans eft auffi la vraye caufe de ce qui fait le fujet d'une des
plaintes de la Nobleffe dans leur Requefte, que des Vaffaux ont pris
les armes contre leur Seigneur. Car voicy comment cela arriva. Vn
des fils de ce M. d'Efcouloubre ayant mal-traitté le Syndic de la
Communauté, l'ayant bleffé d'un coup de piftolet qu'il tira fur luy,
& l'ayant conduit dans le Chafteau, le peuple apprehendant qu'il ne
mouruft, ou qu'on ne vouluft le mener à Toulouze pour l'y retenir
prifonnier jufqu'à ce qu'il euft payé le Fermier du Domaine, ou pour
d'autres informations qu'on avoit faites contre luy s'éleva & rede-
manda cet homme : & parce qu'on refufa de le faire voir au Vicaire

qui avoit demandé de le voir, fur ce qu'on l'avoit affeuré qu'il eſtoit bleſſé à mort, cela les aigrit encore davantage, & ils demeurerent fous les armes pour empeſcher qu'on ne le conduifiſt à Toulouze. M. d'Alet en ayant eu avis, y alla en diligence & peu à peu calma le peuple, & enfin les porta à ſe remettre de leurs differens à des arbitres à Toulouze, & on en paſſa un compromis que le Sieur d'Efcouloubre n'a point voulu executer.

Il empeſche que ces habitans n'ayent l'uſage des bois & herbages dont ils ont droit de joüir par de tres bons titres & qu'on ne ſçauroit conteſter.

Il ne paye point ſes debtes, dont pluſieurs perſonnes ſouffrent.

Il a uſurpé des biens appartenant au Chapitre de S. Paul & à l'Archipreſtre de Fenoilledes.

Il oblige les Fermiers de l'Equivalent de luy affermer à vil prix, ce qu'il foufferme avec gain à ſes Vaſſaux, quoy que ces fortes de trafics foient deffendus aux Gentilshommes par les Ordonpances. En voicy un autre qui n'eſt pas moins defendu, & où il y a encore plus d'injuſtice, que ſon pere & luy ont exercé pendãt plus de 40. ans; ayãt obligé le Chapitre de Narbonne de leur affermer preſque pour rien les dixmes qu'il poſſede dãs la Paroiſſe d'Efcouloubre & le Bouſquet.

Mais parce qu'on peut juger par cette affaire, furquoy font fondées les plaintes que font ces Gentilshommes, qu'on ne les veut pas recevoir aux Sacremens pour des cauſes qui ne meritent point cette peine; on a crû qu'il eſtoit important de la repreſenter icy plus au long telle qu'elle eſt rapportée dans le Procez verbal de M. l'Eveſque d'Alet du 19. Octobre 1660. parce que rien ne peut mieux faire voir avec combien de moderation & de ſageſſe ce Prelat ſe conduit dans ces fortes de rencontres, & le tort qu'a cette Nobleſſe de s'eſtre revoltée contre un ſi excellent Paſteur qui ne cherche que leur ſalut.

Au mois d'Octobre de l'année 1660. M. l'Eveſque d'Alet faifant ſa viſite epifcopale dans ce lieu d'Efcouloubre s'informa, felon ſa couſtume, des perſonnes qui n'avoient pas fait leur devoir Paſchal. Il apprit que le Seigneur de ce lieu eſtoit de ce nombre. Il luy en parla, & ce Gentilhomme luy apporta pour excuſe qu'on ne l'avoit pas voulu abſoudre à cauſe qu'on pretendoit qu'il avoit tenu à ferme depuis pluſieurs années les fruits decimaux que MM. les Chanoines de S. Iuſt de Narbonne prennent en cette Parroiſſe, & ce contre leur gré & à un prix beaucoup au deſſous de leur juſte valeur, ce qui l'obligeoit à de grandes reſtitutions. A quoy il ajoûta qu'il le ſupplioit de le vouloir entendre, & voir les actes & les memoires qu'il luy remettroit entre les mains, afin de juger ce qu'il devoit faire en conſcience, en luy promettant de s'y foûmettre, parce que le ſalut de fon ame luy eſtoit plus cher que tous les biens du monde. M. d'Alet le voyant dans cette bonne difpofition, ſe rendit à la priere qu'il luy faisoit de connoistre à fond de cette affaire. Et quoy qu'il sceust déja par les plaintes de Messieurs du Chapitre de Narbonne, que c'estoit contre leur gré qu'ils avoient esté obligez de laisser leur dixme ehtre les mains de ces Gentilshommes : Quoy qu'il fust informé des menaces & intimidations faites aux habitans & autres personnes qui estoient disposez à encherir cette Ferme, & des empeschemens donnez aux Beneficiers que le Chapitre avoit envoyez pour la recueillir en quelques années qu'ils l'avoient voulu recevoir par leurs mains : & enfin quoy qu'il pût assez juger qu'elle estoit à trop vil prix par le rapport que luy avoient fait les Vicaires de ces lieux, de la quantité de grains & autres fruits qui se recueilloient chaque année ; neanmoins en estant prié par ce Gentilhomme & par deux Chanoines de Narbonne qui se trouverent sur les lieux, il voulut bien prendre la peine d'en faire une enqueste toute nouvelle, comme s'il n'en avoit rien sceu. Mais parce que M. d'Escouloubre luy dit que les Vicaires de ces lieux là n'en devoient pas estre crûs à cause qu'ils n'avoient pas vescu en bonne intelligence avec luy ; M. d'Alet s'en alla dans une Parroisse voisine, où il fit assembler trois ou quatre Curez circonvoisins, & il les pria de luy dire ce qu'ils sçavoient sur les articles suivans.

1. Si le Sieur d'Escouloubre tenoit la rente du Chapitre de Narbonne contre le gré dudit Chapitre, & s'il empeschoit qu'on n'y fist des encheres.

2. S'il la tenoit à un prix beaucoup au dessous de la juste valeur.

3. S'il estoit difficile de debiter les grains, comme aussi de les conserver, & quel estoit le prix commun de ces grains.

4. Quelle estoit la retribution des Prestres qui servoient lesdits lieux d'Escouloubre & du Bousquet.

5. S'ils sçavoient qu'il y eust eu des gresles ou autres accidens, par la guerre ou autrement, qui eussent gasté & perdu les fruits.

A quoy il fut répondu par ces Ecclesiastiques.

Sur le 1. Qu'il estoit notoire dans tout le pays que M. d'Escouloubre tenoit cette dixme contre le gré de Messieurs du Chapitre de Narbonne, & qu'il ne leur estoit pas libre de l'affermer à qui bon leur sembloit, personne n'osant encherir de peur de déplaire à ce Gentilhomme, & d'en estre mal-traité, ou de ne pouvoir faire la levée comme ils avoient veu estre arrivé aux Beneficiers qui estoient venus de la part du Chapitre pour lever la Dixme.

Sur le 2. Qu'il estoit facile de voir que cette Dixme estoit affermée beaucoup au dessous de son juste prix tant qu'on n'en a rendu que Trois cens cinquante livres, puis qu'on en recevoit ordinairement trois ou quatre cens setiers de grain, partie froment, segle & avoine, cochons, chanvre & autres menus grains.

Sur le 3. Qu'il n'y avoit aucune difficulté à debiter ces grains quand

on

on les vouloit vendre au prix courant, ny à les garder, puis que dans le Chasteau voisin d'Escouloubre on en avoit gardé de trois ou quatre ans, & qu'ils ne croyoient pas que M. d'Escouloubre en eust jamais perdu pour s'estre gasté : Que le prix commun du grain à la recolte estoit cinq livres le froment, 4. livres le segle, & deux livres l'Avoine. Et le Vicaire d'Honnat fit voir un estat de la valeur du grain au temps de la recolte année par année depuis l'an 1633, par lequel il paroissoit qu'il n'y avoit eu qu'une seule année que le segle avoit esté à trois livres & les autres grains à proportion : Six années à quatre livres & toutes les autres à 5. 6. 7. & huit livres.

Sur le 4. Que depuis 25. années, il n'y avoit eu aucune gresle ny autre accident, qui eust gasté notablement la recolte, & qui en eust emporté plus du dixiéme, ce qui mesme estoit arrivé fort rarement.

Sur le 5. Que la retribution des Prestres qui servoient les Paroisses d'Escouloubre & du Bousquet estoit de 25. à 30. escus, & qu'il y en avoit eu ordinairement deux à Escouloubre, & un au Bousquet.

M. l'Evesque d'Alet, pour prendre toute la connoissance possible de cette affaire, interrogea encore sur ces mesmes articles des habitans des plus gens de bien & des plus dignes de foy de tout le Païs, qui luy dirent les mesmes choses que ces Ecclesiastiques & mesmes l'asseurerent que depuis 50. ans, ils n'avoient jamais veu le Segle plus bas à la recolte que de trois livres, & qu'il s'en trouvoit mesme peu à achetter à ce prix, & que cela n'estoit arrivé que quelque peu d'années.

Estant revenu ensuite à Escouloubre, il s'enquit des deux Chanoines de Narbonne qui y estoient, de ce que leur Dixme leur avoit valu cette année la, & ils luy firent voir par le détail, qu'elle leur avoit valu Seize cens livres les frais de la levée payez: & qu'és années 47. 48. & 49. que les Beneficiers de leur Chapitre furent envoyez pour lever cette Dixme, il y eut beaucoup plus de grain; mais qu'ils furent troublez & traversez dans la levée, & que mesme ils se plaignirent qu'on les empeschoit de vendre leurs grains : Que le Chapitre fit informer des troubles & intimidations faites à leurs Beneficiers, & que sur l'information on avoit obtenu Decret contre ledit Sieur d'Escouloubre, & le Sieur de sainte Coulombe son Fils aisné, mais que feu M. l'Archevesque de Narbonne s'estant entremis pour accommoder cette affaire, ont avoit cessé ces poursuittes, & que M. d'Escouloubre avoit repris cette Dixme à Douze cens cinquante livres, sans payer aucune charge.

M. d'Alet fit rapport de tout cecy à M. d'Escouloubre, & écouta tout ce qu'il luy voulut dire, apres quoy il luy donna son avis par écrit en ces propres termes.

Pour les raisons & causes resultantes dudit verbal, & ayant pris avis de personnes capables nommées en iceluy, aurions determiné

» & croyons ledit Sieur d'Escouloubre estre obligé en conscience de
» rendre & restituer audit Chapitre de saint Iust, la somme de Deux
» cens livres pour chaque année depuis 1609. jusqu'à 1630. & depuis
» 1630. jusqu'à 1646. la somme de Quatre cens livres aussi pour chaque
» année, sans toutesfois le décharger du surplus à quoy il pourroit
» estre obligé, ayant eu assez de connoissance pour fixer cette somme,
» mais non pas assez pour luy dire qu'il n'estoit pas obligé à davanta-
» ge, laissant à sa conscience d'en juger quand il aura de plus grandes
» connoissances que celles contenuës en nostredit verbal ; comme
» aussi s'il en a joüy plus d'années qu'il ne nous a apparu par les con-
» tracts qui nous ont esté remis. Arresté audit Escouloubre le 19.
» Octobre 1660.

§ 11. *Testament de M. d'Escouloubre mort depuis peu.*

Apres avoir écrit l'article precedent l'on a receu nouvelle de la
mort du Sieur d'Escouloubre, avec une copie du Testament qu'il a
fait auparavant en presence d'un Notaire royal & Témoins. Mais
parce que ce Testament porte non seulement l'acquiescement à la
restitution en laquelle M. d'Alet l'avoit condamné envers le Chapitre de saint Iust de Narbonne ; mais aussi le renoncement au Syndicat de la Noblesse, on a jugé à propos de le mettre icy tout au long
avec un billet que ledit Sieur d'Escouloubre avoit écrit & signé de sa
main dés le 20. Decembre 1661. touchant ce mesme acquiescement,
& dont l'original est attaché à la minute dudit Testament.

» L'an 1665. & le 5. jour du mois de Decembre environ une heure
» apres minuit dans le Chasteau d'Escouloubre, pardevant moy No-
» taire Royal sous-signé & present les Témoins bas nommez, se seroit
» presenté en personne Messire Iean de Monstron & de Sauton, Sei-
» gneur Baron dudit Escouloubre, lequel estant dans son lit atteint
» d'une maladie corporelle, toutefois avec ses bons sens & entende-
» ment, lequel de gré & volonté a dit & declaré que Monseigneur l'E-
» vesque d'Alet l'auroit obligé, comme appert par un verbal dont co-
» pie luy auroit esté donnée à une notable restitution envers MM. du
» Chapitre de saint Iust de Narbonne, laquelle il n'auroit executée.
» Pourtant il veut suivre l'opinion de Mondit Seigneur l'Evesque ac-
» quiessant à ce qu'il desire conformement à un billet qu'il a écrit de sa
» main cy attaché datté du 20. Decembre 1661. Et n'ayant pour le
» present moyen d'y satisfaire, il veut & entend qu'elle soit faite par ses
» heritiers, & payée devant tous contracts, quoy qu'anterieurs. La-
» quelledite déclaration il veut & entend qu'elle soit executée. Et ce
» és presence des Sieurs Iean Antoine de Niort M⁽ᵉ⁾ Chirurgien dudit
» lieu. Iean Caze du lieu de Vicdesault au Comté de Foix, & Iean Daf-
» fas du lieu de Carcassone signez. Et ledit Seigneur Baron n'auroit pû
» signer à la cede originale. Et moy Iean Pierre Dumois Notaire royal
» residant à Roquefort requis sous-signé. Signé Dumois Notaire.

Et parce que dans la fufdite declaration il n'auroit pas efté fait «
mention que ledit Seigneur Baron d'Efcouloubre fe demettoit en- «
tierement du Syndicat que M M. de la Nobleffe ont contre Mon- «
feigneur l'Evefque d'Alet, demye heure apres la fufdite declaration, «
il auroit dit & declaré pardevant moydit Notaire & Témoins fufdits «
& bas nommez comme il s'en départ, & veut qu'aucune pourfuitte «
ne fe faffe en fon nom contre ledit Seigneur Evefque. Es prefences «
des Sieurs Iean Antoine de Niort Maiftre Chyrurgien dudit lieu, «
Iean Caze du lieu de Vicdefault en la Comté de Foix, & Iean Daf- «
fas de Carcaffonne fignez. Ledit Seigneur Baron n'auroit pû figner «
à la cede originale.   Et moy Iean Pierre Dumois Notaire Royal re- «
fidant à Roquefort requis fous-figné. Signé Dumois Notaire.   «

Enfuit le billet écrit & figné de la main dudit Sieur d'Efcouloubre.

I'euffe bien defiré qu'il euft pleu à Monfeigneur l'Evefque de «
confiderer les raifons que je puis avoir pour ne pas payer la fomme «
portée par fon avis.   Mais puis qu'il fe tient dans fon opinion, je me «
refous de la fuivre, & ainfi j'acquieffe à ce qu'il defire, & veux que fi «
durant ma vie je ne puis fatisfaire à fes fentimens, mon heritier y fa- «
tisfaffe, & fupplie Mondit Seigneur de faire en forte que M M. de «
faint fuft me tiennent en compte ce qui fe trouvera raifonnable fur «
les articles que j'ay donnez.   Fait à Efcouloubre ce 20. Decembre «
1661. Efcouloubre figné.   «

Extrait tiré de l'original du billet fait par M. le Baron d'Efcou- «
loubre par moy Iean Pierre Dumois Notaire Royal & refidant à «
Roquefort le fixiéme Decembre 1665. Signé Dumois Notaire.   «

§. 12. *De M. D'Axat, un des Syndics.*

On a déja veu dans l'article de M. de Rafiguieres qu'il a ufurpé les
Bois du Roy: & il eft conftant que le feu Sieur D'Axat fon Pere dont
il eft heritier, ne payoit point les Dixmes d'une partie des grains qu'il
recueilloit, & qu'il eftoit auffi obligé à plufieurs reftitutions tant envers l'Eglife, qu'envers des particuliers, ayant ordonné par un acte
avant que de mourir que la fomme de Quatre mil livres qu'il s'eftoit
refervée par la donation qu'il avoit faite de tous fes biens à fon fils
aifné feroit employée à ces reftitutions, felon qu'il plairoit à M. d'A-
let de les regler. Mais c'eft à quoy le Sieur D'Axat fon fils & fon heritier n'a point encore fatisfait.

Luy & fon Frere du vivant du Pere ont pris des biens de leurs
Vaffaux.

Il ne paye point fes dettes dont fes Creanciers fouffrent : & il a fi
mal traitté fon Pere, que ce Pere en mourant à laiffé plufieurs memoires écrits de fa main, contenant les fujets de plaintes tout à fait
extraordinaires, qu'il avoit à faire contre fon fils.

Mais voicy deux affaires plus confiderables qui font voir avec combien peu de raifon ces Gentilshommes fe plaignent qu'on les à foûmis à la penitence publique, puis que l'exemple de celuy-cy, qui eft l'un de ceux qui ont fait ces plaintes, eft une preuve convainquante, qu'on ne l'a fait que pour des caufes tres importantes; & qu'il faut qu'ils foient bien ennemis de leur falut, puis qu'ils prennent occafion de condamner leurs Pafteurs & leur Evefque, de ce qui leur auroit fervy à expier leurs crimes, s'ils l'avoient fait par le mouvement d'une veritable penitence.

La 1. de ces deux affaires, eft la violence inoüye que ce Gentilhomme a exercée côtre un Preftre d'une tres grande vertu Curé d'une de fes Terres qui avoit obtenu par Sentence du Senechal de Limoux la provifion de cette Cure. Car fous pretexte d'executer un Arreft du Parlement de Toulouze obtenu fur des informations notoirement fauffes, il le fit enlever, le fit conduire de Chafteau en Chafteau, & s'empara des fruits de la Cure. Il ne peut pas defavoüer ce crime, puis qu'il en fait penitence,& qu'il en a demandé publiquement pardon dans l'affemblée des Curez du Diocefe. Et c'eft ce qui montre plus clairement que le Syndicat de cette Nobleffe liguée, eft une invention diabolique pour les porter à fe repentir du repentir mefmes qu'ils avoient témoigné avoir eu de leurs defordres.

L'autre affaire eft encore plus criminelle. Il a déja efté parlé dans l'article de M. de Rafiguieres de la vie fcandaleufe que menoit une femme mariée avec un Chanoine de faint Paul. M. d'Alet faifant fa vifite dans cette ville dont il eft Seigneur, reçeut plainte du mary de cette femme qui luy prefenta requefte, pour l'obliger de fe retirer avec luy en la ville de Carcaffonne où il demeuroit. Sur les preuves convainquantes de ce fcandale M. d'Alet ayant mandé ce Chanoine, l'arrefta & le fit mettre dans une chambre. Mais comme fi la Nobleffe du Diocefe d'Alet avoit une commiffion generale de procurer l'impunité au vice, le Sieur d'Axat accompagne d'un autre Gentilhomme & de fes valets vint avec infolence redemander ce Chanoine, & M. d'Alet luy ayant dit doucement de fe retirer, que le Chanoine ne fortiroit pas & qu'il ne pouvoit pas luy parler, il s'emporta à dire plufieurs paroles fales & injurieufes, & à crier qu'il vouloit avoir ce Chanoine, & qu'il affommeroit le premier des Preftres ou des Domeftiques de M. d'Alet qui fortiroit. Et comme il eftoit nuit, il fit apporter du bois pour faire du feu devant la porte. Il y en alluma, & tint fon Evefque affiegé dans fa maifon, dans une villr dont il eft Seigneur, & faifant fa vifite. Ce defordre euft pû aller plus loin fi M. d'Alet pour ne pas donner lieu à la fureur de ces feditieux, n'eût défendu à fes Domeftiques de fortir, leur recommandant feulement de barricader les portes & de veiller jufques au lendemain, ce qui empefcha ce Gentilhomme de s'emporter en de plus grands excés,

ayant efté obligé de fe retirer avec fa fuitte lors que le jour fut venu,
Il a fait depuis fatisfaction à M. d'Alet de cet infulte plein d'impieté,
& de facrilege. Mais c'eft ce qui le rend maintenant plus criminel,
de ce qu'abufant de l'indulgence de l'Eglife, qui luy a pardonné un
crime pour lequel la juftice Seculiere l'auroit feverement puny, il
s'eft joint à ceux qui n'ont point eu d'autre fujet, non plus que luy,
de décrier la conduite de leur Evefque, que de ce qu'il tâche de les
retirer de leur mauvaife vie, & qu'il ne leur permet pas d'abufer des
Sacremens à leur perte & à leur ruine.

Il faut toutefois efperer que Dieu fera la grace à ce Gentilhomme de fe reconnoiftre, puis qu'il luy a déja fait celle de renoncer au
Syndicat. Car quoy que les autres puiffent dire qu'il ne l'a fait que
par un mouvement de dépit, de ce qu'on n'a pas voulu le députer à
Paris ou le Sieur de Belefta fon Beau-frere; neanmoins c'eft toûjours
un avantage que de s'eftre détaché de cette ligue criminelle, & c'eft
un pas vers le bien que d'avoir rompu les liens qui l'engageoient dans
le mal.

§. 13. De M. de Belefta Syndiqué.

Il a renoncé au Syndicat auffi bien que M. d'Axat fon Beau-frere
& pour le mefme fujet. Dieu veüille qu'il ait auffi renoncé à ce qui
l'avoit engagé dans cette revolte, & qu'il travaille ferieufement à fe
rendre digne d'eftre receu aux Sacremens par un veritable changement de vie. Car le moyen de l'y recevoir, tant qu'il ne fatisfera
point à plufieurs legs pieux & autres, aufquels il eft obligé par plufieurs Teftamens de fes Anceftres? Tant qu'il fera fouffrir plufieurs
Marchands & autres perfonnes, en ne leur payant point ce qu'il leur
doit quelques plaintes qu'ils en ayent addreffées à fon Curé, & mefme à M. d'Alet? Et tant qu'il perfeverera dans les injuftices conti-
nuelles qu'il commet envers fes Vaffaux, en difpofant de leurs biens
en fond; de leurs maifons; de leurs terres, qu'ils ont bafties ou ame-
liorées, fous le faux pretexte qu'il eft Seigneur de tout le fond de fa
terre, ce qui n'eft pas vray, & quand cela feroit, il n'en pourroit pas
ufer comme il fait, leur oftant, outre cela, la liberté de nourrir du
beftail, & autres pouvoirs legitimes.

§. 14. De M. de Saraute l'un des Syndics.

Le Village de Maury où le Sr de Saraute a du bien ayant obtenu
une recompenfe des Eftats de la Province pour quelques logemens
de gens de guerre, il fe fit donner de cette recompenfe, beaucoup au
delà de ce qui luy en pouvoit appartenir felon le regalement qui fut
fait de la fomme obtenuë, & il a toûjours refufé de rendre ce qu'il
a pris, quoy qu'il en ait fouvent efté preffé par M. l'Evefque d'Alet
qui eft Seigneur du lieu de Maury.

Il a pris quelque fois l'argent de la Taille d'entre les mains des
Collecteurs de fes terres pour l'employer à fes affaires, & il le fit encore en l'année 1664. dont les Collecteurs ont fouffert de grandes

pertes par les dépens des contraintes du Receveur qui n'eſtoit pas payé dans le temps.

§. *15. De M. de Perles l'un des Gentilshommes Syndiquez.*

Il eſt interdit de l'entrée de l'Egliſe pour n'avoir point fait ſon devoir Paſchal depuis pluſieurs années, parce que devant la ſomme de 500. eſcus à l'Hoſpital de Mirepoix, il ne veut payer ny le principal ny les intereſts : qu'il refuſe auſſi de ſatisfaire à pluſieurs particuliers à qui il doit des ſommes conſiderables, & qu'il ne paye point la Taille des biens ruraux qu'il poſſede la faiſant porter aux habitans des lieux.

Il s'eſt auſſi approprié le bois du lieu de Vira qui appartient au Roy, & des biens & des droits qui appartiennent à l'Egliſe, & qui font partie de la manſe Epiſcopale : & il continuë toûjours d'en joüir, quoy qu'on l'ait ſouvent averty de les quitter pour l'avenir, & de reſtituer pour le paſſé.

Il fait des exactiõs ſur ſes Vaſſaux ſous de faux & de vains pretextes: il les traite avec violence, & ſes enfans en ont déchiré deux d'entre eux à coups d'étrivieres d'une maniere cruelle, pour n'avoir pas voulu cõdeſcẽdre à faire avec eux des danſes & des débauches ſcãdaleuſes.

Ces meſmes fils de M. de Perles ne font point leurs Paſques il y a trois ans, parce qu'ils ne veulent point reparer le ſcandale public qu'ils ont donné par leurs impuretez, & qu'ils ne ceſſent point de faire des inſultes continuels tant aux étrangers qu'aux habitans de leurs terres, dont meſme il y a eü plainte depuis peu devant Monſeigneur le Prince de Conty.

§. *16. De M M. de la Serpent & Dax freres, Sindiquez.*

Feu M. de la Serpent leur Pere decedé depuis quelques années, avoit un habitant eſtimé riche de 13. ou 14000. li. qui n'ayant point d'enfans ny de parens proches donna ſon bien par Teſtament à un jeune garçon qu'il avoit adopté ſelon le pouvoir que les Loix luy en donnoient. Or parce que lors qu'un vaſſal meurt ſans avoir diſpoſé de ſon bien & ſans avoir des Parens au quatriéme degré, le Seigneur ſuccede à ce bien, le S de la Serpent s'empara d'autorité du bien de cet habitant, comme s'il n'avoit point fait de Teſtament. Eſtant au lit de la mort, il en eût du remords, chargea ſes deux enfans de rendre ce bien, ce qu'ils n'ont pas fait, n'en ayant rendu que tres peu de choſe.

Le feu Sieur de la Serpent ne payoit point la dixme de beaucoup de fruits qui la doivent, & il joüiſſoit de la portion des fruits decimaux de l'Archidiacre d'Alet pour les deux tiers moins du juſte prix.

Il ne payoit point les Tailles de ſes biens ruraux qui vont à des ſommes conſiderables.

Il a cauſé de grands dommages à divers habitans de Speraza, ſoit par de fauſſes procedures, ſoit à faire ouverture, d'où ſe ſont enſuivis divers meurtres.

Peut-eſtre que l'aiſné de ſes enfans, n'ayant à ce qu'il dit que le bien qui luy eſtoit ſubſtitué, n'eſt pas ſujet à ces charges quoy qu'il ne puisse s'exempter d'acquitter plusieurs legz pieux de ses ayeuls à quoy il ne pense pas. Mais en ce cas là, elles retombent sur le cadet, sans qu'il s'en puisse exempter pour n'avoir esté heritier que par benefice d'inventaire, puis que tout le bien de son Pere qui n'estoit point substitué estant obligé à ces restitutions il les a deu mettre au nombre des dettes ausquelles il devoit satiffaire, avant que d'en rien recevoir, & s'il ne l'a pas fait alors, il le doit faire maintenant.

Mais bien loin que ces deux freres pensent à reparer les injustices de leur Pere, ils continuent tous les jours d'en commettre de semblables & de nouvelles.

Car l'un & l'autre à l'exemple de leur Pere, ne payent point les Tailles des biens ruraux qu'ils possedent aux Villages de la Croix & d'Antunhac.

L'aisné a pris souvent l'argent de la Taille des mains des Collecteurs de son lieu de la Serpent & de Boriege, & a en suitte obligé le Receveur des Tailles de ces années là, de se payer sur les revenus & droits Seigneuriaux de Boriege qu'il luy faisoit prendre à un prix excessif, parce que d'ailleurs, il soutenoit ce Receveur & l'aidoit à voler les autres.

Il est chargé par les Testamens de son Ayeul & Bisayeul de plusieurs legs pieux qu'il n'acquitte point non plus que les charges des terres roturieres qu'il possede.

Il ne paye point ses debtes, ce qui fait beaucoup de tort aux Marchans & aux Artisans, qui attendent apres cela pour entretenir leurs familles.

Le Sieur Dax son cadet, se fait appeller Baron de Bresillon qui est une Mettairie de la dependance de Quillan. Les Consuls de cette Ville l'ayant poursuivy pour l'obliger à payer la Taille, il a suscité un Procez Criminel à deux de ces Consuls & à quelques autres habitans, a fait faire dans Bresillon des informations fausses, selon la declaration qu'en ont fait les tesmoins, leur faisant deposer plusieurs choses graves comme estant arrivées dans une pretenduë rebellion faites pour empescher qu'on ne prist prisonnier celuy qui avoit poursuivy l'affaire contre ledit Sieur Dax. Et en vertu de ces informations presque entierement fausses on a tenu cinq de ces habitans prisonniers environ un an. C'est une chose qui est notoire, & qui crie vengence devant Dieu.

§. 17. *De M. Du Vila de Comesourde.*

Il preste à usure & prend l'interest par avance.

Le Sieur Du Vila son Pere dont il est heritier s'est enrichy par ces sortes de prests d'argent, & de bled a 5. quartiers pour quatre.

Tout le monde sçait qu'il est extraordinairement colere & dans une habitude criminelle de jurement & de blasphemes

Mais l'artifice dont il s'est servy pendant plusieurs années pour se mettre à couvert des censures de l'Eglise, en continuant dans ses pechez, merite une reflexion particuliere parce que c'est le sujet d'un Procez entre le Promoteur d'Alet, & l'Official de Narbonne, qui par une conduite tout à fait irreguliere, l'a voulu autoriser dans son malheureux deguisement. Voicy comme la chose s'est passée.

Ce Gentilhomme demeurant depuis plusieurs années dans un estat de peché, & n'en voulant point sortir & reparer le mal qu'il avoit fait, son Curé luy refusa l'absolution. Mais au lieu de se mettre en estat de la recevoir, il s'est contenté pendant quelques années de faire vers Pasques trois sommations à son Curé avec un Notaire & des tesmoins, à ce qu'il eust à l'absoudre.

Ce Curé embarassé de ces actes de Notaire, ausquels il ne sçavoit que répondre, ayant peur de rien faire contre son devoir, & de se méprandre ; enfin quelque temps apres Pasques, poussé de zele pour l'injure faite à Dieu, & à l'Eglise par ce Gentilhomme, il l'interdit de l'entrée de l'Eglise en vertu du Canon: *Omnis utriusque sexus*, qu'il avoit publié deux ou trois fois pendant le Caresme selon l'ordre du Diocese.

M. Du Vila porta ses plaintes à M. l'Evesque d'Alet de cette declaration d'interdit. Et on peut voir par cet exemple, quelle est l'equitté de ce Prelat, & comme il ne regarde que la justice, sans soutenir ses Curez, quelques vertueux, qu'ils puissent estre, lors qu'il y a quelque chose à redire dans leur conduite. Car quoy que ce Gentilhomme fust tres indigne des graces de l'Eglise pour avoir fait plusieurs entreprises sur son autorité, comme d'enterrer des morts sans Prestre & sans aucune ceremonie Ecclesiastique dans une chapelle qui estoit interdite : Neanmoins M. d'Alet ayant oüy les parties jugea que cet interdit avoit esté declaré contre les formes, & renvoya le Sieur Du Vila à deux Curez voisins qu'il agrea, pour se confesser auquel des deux il voudroit, & satiffaire à son devoir Pascal dans la quinzaine, à peine de l'interdit porté par le canon du Concile de Latran.

Ce Gentilhomme s'estant presenté à l'un & l'autre de ces deux Curez, il pretend qu'ils luy ont refusé l'absolution dont il prit acte à son ordinaire devant un Notaire & deux témoins. Ces Curez ayant répondu à cet acte qu'ils avoient fait leur devoir, il les fit assigner devant l'Official d'Alet pour se voir condamner à dire les causes pour lesquelles ils luy avoient refusé l'absolution. S'estant presentez à l'Official, ils dirent que mal apropos on les avoit assignez pour rendre conte de ce qu'ils avoient fait dans le Tribunal de la penitence; qu'ils avoient agi comme ils avoient cru le devoir faire en conscience, & qu'ils n'en devoient rendre conte qu'à Dieu, representerent la mauvaise consequence de cette assignation dans un fait de cette nature, & demanderent d'en estre dechargez. Le Sieur Du
Vila

Vila infiſtant au contraire, l'Official par Sentence le debouta de fins de ſa Requeſte, avec dépens.

Il appella de cette Sentence à l'Official Metropolitain, & il y fiſt aſſigner non ſeulement ces deux Curez, mais auſſi le Promoteur d'Alet, parce qu'il avoit conclu contre luy, car il n'avoit autre part en cette affaire. Et l'Official Metropolitain declara par Sentence avoir eſté mal jugé & ordonné par l'Official dont eſtoit appel, & bien appellé par l'appellant & en la cauſe retenuë reformant, Il jugea que le Sieur Du Vila n'avoit pas encouru l'interdit porté par l'ordonnance de M. d'Alet.

2. Il luy permit de ſe preſenter dans huitaine à tel Confeſſeur que bon luy ſembleroit, approuvé par l'Archeveſque ou ſes Vicaires Generaux pour ſe confeſſer à luy & en prendre certificat comme il en auroit eſté abſous, & en ſuitte ſe preſenter à ſon Curé pour recevoir de luy le Sacrement de l'Euchariſtie, luy enjoignant de le luy adminiſtrer ſous peine d'excommunication.

3. Il condamna les deux Curez & le Promoteur aux eſpices, chacun pour un tiers, taxées à Vingt-quatre écus.

Le Promoteur a appellé à Rome de cette Sentence, comme eſtant tout à fait injuſte & entierement inſoûtenable. Car 1. elle eſt manifeſtement contre l'ordre judiciaire, puiſque ſuppoſé que l'Official d'Alet euſt mal jugé, comme ce n'avoit eſté qu'en deboutant le Sieur Du Vila des fins de ſa Requeſte, ┄┄┄┄┄ faire condamner les deux Curez à rendre compte de ce qui s'eſtoit paſſé au confeſſionnal, tout ce qui ſe pouvoit faire en reformant, eſtoit de condamner ces deux Curez à dire s'il eſtoit vray qu'ils euſſent refuſé l'abſolution au Sieur Du Vila, & à marquer les cauſes de ce refus.

2. Cette Sentence ſuppoſe que l'Archeveſque eſt Paſteur des Dioceſains de ſes ſuffragans, & qu'il leur peut donner des Confeſſeurs dans ſon propre Dioceſe, *irrequiſito*, & meſme *renitente proprio Epiſcopo*, comme il eſt arrivé en cette rencontre, M. d'Alet n'ayant eſté ny oüy ny requis. Or c'eſt ce qui ne ſe peut ſoûtenir.

§. 18. De M. de S. Louys.

Il n'y a rien à dire de ce Gentilhomme, ſinon que ſi tous les autres imitoient l'exemple qu'il leur a donné, il n'y auroit plus de procez, & le Dioceſe d'Alet joüiroit d'une paix heureuſe. Car n'ayant pas ſeulement renoncé au Syndicat, ce que d'autres peuvent avoir fait par des conſiderations humaines, mais ayant fait connoiſtre à M. d'Alet avec beaucoup de ſentiment, le regret qu'il avoit de s'y eſtre mis, il y a lieu d'eſperer que Dieu luy fera la grace de vivre en Gentilhomme Chreſtien, & de mettre ordre aux difficultez de ſa conſcience, en payant les tailles des biens roturiers qu'il poſſede, en faiſant punir les crimes dans les terres dont il eſt Seigneur haut Iuſticier, & en reglant les Contracts de ſocieté de beſtail & autres qu'il fait avec ſes vaſſaux, ſelon les conditions marquées dans les Confe-

L

rences du Diocefe, pour les rendre juftes, & en fatisfaifant pour le paffé felon les avis d'un guide auffi feur & auffi fidele que celuy auquel il témoigne avoir maintenant plus de confiance.

§. *19. De M. Defperonnat l'un des Syndics.*

Ce M. d'Efperonnat n'eft dans le Diocefe que depuis quelques années, y ayant acheté la Terre de S. Ferreol. On ne voit pas quel fujet il a eu de s'unir dans ce Syndicat, & pourquoy il s'eft lié avec ces Gentils-hommes du Diocefe dans cette facrilege conjuration contre leur Evefque.

Il les a imité dans l'ufurpation des bois du Roy, appellez les bois des Fanges, dont mefme il a voulu ofter l'ufage aux habitans de S. Iulien l'une de fes Terres, ayant ufé de violentes executions contre eux à caufe qu'ils avoient coupé quelques pieces de bois pour faire le retable de leur Autel, felon le droit qu'ils ont de couper dans cette foreft le bois dont ils ont befoin.

Il eft auffi l'un de ceux qui font le plus hautement cette injuftice à l'Eglife, de faire payer le champart avant la dixme, quoy que le Clergé ait obtenu un Arreft au Parlement de Toulouze pour empefcher cet abus, qui ordonne que la dixme fe payera avant le champart felon le droit & l'ufage.

§. *20. De l'injufte vexation que fait M. de Rennes à un tres bon Preftre, Curé de fon Village.*

On a déja veu dans l'article de M. de Rennes avec combien d'injuftice il avoit perfecuté un tres pieux Ecclefiaftique, nommé le Sieur Grenier, Curé de la Parroiffe de Rennes, en s'efforçant de l'opprimer par le credit qu'a toute cette Nobleffe au Parlement de Toulouze : & on a veu auffi que l'évocation generale des caufes de M. d'Alet au Parlement de Grenoble, avoit un peu fufpendu cette perfecution. Mais c'eft encore un exemple qui fait voir combien cette évocation eftoit jufte, par les injuftices qu'elle empefchoit; puis qu'auffi-toft qu'elle a efté revoquée, ce Gentil-homme n'a plus penfé qu'à renouveller ce qu'il avoit toûjours côfervé dans le cœur, & à chercher les moyens de chaffer de cette Cure un tres-excellent Pafteur, dont la pieté luy eft connuë, pour y rétablir s'il pouvoit, un des plus méchans Preftres qui foit dans le Diocefe. Car voicy le nouveau procez qu'il a fufcité au Sieur Grenier au Parlement de Toulouze.

Le Sieur Laurent Siau Preftre, cy-devant Curé de Rennes, fut accufé en 1661. devant la Iuftice Ecclefiaftique d'Alet, de plufieurs crimes en matiere d'impureté, & entr'autres d'un incefte fpirituel & naturel. Comme on luy faifoit fon procez, fe voyant convaincu de ces crimes, il employa le Sieur de Couftauffa & le Sieur de Rennes pour demander qu'on ne le jugeaft pas, témoignant qu'il eftoit preft de faire toute la penitence que M. l'Evefque d'Alet jugeroit à propos. On le mit donc en liberté; & y eftât, il fit une démiffion pure

& fimple de la Cure de Rennes, où il avoit efté une pierre de fcandale,
entre les mains de M. l'Evefque d'Alet, & vint au Seminaire d'Alet, où
il a vefcu en penitent prés d'un an. Quelques mois apres cette démiffion, M. d'Alet remplit cette Cure du Sieur Grenier : & comme elle eft
d'un petit revenu, ne valant que Cinq cens livres ou environ, & qu'elle
fe trouve déja chargée de Cinquante écus de penfion; pour donner lieu
de fubfifter audit Siau qu'on croyoit converty, M. d'Alet dans le huitiéme mois de fa penitence, confeilla au Sieur Grenier de luy refigner
une Prebende qu'il poffedoit en l'Eglife Collegiale de S. Paul ; ce qu'il
fit par un Concordat qu'il paffa avec luy en la Ville de Caudiés, le 15.
Novembre 1661.

Depuis, le Sieur de Rennes n'ayant pû s'accommoder d'une conduite
auffi evangelique qu'eft celle du Sieur Grenier, porta le Sieur Siau de
redemander cette Cure en luy faifant dire contre la verité, qu'il avoit
efté forcé & dans la démiffion & dans le concordat paffé à Caudiés;
mais l'évocation eftant furvenuë, elle affoupit ce procez. M. de Rennes
& le Sieur Aoftenc, chez qui ledit Siau demeure à Toulouze, le recom-
mencerent au mois de Mars dernier 1665. & au prejudice d'un Arreft de
deffenfes du Confeil du 10. Mars, dans lequel ledit Siau eftoit compris
& qui luy fut fignifié, il obtint Arreft contre toutes les formes le 18.
Avril enfuivant, par lequel fans oüir partie, il luy eft adjugé la fomme
de Cinq cens livres par provifion, fans prejudice du droit des parties au
fond. Cet Arreft ayant efté fignifié au Sieur Grenier, il fit par acte, de-
laiffement de tous les fruits, qui ne vont pas à cette fomme, & demanda
feulement une portion congruë comme un Vicaire. M. de Rennes en
vertu de cet Arreft s'eft faifi des fruits, & les a fait mettre dans fon
Chafteau. Ainfi il a trouvé le vray moyen de fe delivrer de ce bon Curé & de le chaffer de fa Cure, où il n'a pas dequoy vivre, n'ayant vefcu
cette année que d'aumofne ou d'emprunt, à peine mefme ayant eu du
pain depuis qu'il eft dãs ce Benefice, parce qu'il l'a trouvé extrémemẽt
chargé d'arrerages de decimes que ledit Siau ne payoit point. De forte
que fi fa Majefté n'y met ordre, cette Cure s'en va eftre abandonnée.

§. 21. *D'un cas commun à la plufpart de cette Nobleffe Syndiquée.*

Le Roy & Noffeigneurs de fon Confeil fçavent affez quelles ont efté
les concuffions, les voleries & les extorfions que Pierre & Bernard
Aoftenc, Receveurs des Tailles au Diocefe d'Alet & Limoux, ont exercées fur les peuples de ce Diocefe, & fur la Province de Languedoc.
M. d'Alet eftant touché de l'extréme defolation que caufoient par tout
ces voleurs publics, & voyant que ces maux aûgmentoient de jour en
jour par l'autorité & le credit que Pierre Aoftenc s'eftoit acquis en
époufant la fille de M. de Cironis, Prefident aux Requeftes du Parlement de Toulouze, & par l'achapt de l'Office de Prefident Iuge-Mage
au Senefchal & Siege Prefidial de Limoux, fe crût obligé d'en faire des
plaintes aux Eftats de Languedoc, affemblez en la Ville de Beziers en

l'année 1655. & de les porter à pourſuivre la reparation de ces malverſations qui avoient ſcandaliſé toute la Province, & épuiſé les ſujets du
Roy. Les Eſtats furent touchez de ſes remontrances, & chargerent le
Syndic general de cette affaire : mais ce fut M. d'Alet qui contribua
tous ſes ſoins, & meſme les frais neceſſaires pour l'inſtruction de ce procez, quoy qu'il n'y euſt point d'autre intereſt que le ſoulagement des
pauvres gens de ſon Dioceſe, que ces Receveurs avoient ruinez. C'e-
ſtoit-là une belle occaſion aux Gentils-hommes du Dioceſe d'Alet, de
témoigner leur zele pour le bien de leurs vaſſaux. Mais ils ont fait tout
le contraire. Ils ont ſoûtenu & appuyé de tout leur credit ces voleurs
de leurs vaſſaux : Ils ſe ſont oppoſez à M. d'Alet & au Syndic du Dioceſe, pour arreſter les pourſuites : Ils ont intimidé les témoins, & em-
peſché autant qu'ils ont pû qu'on ne dépoſaſt dans leurs terres contre
ces concuſſionnaires. Et depuis meſme qu'ils ont eſté condamnez apres
d'incroyables peines, par Arreſt de la Cour des Aydes de Montpellier,
l'un à la mort & l'autre au banniſſement, & tous deux à reſtituer Deux
cens ſoixante-quatorze mille livres volez au Dioceſe d'Alet, ou à la
Province, ils ont encore cõtinué à ſe declarer pour eux, juſques-là qu'ils
ſe ſont obligez en leurs propres noms pour leur faire trouver une ſomme conſiderable, & leur ont aidé à éluder juſques icy tout jugement.
Peut-on douter apres cela qu'ils ne ſoient redevables à la juſtice de
Dieu, quand ils ne le ſeroient pas à celle des hommes, des grands & conſiderables dépens qu'ils ont cauſez au Dioceſe par l'appuy qu'ils ont
donné à ces Aoſtencs, & les oppoſitions qu'ils ont apportées aux pourſuites que l'on faiſoit pour leur faire rendre ce qu'ils avoient volé, eux
qui en qualité de Seigneurs eſtoient plus obligez que perſonne de s'employer par devoir & par charité à delivrer leurs vaſſaux de cette oppreſ-
ſion publique, & à leur faire avoir raiſon de ceux qui les avoient reduits
par leurs concuſſions & leurs pilleries, à la derniere pauvreté.

Avis ſur l'affaire du Sieur Luga.

Le Procez que le Sieur Luga a fait à M. l'Eveſque d'Alet & à deux
Eccleſiaſtiques de ſon Dioceſe, a une liaiſon ſi particuliere avec le dif-
ferend des Gentils-hommes, qu'il n'y a guere d'affaires dont ils ayent
tâché de tirer de ſi grands avantages que de celle-là, en ayant fait des
articles exprés dans les plaintes anciennes & nouvelles qu'ils ont adreſ-
ſées au Roy, & dans tous les écrits qu'ils ont faits. Il n'y a auſſi gueres
d'affaires qui puiſſent plus clairement faire connoiſtre combien la conduite de M. d'Alet & de ſes Curez eſt conforme aux regles de l'Egliſe.
Mais parce qu'on ne la pouvoit pas éclaircir dans le public ſans publier
des choſes qu'il n'eſt pas à propos de faire connoiſtre à tout le monde,
on ſe reſerve d'en informer ſa Majeſté & Noſſeigneurs les Commiſſaires, par un écrit particulier qui leur donnera, comme on l'eſpere, autant d'édification de la conduite de M. d'Alet & de ces deux Eccleſiaſtiques, que d'indignation contre celle du Sieur Luga & des Gentilshommes qui l'appuyent dans ſes inſoûtenables pretentions.

Quatrieſme

QVATRIE'ME E'CLAIRCISSEMENT.

De l'étrange persecution faite à l'un des meilleurs Prestres du Diocese d'Alet ; d'où ces Gentilshommes ont tiré les plus attroces de leurs calomnies.

§. I. *Liaison de cette affaire avec celle des Gentilshommes.*

'AFFAIRE du Sr Eymere Vicaire de la Ville de Quillan l'un des meilleurs Prestres du Diocese d'Alet fait un des principaux incidens de ce Procés de la Noblesse, tant parce que ce sont ces Gentilshommes Syndiquez qui s'estant joints au Curé de cette Ville homme déreglé & ennemy de tout bien, ont fait tous leurs efforts pour opprimer ce bon Ecclesiastique ; que parce qu'ils ont tiré des fausses accusations qu'on luy a suscitées, & dont il s'est pleinement justifié, le fondement de leurs plus noires calomnies contre la conduitte de M. l'Evesque d'Alet.

C'est pourquoy il est necessaire de bien éclaircir tout ce qui regarde l'étrange persecution que ce bon Prestre à soufferte, & de faire voir par cet exemple, qu'il n'y a rien de plus facile à des esprits grossiers & prevenus de quelque passion, que de corrompre les meilleures choses en les rapportant de travers, & changeant par là en erreurs les veritez les plus certaines ; ou mesme d'imposer de faux crimes à ceux qu'ils prennent pour leurs ennemis, parce qu'ils le font de leurs vices & de leurs pechez ; comme saint Paul dit qu'il estoit devenu ennemy des Galates pour leur avoir dit la verité. On verra l'un & l'autre dans cette histoire qui merite d'estre conservée à ceux qui viendront apres nous, pour servir de consolation aux Ecclesiastiques zelez pour le bien des ames, qui seroient attaquez par de semblables impostures ; & de precaution à tout le monde pour ne pas s'engager legerement en des jugemens temeraires contre des gens de bien qui seront toûjours exposez aux medisances des hommes charnels, lors qu'ils se trouveront obligez par le devoir de leurs charges de reprendre leurs desordres.

Le Promoteur d'Alet a fait toutes les diligences possibles selon le devoir de sa charge pour s'asseurer de la verité des accusations qu'on avoit formées contre cet Ecclesiastique, & pour le faire punir s'il se fût trouvé coupable. Il s'est rendu sa partie, il a fait publier des Monitoires pour avoir des preuves de ce qu'on luy imputoit, & il n'a rien omis de tout ce qui pouvoit découvrir ses crimes s'il en eust veritablement commis. Mais apres que par toutes ces recherches il n'a rien trouvé en luy de reprehenfible, il croit qu'il n'eft pas moins de fon devoir de travailler, non pas proprement pour la défenfe de fa perfonne, mais pour le foûtien de la Difcipline Ecclefiaftique qu'on veut renverfer par les troubles que l'on fufcite aux meilleurs Preftres, lors qu'ils témoignent quelque fermeté dans l'adminiftration du Sacrement de penitence.

§. 2. *Recit de tout ce qui s'eft paffé dans cette affaire du Sieur Eymere.*

Ce bon Preftre eft de faint Flour en Auvergne. Ayant fait fes Humanités & fa Philofophie dans le Païs, il vint à Paris étudier en Theologie dans les Echoles de Sorbonne. Il paffa enfuite quelques années dans la communauté des Preftres de faint Sulpice qui peuvent rendre témoignage de fa vertu & de fa pieté. Il retourna de là à faint Flour, où feu M. l'Evefque de faint Flour le reçeut avec toute forte de bonté, & luy donna pour employ l'un des plus importans de fon Diocefe, fçavoir la conduite & la direction de fon Seminaire. Mais Dieu qui le deftinoit à foûtenir de plus grands combats pour le reftabliffement de la Difcipline Ecclefiaftique, luy infpira la penfée d'aller trouver M. l'Evefque d'Alet, y eftant attiré par la reputation extraordinaire de ce Prelat, qui l'ayant jugé propre à fervir les ames, l'établit Vicaire dans la Ville d'Alet, où il a exercé cette fonction pendant deux ans avec l'édification de tout le monde.

Vne maladie qui luy furvint, l'obligea d'aller en fon Païs pour changer d'air, d'où eftant revenu apres le recouvrement de fa fanté, M. d'Alet qui eftoit pleinement informé de fa fuffifance & de fa vertu, l'envoya à la Ville de Quillan qui eft le plus grand lieu de fon Diocefe, pour y eftre Vicaire, & pour fuppleer par fa pieté & par fon zele pour le falut des ames, à la négligence du Curé de cette Ville.

Il répondit dans l'exercice de cet employ à l'attente de fon Prelat. Il y acquit en peu de temps beaucoup de reputation, tant par la pureté de fes mœurs & fon def-intereffement, que par fes exhortations publiques & particulieres; & la benediction que Dieu donnoit à fes travaux & à fes paroles fut une odeur de vie pour la vie à plufieurs perfonnes qui s'adreffoient à luy pour leur conduite.

Mais c'eft de là mefme que le diable à pris fujet de le faire perfecuter. Ce qui devoit eftre un fujet de joye au Sieur Iulien Curé de Quillan s'il avoit aimé veritablement le falut de fes brebis, luy en fut un d'averfion & de jaloufie. Il ne pût fouffrir qu'avec une peine étrange que la pieté de fon Vicaire attiraft à luy, les perfonnes les plus confiderables de la Ville de Quillan. Il crût que la vigilance & la ferveur de cet Ecclefiaftique eftoient un reproche continuel de fa negligence & de fes relafchemens dans le foin de fa Parroiffe: & il employa toutes fortes de moyens pour l'obliger à fe retirer, foit en le traittant en toutes fortes de rencontres avec beaucoup de rudeffe & de mépris, foit en refufant de luy payer fes appointements & fes retributions.

Mais voyant que le Sr Eymere fupportoit tout avec patience & avec douceur, fans fe décourager de ces mauvais traitemens, il fe refolut dans une vifite que M. d'Alet fit à Quillan, de deferer fon Vicaire devant ce Prelat comme ayant avancé dans fes inftructions tant publiques que particulieres plufieurs propofitions heretiques, contraires aux bonnes mœurs, & injurieufes au myftere de l'Euchariftie. M. d'Alet luy répondit que fi cela eftoit vray, le Sieur Eymere feroit tres puniffable, mais qu'il le falloit ouïr & voir s'il eftoit dans ces mauvais fentimens : & que s'il y avoit des perfonnes qui les luy euffent ouï avancer, il les falloit faire venir pour recevoir leurs depofitions.

Le Sieur Eymere eftant venu devant M. d'Alet en prefence de ce Curé, il nia avoir jamais avancé ce qu'on luy imputoit & s'en juftifia fi bien, que le Curé n'eut pas un mot à repliquer. Et ainfi la conclufion fi mal fondée de cette plainte fut que M. d'Alet les remit bien enfemble, & que le Curé luy promit de bien vivre à l'avenir avec fon Vicaire. Mais quoy que ce Prelat n'euft aucun foupçon contre la pureté de la foy du Sr Eymere, il ne laiffa pas de parler aux principaux & plus intelligens de la Ville pour fçavoir d'eux, s'il avoit rien dit d'approchant de ce qu'on luy imputoit ; & ils l'affurerent tous, qu'ils n'avoient jamais rien ouy de luy, ny en particulier, ny en public, d'approchant de ces propofitions ; mais que ce qui pouvoit avoir donné lieu à l'une de ces accufations touchant le mépris du myftere de l'Euchariftie, eftoit que la coûtume qui s'eftoit introduite par abus de donner la benediction avec le Ciboire tous les Dimanches apres Vefpres, ayant efté defenduë par l'ordonnance de vifite comme eftant contraire à l'ordre de l'Eglife, le peuple avoit murmuré de ce qu'on ne donnoit plus cette benediction, ce qui avoit donné occafion au Sr Eymere dans le Catechifme & inftruction du Dimanche fuivant de blafmer ce murmure, & cet efprit de defobeïffance aux ordres de fon Evefque, & qu'on pouvoit avoir interpretté ce qui avoit efté dit contre cette oppofition à l'ordonnance de vifite, comme s'il euft efté dit contre la benediction mefme du S. Sacrement.

Mais le Sieur Iulien ne demeura pas long temps dans la promeffe qu'il avoit faite de ne plus calomnier fon Vicaire. Eftant toûjours dans le mefme efprit de jaloufie contre luy, il recommença bien toft apres de femer par tout les mefmes medifances, & de le faire paffer pour une perfonne qui reveloit les confeffions, afin de détourner tout le monde de prendre confiance en luy. Il renonvella mefme ces accufations devant M. l'Evefque d'Alet, mais avec auffi peu de fuccés que la premiere fois. C'eſt ce qui obligea ce bon Preſtre, pour arreſter cette diffamation ſcandaleuſe qui l'euſt pû rendre inutile dans ſon miniſtere, & incapable de ſeruir les ames, de preſenter Requeſte à M. l'Eveſque d'Alet contre ces fauſſes accuſations de ſon Curé. Ce Prelat les renvoya devant l'Official, ou le Sieur Eymere fit aſſigner le Sieur Iulien pour l'obliger, ou de ſoutenir ſon accuſation, ou de luy faire reparation d'honneur. Mais apres pluſieurs delais donnez à ce Curé pour intenter ſon action, ſur le point qu'il en alloit eſtre deboutté, il articula pluſieurs faits ſur leſquels il demanda qu'il luy fuſt permis d'obtenir Monitoire, s'imaginant peut eſtre qu'on le luy refuſeroit, & que ce luy ſeroit un ſujet d'appeller comme d'abus. Mais comme on n'avoit point d'autre intereſt que de découvrir la verité, on luy accorda tres volontiers le Monitoire qu'il demandoit. Il le fit publier par trois Dimanches conſecutifs à l'Egliſe Parroiſſiale de Quillan. Et non content de cela il demanda encore qu'il le fuſt aux Egliſes des annexes de Gignolles & de Bellebianne ce qui luy fut auſſi accordé.

Mais ayant ſceu que pluſieurs de ſes Parroiſſiens des plus gens de bien, des plus intelligens & des plus qualifiez, eſtoient venus en revelation ſur ce Monitoire, & ſe doutant bien qu'eſtant auſſi perſuadez qu'ils eſtoient de la ſageſſe & de la pieté du Sieur Eymere, leurs dépoſitions ne pourroient eſtre propres qu'à ruiner ſes calomnies, parce que leur témoignage prévaudroit ſans doute, à celuy de quelques gens de peu, ignorans & groſſiers, ou mal affectionnez à ce bon Eccleſiaſtique, à cauſe qu'en pluſieurs rencontres il avoit agy contre eux, en ſuivant les ordres de ſon Eveſque, & les avoit repris de leurs ſcandales, & de leur mauvaiſe vie; il jugea bien qu'il ne reüſſiroit pas devant l'Official dans le malheureux deſſein qu'il avoit pris d'opprimer un Preſtre, que ſa ſeule vertu luy faiſoit haïr, & qu'il ne pourroit éviter d'eſtre puny comme un calomniateur.

Il penſa donc à d'autres moyens, & il luy fut facile d'en trouver dans la conjoncture de la Nobleſſe revoltée contre M. l'Eveſque d'Alet & contre tout ce qu'il y avoit de bons Curez & de bons Vicaires dans le Dioceſe. Il s'eſtoit déja tres fortement uny avec ces Gentilshommes Syndiquez, ayant pour but auſſi bien qu'eux de ruiner tout le bon ordre que ce Prelat taſchoit d'établir, & c'eſtoit luy qui leur avoit fourny une partie des memoires dont ils avoient compoſé les plaintes preſentées au Roy contre M. l'Eveſque d'Alet. C'eſtoit en ce meſme temps que ces Gentilshommes faiſoient des informations de tous coſtez, pour décrier la conduite des plus zelez d'entre leurs Paſteurs : & ainſi ayant pris cette occaſion pour faire ouïr quelques unes de ces perſonnes mal affectionnez au Sieur Eymere, il le fit deferer à M. le Procureur General du Parlement de Toulouze, qui ayant fait ouïr les meſmes témoins obtint contre luy un Decret de priſe de corps.

Ce bon Preſtre en fut averty , & il luy eût eſté bien facile d'en empeſcher l'execution en ſe retirant. Mais il crût devoir imiter ſon
Maiſtre , qui s'eſtoit livré ſoy-meſme à ceux qui le vouloient prendre. Il demeura dans ſon logis , quelques prieres que ces amis luy
pûſſent faire d'en ſortir , juſqu'à ce que des Huiſſiers accom-
pagnez des domeſtiques de ſon delateur , vinrent enfoncer &
rompre ſa porte , & le conduiſirent honteuſement dans la Conciergerie de Toulouze , ce meſme Curé ayant preſté ſon Cheval à
l'un de ceux qui aſſiſterent à ſa priſe.

. Eſtant interrogé , il demanda ſon renvoy devant ſon Iuge & il fit
voir par une Requeſte qu'il n'y avoit rien de plus juſte , puis qu'outre
qu'il ne s'agiſſoit que de matieres purement ſpirituelles , il y avoit
déja inſtance pour les meſmes faits par devant l'Official d'Alet.

Mais le credit qu'ont les Gentilshommes dans ce Parlement y
avoit déja formé une étrange faction contre M. l'Eveſque d'Alet
& contre tous les Preſtres qui agiſſent par ſon eſprit. L'emportement
de pluſieurs des Conſeillers eſtoit tel , que l'un d'eux opinant ſur
cette affaire ne rougit point de dire , que la Religion Chreſtienne
eſtoit attaquée de deux coſtez , par le Turc du coſté du levant : &
du coſté des monts Pyrenées par M. l'Eveſque d'Alet. Le temps ,
outre cela , paroiſſoit fort favorable à ceux qui vouloient opprimer
ce Preſtre pour appuyer les pretentions de cette Nobleſſe revoltée.
Car c'eſtoit pendant les vaccations que tout le Parlement eſtoit reduit à 12. Iuges : de ſorte que le Sieur de Freſals ne doutoit point
que ſa brigue ne fuſt aſſez puiſſante pour y faire retenir l'affaire , &
juger en ſuitte extraordinairement cet Eccleſiaſtique comme un
heretique & un ſacrilege ſur la depoſition de cinq ou ſix témoins , ou
malicieux & corrompus ; ou ſi groſſiers que par faute de memoire &
d'intelligence , ils prenoient de travers les meilleures choſes.

Mais Dieu ſuſcita un de ces Conſeillers pour eſtre protecteur de
l'innocence qui alloit eſtre accablée , & luy fit repreſenter avec tant
de force la juſtice du renvoy qui eſtoit demandée , qu'il y eût parta-
ge, & qu'ainſi l'affaire fut remiſe apres la ſaint Martin. Et pendant ce
temps côme on s'eſtoit pourveu au Côſeil du Roy, on y obtint Arreſt
par lequel le Sieur Eymere fut renvoyé à l'Official d'Alet , à la charge du cas privilegié pour lequel le Lieutenant Criminel du Senechal de Limoux aſſiſteroit au procés.

. En vertu de cet Arreſt le Sieur Eymere fut conduit des priſons de
Toulouze en celles d'Alet , & il en fallut encore obtenir d'autres au
meſme Conſeil, tant pour lever les oppoſitions du Procureur General de Toulouze , que pour faire remettre les informations du Greffe
du Parlement de Toulouze en celuy de l'Officialité , afin que l'affaire fût en eſtat d'y eſtre jugée.

La premiere choſe que fit le Sr Eymere eſtant à Alet apres la remiſe de la procedure & qu'il euſt eſté ouy ſur les informations , fut de demander la jonction de cette nouvelle inſtance à la premiere du Sieur Iulien Curé de Quillan , comme s'agiſſant des meſmes faits: & c'eſt ce qu'il obtint par Sentence de l'Official , n'eſtant pas juſte qu'il ſoûtint deux differens procés criminels pour les meſmes accuſations.

On proceda de ſuitte à la reſomption ou recollement des témoins dont la plus part ruinerent leurs témoignages en les expliquant. Le Sr Eymere qui avoit eſté ouy , avoit tellement éclaircy les choſes & fait voir ſi manifeſtement la fauſſeté de ces accuſations qu'on ne trouva pas aſſez de matiere pour ordonner la confrontation des témoins , ny à l'Officialité d'Alet , ny à la Senechauſſée de Limoux , où certainement il n'avoit aucune faveur. C'eſt pourquoy on donna Sentence en l'un & en l'autre tribunal , portant que l'inquiſition commencée ſeroit continuée , & qu'à cet effet dans quinzaine le Promoteur & la partie civile à l'Officialité : & le Procureur du Roy dans la Senechauſſée feroient venir les témoins.

Ces Sentences eſtant renduës le Sr Eymere pourſuivit dans l'une & l'autre juriſdiction pour eſtre mis en liberté. Il fut donc élargy : & comme on ne produiſoit point de témoins , ny dans la quinzaine , ny dans une autre qui fut donnée de puis , ny encore huitaine apres , ſur le point que dans l'un & dans l'autre tribunal on alloit prononcer en definitive , le Curé ſous le nom du Procureur General appella de la procedure du Senechal au Parlement de Toulouze ; & en ſon nom de celle de l'Official à celuy de Narbonne où elles eſtoient pendantes lors que le Roy les a evoquées à ſoy.

Mais dans cet intervale de temps , Dieu a Permis par un jugement terrible , qne celuy qui vouloit arracher des autels un tres bon Preſtre par une accuſation calomnieuſe , s'en ſoit luy meſme ſeparé par une negligence criminelle , & ſe ſoit rendu indigne de l'exercice de ſa charge , au jugement meſme de l'Egliſe , dont il avoit toûjours eſté ſi indigne devant Dieu. Voicy comment cela eſt arrivé.

Il eſt defendu par la 60. des Ordonnances Synodales de danſer les Feſtes Annuelles & Solemnelles de l'année , comme Paſques & la Pantecoſte , & les deux Feſtes qui ſuivent l'une & l'autre de ces deux ſolemnitez , l'Aſcenſion , Noël &c. & ſi cela arrive , il eſt ordonné que pour reparer ce ſcandale & en donner plus d'horreur au peuple , on ceſſera les divins Offices , & defenſes ſont faites aux Curez & aux Vicaires de les continuer ſous peine de ſuſpenſion de leurs ordres *ipſo facto*. Cependant contre ce reglement ſi juſte & chreſtien , & tout à fait conforme , non ſeulement aux canons , mais meſmes aux Ordonnances Royales , on danſa ſcandaleuſement à Quillan le jour de l'Aſcenſion & la premiere Feſte de la Pentecoſte de l'année 1664. au veu & ſceu du

Curé,

Curé, qui autorisa, plûtost qu'il ne reprima ce desordre, n'en disant rien, & continuant toûjours le service. Le Promoteur qui en fut averty un mois apres ou environ, presenta Requeste à l'Official pour luy faire declarer que ce Curé avoit encouru la suspension de ses ordres & en consequence l'irregularité pour avoir celebré ensuite, ce qui fut fait par Sentence du   1664.

Le Sr Iulien se rendit appellant de cette Sentence au Metropolitain où l'affaire a esté pendante jusqu'au 15. Avril drenier, qu'il releva un mesme appel au Parlement de Toulouze, tant de cette affaire que de celle du Sieur Eymere, de sorte que la Parroisse de Quillan se trouvant sans autres Prestre que le Sr Eymere qui n'estoit point interdit, & les accusations faites contre luy |parroissant notoirement calomnieuses, il continua d'y faire les fonctions de Vicaire.

Voila generalement ce qui s'est passé dans ces deux affaires du Curé & du Vicaire de Quillan qui sont jointes ensemble. Il reste maintenant à montrer en particulier que ce dernier est certainement innocent des crimes qu'on luy a faussement imposez, & que le premier est certainement coupable de calomnie, & du violement scandaleux d'une tres sainte ordonnance de son Evesque, & qu'il ne luy reste que la voye de la penitence pour sortir de l'estat où il s'est jetté luy mesme par un esprit de rebellion contre son legitime Superieur.

§. 3. *Refutation particuliere des accusations formées contre le Sieur Eymere. Impertinences de quelques unes.*

Le procés qui a esté remis du Greffe du Parlement de Toulouze a l'Officialité d'Aler, contenoit une information dans laquelle huict témoins avoient esté oüis.

Ces huict témoins sont, 1 Barthellemy Chabaud Chirurgien. 2. Raymond Boudignon Tailleur d'habits. 3. Iean Hoquetis Marechal. 4. Pierre Vidal Sergent habitant de Quillan. 5. Iean Goust, Bastier. 6. Iean Caluel habitant de Belbiannes. 7. Barthelemy Fajoles habitant de Quillan. 8. Iacques Paul Sausede Marchand.

Vne des choses qui fait autant connoistre la mauvaise disposition de ces témoins, est l'impertinence de quelques unes des accusations qu'ils font contre luy, dans lesquelles ils luy reprochent des bagatelles comme des crimes.

Car toutes ces accusations se pouvant reduire à 10. Chefs. En voicy 4. qui meritent d'estre considerez pour faire juger de l'emportement d'un Curé qui a fait deposer de telles choses contre son Vicaire.

1. On l'accuse fort serieusement, *d'avoir esté à la procession sans porter le pluvial.* C'est ce que deposent le 3. & le 5. témoin.

Mais quelque frivole que soit ce reproche, le Sieur Eymere y répond tres-bien en disant, qu'il a toûjours porté un pluvial à la procession, excepté deux ou trois fois qui n'en ayant pû avoir de la cou-

Interrogatoire du Sieur Eymere p. 2.

leur qu'il falloit, il s'est contenté d'une étole.

2. *De n'avoir point fait commemoration de saint Eloy la veille de ce saint.* C'est le 4. témoin qui est un Marechal qui depose de ce fait important, toute la devotion de ces gens-la estant qu'on feste leur saint sans se mettre en peine d'en imiter aucune vertu. Surquoy le Sieur Eymere estant interrogé, *il est demeuré d'accord qu'une fois par oubly il avoit omis cette commemoration qui n'est pas dans le Breviaire, & dont personne ne l'avoit averty, & qu'un certain Marechal luy ayant dit brusquement & en criant au milieu de la ruë, pourquoy il n'avoit pas fait cette commemoration, il n'avoit pas cru luy devoir repondre, le voyant dans cette mutinerie & si peu capable d'écouter raison.*

3. *D'avoir presté du bled & d'en avoir esté payé en argent.* C'est un des chefs de la deposition du 3. témoin qui est tout à fait merveilleuse, comme si c'estoit une chose defenduë, que de faire charité à un pauvre homme en luy prestant du bled, & si le luy ayant presté, il n'estoit pas libre de recevoir le payement de cette dette, aussi bien en argent qu'en bled.

4. *D'estre demeuré au pres des Moribons sans leur rien dire.* C'est ce que deposent le 3. & le 5. témoin. Mais le 5. ajoûte dans sa resomption : *Que c'estoit sa belle sœur qui se mourroit, que le Sieur Eymere l'avoit souvent visitée* ET EXORTEE' *luy present, & qu'environ une heure avant sa mort, ayant dit les Litanies de la Vierge a genoux, & exhorté ceux qui les sçavoient de les dire aussi, il dit qu'il falloit laisser la malade mourir à plaisir, c'est à dire, en repos.* Et le 5. dit qu'estant entré dans la Chambre de la malade FORT PEU DE TEMPS AVANT QU'ELLE RENDIT L'ESPRIT, *il y avoit trouvé ledit Sieur Eymere à genoux, & que sur ce qu'on luy avoit dit d'aller dire quelque chose de Dieu à la malade, il avoit répondu laissez-la là.* Tout cela fait voir combien est vray ce que le Sieur Eymere a repondu sur cet article : *Qu'il s'est enquis soigneusement des malades de sa Paroisse pour les visiter, & leur donner tous les secours spirituels & mesme temporels sur tout à l'extremité de la vie : qu'ainsi il est tres faux qu'il ait refusé avec impieté & cruauté les secours necessaires aux mourans dans cette extremité : qu'il a suivy les ordres que l'Eglise prescrit dans ces rencontres, leur parlant de temps en temps & peu à chaque fois, & mesurant ses discours à la foyblesse tant du corps, que de l'ame de ces personnes mourantes, selon qu'il est porté dans le rituel romain, qui laisse au jugement & à la prudence du Prestre la conduite qu'il doit tenir vers les moribons : Mais qu'il est vray qu'il ne s'est pas cru obligé d'avoir ègard à l'opinion du vulgaire, qui s'imagine qu'on manque à la charité qu'on doit aux agonisans, si on ne leur crie sans cesse à une maniere importune, & si on ne leur fait de longs discours qu'ils sont incapables d'entendre.*

§. 4. Fausseté de deux accusations dont on a pris sujet d'imputer au Sieur Eymere d'avoir avancé des heresies.

Il n'y a rien de plus frivoles que les 4. premieres accusations que l'on vient de refuter. En voicy de plus importantes, mais qui sont aussi tout a fait calomnieuses.

La 5. est *que le Sieur Eymere a presché que* IESUS-CHRIST *n'estoit pas mort pour tous les hommes.* Il y a 4. témoins qui en parlent, sçavoir les 3. 4. 6. & 8. témoins. Mais la maniere dont ils s'expliquent dans leur resomption fait voir manifestement que ce sont des ignorans, (comme ils le confessent eux mesmes) qui ne sçavent ce qu'ils disent, & qui ont broüillé deux propositions fort differentes, mais que des personnes grossieres peuvent aisement confondre : l'une, *que* I. C. *ne soit pas mort pour tous.* L'autre, *que tous ne reçoivent pas le fruit de la mort de* IESUS-CHRIST.

Car le 4. témoin a dit dans cette resomption ou recolement : *Que le Sieur Eymere expliquant que Dieu n'estoit pas mort pour tous, dit en suitte, que les pecheurs qui ne vouloient pas quitter leurs pechez & qui sont obstinez,* NE RECEVRONT POINT LE FRUIT DE LA MORT DE IESUS-CHRIST, *& que Dieu n'estoit pas mort pour ceux là.*

Ce qui fait voir la verité de ce qu'a repondu le Sieur Eymere : *Qu'il estoit faux & calomnieux, qu'il eust avancé que* I. C. *n'estoit pas mort pour tous les hommes, cette proposition estant contraire à la parole expresse de l'Ecriture, & du Saint Concile de Trente. Bien est-il vray, (& c'est ce qui a donné lieu à la calomnie,) que dans ses instructions il avoit dit, que quoy que* I. C. *fust mort pour tous, neanmoins tous les hommes ne recevoient pas le fruit & le benefice de sa mort : D'où quelques personnes ignorantes confondant ces propositions avoient pû inferer qu'il avançoit que* I. C. *n'estoit pas mort pour tous, ce qui est contraire & éloigné de son sentiment & de qu'il avoit enseigné.*

Interrogatoire. p. 17. 18.

La 6. accusation est. *d'avoir presché, que la Vierge & les Saints n'ont aucun pouvoir, que c'estoit se damner, que de demander leur intercession, & qu'il n'y avoit point de salut si on n'avoit recours à Dieu & à* M. *d'Alet.*

Il n'y a rien de plus extravagant & de moins vray semblable que cette accusation; & neanmoins elle est appuyée du témoignage de trois personnes dans les premieres depositions sur lesquelles ce bon Ecclesiastique a esté si fort tourmenté, & s'est veu à la veille d'estre jugé extraordinairement à Toulouze comme un heretique & un sacrilege. Mais c'est ce qui montre d'avantage la mauvaise foy de son dénonciateur, & de quelle sorte il avoit engagé ces pauvres gens a témoigner ce qu'il luy avoit pleu de leur suggerer, sans qu'ils comprissent ce qu'on leur faisoit dire.

Car y ayant trois témoins qui deposent de ce fait, le 3. le 5. & le 6.

Quand s'eſt venu à la reſomption ou recolement le 3. a dit : *Que pour ce qui eſt de l'interceſſion de la Vierge & des Saints en ce qu'il eſt dit,* dans ſa premiere depoſition qu'on luy venoit de lire, *qu'ils n'ont aucun pouvoir & que c'eſt ſe damner de demander leurs interceſſions* LA verité eſt QU'IL NE LE COMPREND PAS, COMME EN ESTANT INCAPABLE ; *mais qu'il eſt vray que l'ors qu'il fait le Proſne tous les Dimanches, il exhorte tout le Peuple de dire* L'AVE MARIA *, & d'avoir dévotion à la ſainte Vierge.*

Le 4. témoin a dit : *Qu'en ce qui eſt que la ſainte Vierge & les ſaints n'avoient aucun pouvoir,* LA *verité eſt que ledit M. Eymere n'a aucunement parlé de la ſainte Vierge, & qu'au contraire il a exhorté les Dimanches aux Proſnes, d'avoir devotion particuliere à la ſainte Vierge & meſme dans quelques doctrines.*

Et le 6. *Qu'expliquant ſa depoſition en ce qui eſt dit que la ſainte Vierge & les Saints n'ont aucun pouvoir,* LA *verité eſt que ledit M. Eymere dit que ſans l'aide de Dieu, la ſainte Vierge & les Saints n'ont aucun pouvoir : dit auſſi qu'il a ouy que ledit M. Eymere faiſant le Proſne avoit recommandé au peuple la devotion à la ſainte Vierge.*

Mais pour ce ſixiéme témoin, la circonſtance du temps qu'il avoit marqué dans ſa dépoſition faiſoit voir manifeſtemant que c'eſtoit une pure calomnie. Car il avoit dit dans cette premiere depoſition que *c'eſtoit le* 19. *Aouſt de cette année là,* (c'eſt à dire de l'an 1663. *que M. Eymere faiſant la doctrine dans l'Egliſe de Belbiannes, avoit dit devant tout le peuple, que la ſainte Vierge & les Saints n'avoient aucun pouvoir, & qu'il ne falloit point avoir recours a eux ny à leurs interceſſions, & que pour ſe ſauver il falloit avoir recours à Dieu & à M. l'Eveſque d'Alet.* Or comme le Sieur Eymere le fit *Interrogatoi- P. 9.* remarquer lors qu'on l'interrogea ſur cet Article, ce jour du 19. Aouſt en faiſoit voir manifeſtement la fauſſeté, puis qu'il y avoit plus d'un mois qu'il avoit preſenté Requeſte à l'Official pour avoir reparation de ſemblables calomnies touchant l'invocation des Saints que le Sieur Iulien luy imputoit, & que c'eſtoit un des chefs du Monitoire qu'il avoit fait publier audit lieu de Belbiannes & de Quillan. Or y a-t-il rien de plus redicule que de s'imaginer qu'un Vicaire pourſuivant ſon Curé en reparation d'honneur, pour l'avoir accuſé devant ſon Eveſque d'avoir preſché contre l'invocation des Saints, euſt voulu luy meſme ſe condamner & juſtifier ſon accuſateur, en avançant un mois apres devant tout le peuple cette meſme hereſie, qu'il ne faut point avoir recours à l'invocation des Saints.

Il eſt donc viſible que cette accuſation, qui apparemment avoit plus frappé le Parlement de Toulouze & l'avoit le plus prevenu contre ce bon Eccleſiaſtique, eſt une infame calomnie, que ce Curé jaloux & envieux, avoit inſpiré à ces pauvres gens, & qu'ils ont eux

mefmes ruinée, lors qu'ils ont efté ouïs de nouveau fur leurs dépofitions. Mais ce qui a peut eftre donné lieu à ce Curé de l'inventer, eft
une grande & tres importante verité que le S. Eymere reconnoift a-
voir enfeignée pour établir la veritable & folide devotion à la fainte
Vierge & aux SS. & la côfiance raifonnable qu'on peut avoir en leurs
interceffions. Car apres avoir rejetté ce qu'on luy avoit impofé fur
ce fujet, *comme faux & tres calomnieux, il avouë qu'il leur a fouvent* *Interrogatoi- re p. 7.*
prefché, que s'ils fe contentoient de mettre la devotion qu'ils portoient à
la fainte Vierge & aux Saints, en de certaines pratiques exterieures,
comme de porter le Scapulaire, de jeufner les Samedis, de dire tant de
Chappelets, fans fe mettre en peine de changer leur vie fcandaleufe &
criminelle, & de quitter leurs mauvaifes habitudes, ils fe pourroient bien
damner avec une telle devotion.

Il n'en a pas fallu davantage à un efprit ulceré pour en prendre occafion de forger cette impofture horrible, qu'il avoit prefché *que*
c'eft fe damner que de demander l'interceffion à la Vierge & aux Saints.
Et il a pris de mefme fujet de ce que le Sieur Eymere a parlé fouvent
au peuple comme il y eftoit obligé, du refpect, de la reverence & de
la foûmiffion qu'ils devoient avoir pour les ordres de leur Evefque,
de luy imputer malicieufement qu'il avoit dit, *qu'il ne falloit avoir*
recours qu'à Dieu & au Seigneur Evefque d'Alet pour eftre fauvé. Les
témoins mefme que ce Curé avoit gagnez détruifent cette fauffeté,
puis qu'ils reconnoiffent que le Sieur Eymere leur a toûjours recommandé la devotion à la Ste Vierge & aux SS. & qu'il l'a luy mefme pratiquée en leur prefence, lors qu'il luy eftoit libre de ne le pas
faire s'il ne l'euft voulu, comme en difant aupres des malades les
Litanies de la Vierge, & les faifant dire avec luy à ceux qui les
fçavoient.

§. 5. *Refutation de deux autres accufations contre le refpect qu'on doit au tres faint Sacrement.*

Il eft des accufations contre le refpect deu au faint Sacrement,
comme de la precedente touchant le refpect contre l'interceffion
des Saints. Elle porte en foy mefme un caractere de fauffeté qui la
doit faire rejetter d'abord, n'y ayant rien de plus hors d'apparence
que d'attribuer à un Preftre d'une pieté reconnuë & d'une vertu
exemplaire, d'avoir prefché plufieurs fois *que les benedictions avec le*
faint Sacrement eftoient abufives & infames. Cependant il fe trouve
trois témoins : le 3e le 4e & le 5e qui foûtiennent cette fauffeté dans
leurs premieres dépofitions, & qui la foûtiennent dans tous les mefmes termes, ce qui eft une marque de complot. Et deux de ceux-là,
avec le deuxiéme témoin ajoûtent pour fortifier cette accufation :
Que le Sieur Eymere n'avoit point donné la benediction un jour du faint
Sacrement au retour de la Proceffion : ce qui femble confirmer qu'il

avoit pû condamner cette benediction, *comme une chofe abufive &*
infame, comme difent ces témoins, puis que luy mefme ne la vouloit
pas donner.

Mais pour commencer par cette derniere accufation, que nous
appellerons la feptiéme, elle a une forte de malignité qui eft en quelque maniere plus odieufe que celle d'un pur menfonge, qui eft qu'on
y abufe de la verité mefme pour en compofer une impofture, en rai-
fant des circonftances qui rendent entierement innocent celuy
qu'on à voulu rendre coupable, & qui font que tant s'en faut qu'on
puiffe tirer contre luy aucune induction de ce fait, qui rende vray
femblable ce qu'on luy a imputé d'avoir prefché *que c'eftoit une chofe*
abufive & infame de donner la benediction avec le faint Sacrement, que
rien au contraire, ne ruine davantage cette calomnie.

Car ce que difent ces témoins eft veritable, que le Sieur Eymere, un jour de la Fefte du faint Sacrement au retour de la Proceffion
oublia de donner la benediction avec le faint Sacrement. Mais pour
eftre finceres, ils eftoient obligez de ne pas omettre, ce qu'ils ont
reconnu dans le recolement : *Qu'il avoit donné la benediction avec*
le faint Sacrement aux lieux accoûtumez ; qu'il oublia de la donner
eftant de retour à l'Eglife, & qu'il la donna pendant toute l'octave.

Ce qui eft entierement conforme à ce qu'a repondu le Sieur Eymere à cette interrogatoire : *Qu'il avoüoit qu'ayant fait la Procef-*
fion & donné en quatre diverfes ftations la benediction avec le tres-faint
Sacrement ; eftant de retour à l'Eglife, il avoit par inadvertance omis de
donner la benediction au peuple : mais qu'ayant efté averty l'apres-dif-
née de cét oubly, il avoit dit dans le cours de fa doctrine, qu'il eftoit vray
qu'il avoit omis de donner la benediction, qu'il en eftoit dans le regret,
& que les perfonnes qui l'accompagnoient notamment les Preftres, de-
voient avoir la charité de l'en avertir, & en fuitte de la doctrine & à
Vefpres, il donna la benediction avec le tres-faint & tres-adorable Sa-
crement de l'Autel.

Voila donc cette feptiéme accufation tout à fait ruinée, & la ruine
de celle-là emporte celle de la huictiéme, qui eft qu'il ait fouvent
Prefché : *Que la benediction avec le faint Sacrement eftoit une chofe*
abufive & infame. Car quelle apparence qu'il ait parlé de la forte
d'une ceremonie qu'il croyoit fi fainte en foy, qu'il a témoigné publiquement du regret de l'avoir omife une fois par inadvertance, &
qu'il a religieufement pratiquée toutes les fois qu'il l'a pû, felon l'ordre de l'Eglife. Mais fans s'arrefter à cette conjecture, quoy que tres-
forte, cette calomnie fe trouve détruite par les témoins mefme dont
on s'eftoit fervy pour l'appuyer. Car le quatriéme témoin ruine fon
témoignage en difant fur cet article lors que fa depofition luy fut re-
leuë : *Qu'il ne peut pas fe refouvenir en quelle maniere il l'expliqua, &*
que mefme il n'y prit pas garde, ayant efté diftrait & regardant par cy

par là : ce qui eſt inſinuer aſſez clairement que ce qu'il en avoit dit, luy avoit eſté ſuggeré, puis qu'une perſonne qui reconnoiſt n'avoir ouy parler d'une choſe, qu'eſtant diſtrait & regardant de coſté & d'autre, ne ſe ſeroit pas porté de luy meſme à en rendre témoignage ſur ſa part de Paradis, & mettre un Preſtre en danger d'eſtre condamné comme un Sacrilege ſur un rapport ſi temeraire.

Le troiſiéme témoin fait encore davantage. Car il ne dit pas ſeulement, comme le precedent : *Qu'il ne ſe ſouvient pas en quelle manierc le Sieur Eymere avoit expliqué ce qu'il avoit dit touchant la benedi&ction du ſaint Sacrement* : ce qui ſeul rendroit nulle ſa premiere dépoſition, mais il decouvre le fondement de cette impoſture en ajoûtant au recolement : *Qu'il eſt vray qu'autre fois à l'occaſion d'un meurtre qui s'eſtoit fait pendant les Veſpres, & allant à la benedi&ction, il avoit dit dans les do&ctrines ſuivantes, que d'aller à la benedi&ction du ſaint Sacrement ſortant du cabaret & de la débauche, & en cet eſtat, c'eſtoit une choſe abuſive & infame.*

Voila l'origine de cette horrible calomnie bien clairement découverte par ceux meſmes dont on s'eſtoit ſervy pour la publier. On a malicieuſement transferé, comme il a eſté dit, contre la benedi&ction du ſaint Sacrement en elle meſme, ce qui avoit eſté dit par un Eccleſiaſtique tres pieux tant contre une coûtume abuſive de faire ces benedi&ctions trop frequemment & contre l'ordre de l'Egliſe. (Et c'eſt ce qu'il a eu droit d'appeller *une choſe abuſive*) que contre les irreverences que le peuple commettoit devant le S. Sacrement : ce qu'il a eu encore plus de droit d'appeller *une choſe infame*.

Mais tout cela ſe verra encore mieux demeſlé par la réponſe du Sieur Eymere à cet article, que voicy en propres termes.

Interrogé s'il n'eſt pas veritable que dans ſeſdites inſtru&ctions il « *P. 12.* auroit avancé que c'eſtoit un abus de donner la benedi&ction avec le « tres-ſaint Sacrement, & meſme une choſe infame. «

Dénie ledit interrogatoire comme faux & calomnieux. Bien « *P. 13.14.15.* eſt vray qu'il a ſouvent preſché contre l'abus qui eſtoit audit Quillan « *16.* touchant les benedi&ctions & Proceſſions du ſaint Sacrement contre « l'ordre de l'Egliſe, d'autant que le Seigneur Eveſque a eſté contraint « de donner une ordonnance portant deffenſes de faire autres Proceſ- « ſions & expoſitions du ſaint Sacrement, que celles du Rituel Ro- « main, & meſme de deffendre par icelle, les benedi&ctions frequentes « qu'on donnoit avec le tres-ſaint Sacrement tous les Dimanches & « Feſtes principales. Ce qui auroit obligé le repondant faiſant con- « noiſtre la juſtice de cette ordonnance de crier contre l'abus & irre- « verence qu'on commettoit tant aux Proceſſions qu'auſdites bene- « di&ctions. Et ce qui cauſa de parler plus fortement de cet abus & irre- « verence, fut à l'occaſion de deux Confreres, leſquels ſe ſeroient que- « ellez à deux pas du tres-ſaint Sacrement, ſe diſputant le pas à la Pro- «

,, ceſſion le jour de la Feſte-Dieu, & meſme ſe portant le poing contre
,, la joüe l'un de l'autre, peut y avoir environ quatre ou cinq ans. Et
,, une autre fois à pareil jour & en la meſme Proceſſion, deux femmes
,, de condition ſe querellerent auſſi ſur la preſceance, ſe pouſſant l'une
,, l'autre; ce qui cauſa le meſme jour ſur le ſoir des batemens & coup
,, de baſtons qui furent donnez en pleine place. Comme auſſi à raiſon
,, qu'un jour de Dimanche, peut y avoir trois ou quatre ans, deux jeu-
,, nes hommes ſortant du cabaret, apres y avoir paſſé toute l'apreſdi-
,, née & meſme pendant les Veſpres, & allant à la benediction ſelon la
,, coûtume qui eſtoit en ce temps-là audit Quillan; qu'ordinairement
,, on paſſoit les apres-dinées aux cabarets jeux & danſes, & meſme
,, pendant Veſpres, ſe contentans d'aſſiſter à la benediction: Leſdits jeu-
,, nes hômes ſe rencôtrant environ vingt pas de l'Egliſe s'eſtant querel-
,, lez, l'un d'iceux donna un coup de dague à ſon compagnon, duquel
,, coup il mourut une heure apres. Ce qui obligea le repondant de
,, quitter l'office & la benediction pour aſſiſter ledit bleſſé mourant:
,, ce qui cauſa meſme un tres grand trouble dans toute l'Egliſe. Tou-
,, tes leſquelles actions donnerent ſujet au repondant de parler plus
,, fortement de l'abus qu'on faiſoit de ladite benediction, & de dire en
,, propres termes, que c'eſtoit une choſe infame d'aſſiſter & de venir
,, dans cette diſpoſition aux benedictions. Et ce qui peut avoir donné
,, lieu de haine & à ces ſortes d'accuſations qu'on a faites contre le re-
,, pondant, eſt ſans doute à cauſe que ledit Maiſtre Iulien Recteur du-
,, dit Quillan s'eſtoit entierement deſchargé ſur luy pour l'execution
,, & obſervance des ordonnances dudit Seigneur Eveſque touchant la
,, ſanctification des Feſtes; retranchement des benedictions; queſtes
,, aux Confreres avec leurs baſſins eſtant en nombre environ une
,, quinzaine; frequentation des cabarets, jeux de hazard & deffendus,
,, & danſes, notamment Feſtes & Dimanches, & jours de Patron des
,, Confrairies qui ſe faiſoient avec tant de ſcandale & d'impieté, qu'un
,, jour de ſainte Lucie Feſte des Peigneurs de buis, l'un d'eux auroit
,, dit dans la danſe, d'une voix haute & élevée & comme en ſe mo-
,, quant en propres mots (à ſainte Lucie) Et comme le repondant par
,, le deu de ſa charge & par celle que ledit Maiſtre Iullien luy avoit im-
,, poſée s'en déchargeant ſur luy, s'y attachoit fortement & eſtoit
,, obligé de faire la publication deſdites ordonnances, & tenir la main
,, à l'execution d'icelles, il ſe ſeroit rendu odieux à pluſieurs.

§. 6. *Refutation des dernieres accuſations ſur le ſujet de la Con-*
feſſion.

Ces dernieres accuſations ſont les plus malicieuſes & les plus capables ſi on les recevoit legerement de rendre inutiles les meilleurs
Preſtres de l'Egliſe, qu'il ſera toûjours facile de rendre ſuſpects d'a-
voir agy contre le ſecret de la confeſſion, ſi on en croit tout ce qu'en
voudront

voudront dire fans aucune preuve, des perfonnes qu'ils auront mé-
contentées pour ne les avoir pas traitées avec une indulgence pernicieufe. C'eft la fource de ces deux dernieres accufations dont la 9.
eft d'avoir voulu obliger une perfonne qui s'accufoit d'avoir débauché
une fille de la luy nommer & de la luy faire voir.

Mais cette dépofition qui n'eft que du deuxiéme témoin, ne peut
avoir aucun poids, non feulement parce qu'elle n'eft que d'un témoin, ce qui ne fait point de preuve, *teftis unus, teftis nullus* : mais auffi parce que de plus ce témoin ne dépofe pas de fa propre fcience,
mais feulement de ce qu'il dit avoir ouy dire à un autre, ce qui n'eft
point receu en juftice.

Et ainfi ce feroit une injuftice manifefte de ne s'en pas tenir fur ce
point à ce qu'à répondu le Sieur Eymere, *que ce fait eftoit faux &* *p. 12.*
calomnieux, mais qu'il eftoit vray, qu'il auroit demandé aux penitens qui
s'accufoient de quelque peché d'impureté, les circonftances aggravantes ou
changeantes l'efpece, comme fi le complice eft marié ou non; Preftre, Reli-
gieux, ou Confeffeur; Parent & en quel degré; fi la perfonne eft dans la
maifon & chofes femblables neceffaires à fçavoir, pour difcerner l'eftat
veritable du penitent, la grieveté du peché, & la penitence qu'il convient
impofer.

La derniere de ces accufations qui eft la plus horrible de toutes les
calomnies, eft *que le Sieur Eymere ait revelé des confeffions.*

Mais plus ce crime feroit grand s'il l'avoit commis, moins il eft
croyable qu'un Preftre de vertu & de pieté comme luy fe foit rendu
coupable d'un tel Sacrilege. Et l'attache fi grande qu'on luy reproche d'avoir à M. d'Alet, doit encore éloigner de luy davantage ce
foupçon injurieux. Car il n'y a peut eftre point de Prelat en France
qui ait plus de foin d'inftruire fes Preftres de l'importance de ce fecret, & de l'obligation inviolable qu'ils ont de le garder. C'eft donc
une calomnie fans fondement que le demon tafche depuis quelque
temps de répandre dans ce Diocefe, pour ruiner s'il pouvoit tout le
bien que les Confeffeurs y font, en oftant au peuple la confiance qu'il
a en eux, & c'eft en quoy, par la grace de Dieu, il n'a pas fait grand
progrés.

Mais en verité ce qu'il a infpiré à deux ou trois perfonnes, d'imputer à un tres bon Preftre, pour le rendre fufpect de ce crime, eft
trop groffier pour y avoir aucun égard. Ce que dit le deuxiéme témoin que s'eftant plaint en fe confeffant que fa fille fe plaifoit à dan-
fer y eftant portée par une Damoifelle, le Sieur Eymere avoit voulu
voir cette Damoifelle & luy parler, n'eft d'aucune confideration.
Car ce témoin ne l'accufe point d'avoir revelé fa confeffion en parlant d'une chofe dont il ne luy eut pas permis de parler : & ainfi ce
qu'il dit s'accorde fort bien avec l'éclairciffement que le Sieur Eymere a donné de ce fait dans fes réponfes : Sçavoir : *Que ledit Bou-* *p. 23.*

dignon (qui eſt ce deuxiéme témoin) avoit deſiré qu'il diſſuadaſt ſa fille de l'attache & affeStion déreglée qu'elle avoit à la danſe , & qu'il l'a détrompaſt des pretextes dont elle ſe couvroit, ſçavoir du conſeil que luy en avoit donné la fille du Sieur Beſſet. Qu'il luy avoit témoigné avoir ce deſir & agreér que luy répondant en parlaſt à ſa fille en preſence de la Damoiſelle Du Villa, & de la Damoiſelle Beſſet. Qu'il ne ſe ſouvient pas ſi ce fut au ſortir du Confeſſional, qu'il alla chez la Damoiſelle Du Vila pour parler à ſa fille, ny meſme ſi ce fut le meſme jour ; mais qu'il eſt vray qu'il y fut & qu'il parla à cette fille ſelon le deſir de ſon Pere, en preſence des Damoiſelles Du Vila & Beſſet.

Il ne reſte donc plus que deux témoins l'un nommé Fajole & l'autre Chabault, mais qui depoſent de deux faits differens, & eſtant chacun ſinguliers touchant le fait dont ils parlent, ils ne peuvent faire preuve non ſeulement contre un tres bon Preſtre comme eſt le Sieur Eymere , mais contre tout autre , puis que pour convaincre un homme, il faut au moins deux témoins du meſme fait , & que S. Paul a défendu expreſſément de recevoir meſme une accuſation contre un Preſtre , *niſi ſub duobus vel tribus teſtibus.* Que ſi on admettroit ces ſortes de plaintes, il n'y a point d'homme de bien qu'on ne pût faire perir par cette voye. Car on luy fera telle ſuppoſition qu'on voudra, & comme il ne peut rien dire de ce qui s'eſt paſſé dans la confeſſion, il n'aura rien à repliquer à ce qu'on luy oppoſera.

C'eſt pourquoy c'eſt un hazard en cette rencontre qu'on puiſſe parler de ce qui a donné ſujet à ces pretenduës revelations de confeſſions, parce que ce ſont des choſes tout à fait publiques , ce qui fait voir combien ces reproches ſont mal fondez.

Car l'un de ces deux témoins, qui eſt le nommé Chabault pretend que le Sieur Eymere a revelé ſa confeſſion en reprenant la Fajoulaud qui eſtoit ſa fiancée & qui eſt preſentement ſa femme, de s'eſtre mal gouvernée avec luy. Mais cette pretention eſt ridicule n'eſtant fondée que ſur ce qu'il veut faire paſſer pour un ſecret de confeſſion une choſe publique. Car ledit Chabault avoit eſté cité avec ſa fiancé à l'Officialité pour leurs frequentations ſcandaleuſes , & tout le monde ſçavoit le commerce que ces deux perſonnes avoient enſemble. L'evenement a bien fait voir que l'on ne ſe trompoit pas, puis que la Fajoulaud a accouché trois mois apres ſon mariage. Et ainſi le Sieur Eymere n'avoit pas beſoin de la confeſſion de Chabault pour ſçavoir une choſe auſſi publique que celle-là , & de laquelle il avoit eſté averty par le Promoteur d'Alet. C'eſt ce que le Sieur Eymere a repondu & qui le juſtifie invinciblement.

Mais afin qu'une ſi horrible calomnie ſoit detruite ſans reſource , voicy l'atteſtation du Curé de Brenac qui fait voir que les malverſations de Chabaud avec la Fajoulaud ſa fiancée eſtoient publiques long temps avant que ladite Fajoulaud ſe fût confeſſée au Sieur Ey mere, & qu'ainſi il eſt ridicule de luy attribuer d'avoir revelé une confeſſion pour avoir parlé d'une choſe qui eſtoit ſceüe de tout le monde.

Ie ſouſſigné Raymond Bonnet Preſtre & Vicaire perpetuel de «
Brenac au Dioceſe d'Alet, atteſte à tous qu'il appartiendra comme «
Barthelemy Chabaud Chirurgien natif de Carcaſſonne & reſident «
alors à Quilhan, s'eſtant fiancé avec la nommée Ieanne Fajoulaud «
veuve à feu Antoine Iſac du preſent lieu de Brenac environ le mois «
de May ou de Iuin de l'année 1661. Ledit Chabaud ayant differé de «
ſolemniſer le mariage avec ladite Fajoulaud l'auroit neanmoins fre- «
quentée avec tant de privauté qu'il eſtoit le ſcandale de toute la Pa- «
roiſſe, laquelle ne faiſoit pas de difficulté de croire qu'ils malverſoiët «
enſemble, puis qu'ils mangeoient ſeul à ſeul dans la maiſon de ladite «
Fajoulaud, ou meſme dans un petit jardin à elle appartenant, ainſi «
que toute la Parroiſſe la veu, venant tres ſouvent dudit Quilhan au «
preſent lieu, & allant droit à la maiſon de ſadite fiancée, où elle de- «
meuroit ſeule, ou quelque fois avec une fille du voiſinage, vivant ain- «
ſi que mary & femme. Ce qui m'auroit obligé pour m'acquitter de «
mon devoir, & obeïr à la 52. ordonnance Synodale, d'avertir tres «
ſouvent leſdits fiancez, que telles frequentations donnoient ſujet de «
ſcandale à toute la Parroiſſe. Mais tous ces avertiſſemens eſtant inu- «
tiles, j'aurois requis le Sieur Iean Mathelle Baïle du preſent lieu, & «
le Sieur Pierre Bonnaure Conſul & pluſieurs des habitans de m'ac- «
compagner à la maiſon de ladite Fajoulaud, pour l'admoneſter auſſi «
bien que ledit Chabaud de faire ceſſer le ſcandale que telles fre- «
quentations criminelles cauſoient ſur les peines portées par ladite «
ordonnance. Et en effet environ le mois d'Aouſt de l'année 1661. j'y «
aurois fait la premiere monition en preſence des ſus-nommez, tous «
leſquels aurions trouvé & ſurpris ledit Chabaud & ladite Fajoulaud «
ſeuls dans ladite maiſon de ladite Fajoulaud, & luy aurions fait les «
deffenſes ſous les peines en tel cas requiſes. Et lors ledit Chabaud «
au lieu de recevoir avec humilité & ſoûmiſſion ladite monition & «
faire fruit d'icelle en obeïſſant aux ordres de l'Egliſe, nous auroit in- «
ſulté par des paroles aigres & mépriſantes & conduit en criant juſ- «
qu'à la porte de la maiſon preſbyterale. Et continuant ſes frequen- «
tations avec plus de liberté qu'auparavant, voyant que le ſcandale «
s'augmentoit, luy aurois fait la ſeconde monition, & peu de temps «
apres la troiſiéme que nous aurions defferée pardevãt Monſeigneur «
l'Illuſtriſſime Eveſque. Leſquelles monitions leur furent reïterées «
par le Sieur Montamat Preſtre qui ſervit ladite Parroiſſe de Brenac «
en mon abſence en preſence de pluſieurs témoins, le tout ſans aucun «
effet puis qu'ils continuerent leurs frequentations avec tant de pri- «
vauté & de ſcandale, que ladite Fajoulaud en demeura groſſe & s'ac- «
coucha d'un enfant trois mois & treize jours apres ſon mariage «

“ celebré. En foy dequoy ay fait le prefent certificat & figné de ma
“ main & du fieur Mathelle Baïle, & Pierre Bonnaure Conful, prefent
“ à ce Iean la Vigne, Iacques Bonnaure & Bernard Vaffail, qui certi-
“ fient dudit fcandale public, audit Brenac ce fixiéme Decembre 1665.
“ Signé Bonnet. I. Bonnaure, Mathelle Baïle, la Vigne, avec les mar-
“ ques de Bernard Vaffail & de Pierre Bonnaure.

On a auffi produit au Procés l'Extrait du Regiftre des mariages de la
Paroiffe de Brenac, qui fait voir que ces deux perfonnes ne furent mariées que le 8. May 1662. Et celuy des Baptefmes, qui montre qu'il leur
n'acquit un fils trois mois apres, lequel fut baptifé le 23. Aouft de la
mefme année.

p. 29. 30. 31.   Refte l'autre témoin nommé Fajole, mais qui eft encore bien
moins recevable. Car il eft fi peu vray que le fieur Eymere ait revelé fa confeffion touchant fes malverfations avec la fille du Sieur Aubry Chyrurgien de Quillan, que c'eft ce Fajole mefme qui dans la
paffion qu'il avoit d'époufer cette fille, que le Pere ne luy vouloit
point donner, fut trouver le Sieur Eymere hors de la confeffion
pour le prier avec beaucoup d'inftance de découvrir tant à feu M.
d'Angiers grand Vicaire de M. d'Alet, qu'au Sieur Aubry, ce qui
s'eftoit paffé entre luy & cette fille, afin que cela portaft le Pere à la
luy donner en mariage pour couvrir fon honneur : & qu'il fit encore
la mefme priere à deux Preftres de Quillan qui en effet en parlerent
au Sieur Aubry, comme il parroift par les atteftations que ces deux
Preftres en ont donnée en ces termes.

“   L'an 1665. & le 7. jour du mois de Decembre, dans la Ville de
“ Quilhan apres midy, Diocefe d'Alet & Senechauffée de Limoux, re-
“ gnant tres-chreftien Prince Louys par la grace de Dieu Roy de
“ France & de Navarre. En prefence de moy Notaire Royal & des
“ témoins bas nommez ; A efté conftitué en perfonne Mᶜ Iacques
“ Eymere Preftre & Vicaire dudit Quilhan, lequel ayant la prefence
“ de Maiftre Frâçois Saturnin Preftre purgatorié dudit Quilhan, l'a re-
“ quis de luy dire & declarer s'il n'eft point veritable que tant luy que
“ Maiftre Bernard Vignols Preftre & Recteur de Mauri, auroient efté
“ priez de parler au Sieur Pierre Aubry Mᶜ Chyrurgien dudit Quilhan
“ par Maiftre Barthellemy Fajole, juge de Marfa pour difpofer & per-
“ fuader ledit Aubry de donner fa fille Catherine en mariage audit Fa-
“ jole. Et pour les obliger d'employer toutes leurs forces leur auroit
“ avoüé les privautez criminelles & mefmes les malverfations que le-
“ dit Fajole avoit euës avec ladite Catherine Aubry : & s'il n'eft pas
“ veritable qu'ils parlerent audit Aubry & que ce fut en fuite de leur
“ négociation que les annonces furent publiées quelque peu de temps
“ apres ; pour de fa declaration fe pouvoir fervir ou il appartiendra.
“ Ledit Maiftre François Saturin Preftre à dit & répondu & declaré
“ que la verité eft que ledit Fajole l'auroit vifité tres fouvent, avec le-

quel il auroit eu pluſieurs conferences, toutes leſquelles alloient à luy «
dire & le prier d'agir envers ledit Aubry, pour permettre, & con- «
ſentir au mariage dudit Fajole avec ladite Catherine : que ſa con- «
ſcience l'obligeoit à employer tous ſes amis pour obtenir le conſen- «
tement dudit Aubry pere, d'autant qu'il avoit abuſé pluſieurs fois & «
connu charnellement ladite Catherine ſous promeſſe de mariage, «
luy marquant lé jour, lieu & heure deſdites malverſations. Ce que le «
répondant auroit fait, parlant ſouvent audit Aubry, lequel avoit «
une averſion naturelle dudit Fajole. Mais enfin ſe laiſſant perſuader «
aux raiſons du répondant auroit fait donner rendez-vous dans le «
Convent des Peres de ſaint Dominique dudit Quillan, ou ledit Fa- «
jole, Aubry & ledit répondant ſe trouverent, ou il fut conclut ledit «
mariage & conventions d'iceluy. Et peu de jours apres les annonces «
furent publiées, le tout peut y avoir huit ans. Ce qu'il atteſte com- «
me choſe veritable. De laquelle Declaration ledit Sieur Eymere à «
requis acte eſtre retenu pour luy ſervir là où beſoin ſera. Et pour le «
faire ſignifier audit Sieur Vignols Preſtre & Recteur de Maury, pour «
declarer ce qu'il ſçait de tout ce que deſſus, duquel il n'a pû avoir la «
preſence pour le luy faire en perſonne, ce que luy ay accordé, & fait «
en preſence des Sieurs François de Gairaud, & Henry Alverny mar- «
chant dudit Quillan ſous ſignez avec ledit Sieur Eymere & Saturnin «
& moy Notaire requis. Signé Eymere Preſtre, Saturnin De Gairaud, «
Alverny, Roillet Notaire. «

L'an 1665. & le onziéme jour de Decembre. Certifie Ie Iean «
Pierre Arviré dit la Bruguiere Sergent Royal de la Viguerie de «
Caudiés m'eſtre exprés acheminé au lieu de Maury, ou eſtant ay in- «
timé & notifié l'acte cy contre écrit au Sieur Maiſtre Vigniols Pre- «
ſtre & Recteur dudit lieu aux fins y portées. Lequel a répondu eſtre «
tres veritable comme il l'a écrit & ſigné de ſa main, Que le nommé «
Barthellemy Fajole m'a employé pour parler à Pierre Aubry Chy- «
rurgien de Quillan aux fins de luy donner ſa fille en mariage, m'ayant «
aſſeuré qu'il ne recherchoit à épouſer cette fille que pour la déchar- «
ge de ſa conſcience, diſant qu'il avoit malverſé & connu charnelle- «
ment cette fille ſous pretexte de mariage, m'ayant marqué les lieux «
& endroits ou il avoit ſouvent abuſé d'icelle, & que j'avois toûjours «
connu que le nommé Aubry Chyrurgien avoit grande averſion pour «
ledit Fajole. Ce que luy ayant fait connoiſtre, il ſe ſervit apres du «
Sieur Saturnin pour negotier ledit mariage, auquel comme à moy il a «
dit en diſcours toutes les honteuſes familiaritez qu'il avoit euës avec «
ladite fille de Pierre Aubry, afin de l'obliger à luy donner ſa fil- «
le. Et enfin j'ay veu que ce mariage dudit Fajole s'eſt accom- «
ply avec ladite Aubry. Fait à Maury l'an & jour que ſuſdit. «
En foy dequoy me ſuis ſigné, Ainſi ſigné. «
    Vignols Preſtre. R: de M. «

On voit par fes actes que c'eft une extréme impudence à ce Bar_
thellemy Fajole de fe plaindre qu'on a fceu par la revelation du fecret de fa confeffion, ce qu'il a dit luy mefme à tous ceux qui l'ont
voulu fçavoir, & ce qu'il croyoit eftre de fon intereft que l'on fçeuft
pour engager le Pere à ne pas laiffer fa fille des-honorée.

Mais ce qui eft encore plus étrange, eft que ce mefme Fajole a demandé pardon à genoux au Sr Eymere devant plufieurs témoins,
d'avoir publié contre luy cette calomnie. De forte que c'eft une effronterie infupportable de l'avoir ofé encore apres cela avancer devant la juftice. Mais on fçait auffi qu'il n'y a efté porté, comme il l'a
dit luy mefme à quelques uns de fes amis, que parce qu'il doit de l'argent au Sieur Iulien Curé de Quillan, qui l'a menacé de le luy faire
payer fans aucun delay, & avec toute forte de rigueur, s'il ne dépo-
foit contre le Sieur Eymere.

Voila toutes les accufations comprifes dans cette information,
dont la malice & l'envie ont tafché de noircir la reputation d'un Preftre tres vertueux, & d'une vie irreprochable. On n'en a omis aucune, ny negligé aucun des témoins dont on s'eft fervi pour les appuyer. Et ainfi on efpere que tous ceux qui liront cette juftification
feront pleinement perfuadez de trois chofes.

L'une que le Curé de Quillan eft un manifefte calomniateur.

L'autre que la vertu de fon Vicaire s'eft trouvée hors d'atteinte à fes médifances.

Et la derniere que les Gentilshommes Syndiquez ne peuvent recevoir que de la confufion d'avoir formé les principales de leurs
plaintes fur de fi groffieres impoftures.

§. 7. *Refutation des moyens d'abus propofez par le Curé de Quillan
tant contre la Sentence qui l'a declaré fufpens, que contre celle qui
a efté renduë fur le fujet du Sieur Eymere.*

Il ne refte plus pour donner un éclairciffement entier à toute cette
affaire, que de refuter en peu de mots les 4. moyens d'abus que le
Sieur Iulien Curé de Quillan a propofez dans fon relief d'Appel au
Parlement de Toulouze tant contre fon interdiction, que contre ce
qui avoit efté ordonné par l'Official d'Alet fur le fujet du Sieur Eymere. Et c'eft ce qui fera bien facile.

Le 1. eft que la Sentence de l'Official par laquelle il a ordonné
que l'inquifition commencée fera continuée à efté donnée fans aucune partie legitime, parce que M. le Procureur General du Parlement de Toulouze, qui eftoit feule partie, (à ce qu'il pretend) n'y a
pas efté appellé. Mais ce premier moyen eft infoutenable, car les
accufations pour lefquelles on avoit décretté contre le Sieur Eymere eftant abfolument les mefmes, que celle que ce Curé avoit formées contre luy, & cette caufe ayant efté renvoyée par le Roy à

l'Official d'Alet conjointement avec le Lieutenant Criminel du Senechal de Limoux, on ne pouvoit pas s'empefcher de joindre ces deux inftances. Et c'eft une pretention tout à fait ridicule de dire que M. le Procureur General y fut feule partie. Car dés lors qu'elle avoit efté renvoyée au tribunal Ecclefiaftique, ce n'eftoit plus M. le Procureur General, mais le Promoteur qui en eftoit la partie crinelle & principale, comme devant le Lieutenant Criminel de la Sechauffée de Limoux, c'eftoit le Subftitut du Procureur General en ladite Senechauffée : & ainfi ce premier moyen eft tout à fait abfurde.

Le 2. eft qu'on à joint les 2. Inftances, fçavoir celle où luy Curé eftoit pleignant devant l'Official, & celle qui avoit efté renvoyée audit Official par Arreft du Confeil en laquelle il dit qu'il ne pouvoit y avoir d'autre partie que M. le Procureur General. A quoy il ajoûte que l'abus a efté d'autant plus enorme, que l'Official l'a rendu feul partie en cette inftance. Ce n'eft qu'entaffer impertinence fur impertinences. L'Official n'a pû fans une injuftice manifefte refufer la jonction de deux inftances, qui eftoient la mefme au regard de l'accufé, ne s'agiffant dans toutes les deux que des mefme faits. C'eft une folie de dire que M. le Procureur General devoit eftre appellé, puifque le Roy ayant renvoyé cette affaire pour le cas privilegié au Senechal de Limoux, ce n'eftoit plus à luy, mais à fon Subftitut en ce Siege à y prendre des Conclufions. Et enfin il n'eft pas vray qn'on ait rendu ledit Curé feul partie, puifque le Promoteur eftoit en caufe.

Le 3. moyen d'abus regarde la Sétence par laquelle on la declaré fufpens pour avoir negligé d'obferver les Canons, & l'ordonance de M. l'Evefque qui defend les danfes aux Feftes Annuelles & Solemnelles, & ordonne que fi ce fcandale arrive, les Curéz ceffent l'Office divin, fous peine, s'ils ne le font, d'encourir, *ipfo facto*, la fufpenfion de leurs ordres. Il n'ofe par nier que ce defordre ne foit arrivé dans fa Parroiffe aux Feftes de l'Afcenfion & de la Pentecofte, mais il dit tres fauffement qu'il ne l'a pas fceu ; & ne s'arreftant pas à cette réponfe, parce qu'il fçait bien qu'il pourroit eftre facilement convaincu du contraire, comme il a efté verifié par une enquefte, il fonde fon moyen d'abus fur le droit qu'il pretend avoir eu de ne pas obferver l'ordonnance de fon Evefque, qu'il accufe affez ouvertement d'eftre indifcret, comme defendant des recreations honneftes telles que font les danfes hors les temps des divins Offices. Il ne faut plus parler de difcipline fi on fouffre cette licence. L'ordonnance Synodale n'a jamais efté conteftée. Les danfes y font defenduës en ces Feftes là tout le jour, & non feulement aux temps des divins Offices. Il y en a une pareille au Diocefe de Narbonne qui a efté authorifée par un Arreft du Parlement de Toulouze. Mais il fied bien à ce Curé de fe rendre le protecteur d'une licence fi in-

digne de Chreftiens & fi contraire à la fanctification des Feftes comme faint Charles l'a montré par un Livre exprès imprimé à Paris depuis 3. ans. Il y a bien d'autres defordres qu'il feroit difpofé à ne
reprimer en aucune forte : Mais on ne s'arrefte pas davantage fur ce
fujet, parce qu'on en doit parler plus au long dans l'éclairciffement
fuivant.

Le 4. moyen d'abus eft que le Sr Eymere eftant prevenu, dit-il,
d'herefie & de facrilege pour avoir revelé les Confeffions, il a efté
commis par M. l'Evefque d'Alet pour faire les fonctions Curiales
dans l'Eglife de ce Curé : ce qu'il pretend eftre contraire aux Saints
Decrets qui voudroient que le Sieur Eymere s'abftint de toute fonction Ecclefiaftique jufqu'à ce qu'il fe fuft purgé. Cela pourroit
eftre vray, lors qu'un homme, outre qu'il eft accufé a encore mauvais bruit *,malam famam*, & qu'il paffe pour à demy convaincu dans
l'efprit des gens de bien, mais cela feroit au contraire tres injufte &
tres pernicieux à l'Eglife, quand la mauvaife reputation eft du cofté
de l'accufateur, & la bonne du cofté de l'accufé & que l'un paffe
dans l'efprit de la plus part du monde pour un calomniateur paffionné, & l'autre pour un innocent perfecuté ; Autrement il n'y auroit
qu'à fufciter des procez Criminels aux meilleurs Ecclefiaftiques pour
les rendre inutiles à l'Eglife. Le Sieur Eymere a toûjours efté regardé par tout ce qu'il y a de gens de bien dans le Diocefe, comme
un tres bon Preftre à qui on a imputé des chofes faufes par une malignité diabolique. Il n'a efté ny fufpendu ny interdit, & lors mefme
qu'il eftoit prifonnier à Toulouze, il a toûjours dit la Meffe dans
la Conciergerie, par la permiffion des Vicaires Generaux, au veu
& fceu de Meffieurs du Parlement.

Et maintenant que cette affaire eft encore plus éclaircie, fous pretexte que depuis l'anné 1663. on empefche par des chicanes
qu'elle ne foit entierement terminée, il faudra qu'un tres excellent
Directeur des ames demeure inutile dans la grande neceffité que le
Diocefe a d'ouvriers. C'eft ce qu'on n'a pas cru raifonnable, & côme
il n'eftoit point fufpendu de fes fonctions, on les luy laiffe continuer
librement, mais fans aucun affectation, puis qu'il n'eft dans cette Parroiffe, que comme il y eft de puis neuf ans, en qualité de Vicaire.

La confequence qu'on doit tirer pour la caufe de la Nobleffe de
cet Eclairciffement touchant la perfonne de ces deux Preftres, dont
l'un eft tres étroitement uny à ces Gentilshommes revoltez, & l'autre eft parfaitement foumis aux ordres de fon Evefque, eft qu'il
n'eft pas difficile de juger par là, quel eft l'efprit de ces deux partis
oppofez, & d'en conclure, qu'il y a d'un cofté autant de zele pour
la gloire de Dieu & pour le falut des ames, qu'il y a de l'autre d'in-
clination à toutes fortes de dereglemens & d'oppofition à tout le
bon ordre & à toute la difcipline.

§. 8. *Refutation*

§. 8. *Refutation d'une continuation d'information nouvellement produite par le Sieur Iulien Curé de Quillan.*

On n'avoit point ouy parler jufqu'à cette heure d'une continuation d'information qui a efté remife fans fignature & par fimple copie, à M. Boucherat par le Sʳ Barbot Avocat du Sʳ Iullien Curé de Quillan, pour porter fa Majefté à l'exempter de payer la rétribution au Sieur Eymere. Cette piece eftant informe & fans foy, on auroit pû fe difpenfer d'y rien répondre. Mais il eft avantageux pour l'éclairciffement de la verité, d'y faire quelques remarques, qui découvriront de plus en plus, la mauvaife foy de ce Curé, & l'innocence de fon Vicaire.

1. Il paroift par la remife qu'il a faite de ces informations, qu'il en a l'original entre les mains, puis qu'il en produit des copies, & qu'il eft certain que cet original n'a jamais efté remis au Parlement de Toulouze. Car s'il y avoit efté, il auroit efté rapporté à l'Officialité d'Alet, & à la Senechauffée de Limoux comme les autres pieces.

2. Il paroift encore, que c'eft ce Curé jaloux & paffionné, qui a fufcité cette perfecution à ce bon Preftre fous le nom de M. le Procureur General, & qu'ainfi il a encouru les peines des Canons, pour avoir pourfuivy un Preftre devant des Magiftrats feculiers.

3. Et enfin qu'on ne peut plus douter que l'Official d'Alet, n'ait eu tres grande raifon de joindre l'inftance pendante devant luy entre ce Curé & le Sieur Eymere, à celle qui portoit le nom de M. le Procureur General, & qui avoit efté renvoyée à l'Officialité par Arreft du Confeil, puis qu'il ne s'y agiffoit pas feulement des mefmes faits, mais que dans la verité, c'eftoit la mefme partie.

4. Il a fait ouïr 48. témoins dans cette continuation d'information. Et c'eft ce qui fait voir davantage la confpiration & la cabale, parce qu'entre un fi grand nombre de témoins, il n'y en a aucun d'entre les honneftes gens de la ville de Quillan, mais que ce font toutes perfonnes, ou entierement incapables de depofer fur des matieres de doctrine dont elles fe font voulu méler de parler, ou mefme peu reglées, & qui ne peuvent fouffrir la vertu de ce bon Preftre, qui leur paroift auftere & rude, parce qu'il ne fçauroit voir de defordres fans les reprendre.

5. Ce qui fait voir encore cette cabale, eft qu'il y a de certaines chofes qui font rapportées par un tres grand nombre de ces témoins prefque en mefme termes quoy que ce foient des faits & non des paroles qu'ils rapportent, & avec la mefme omiffion frauduleufe des circonftances, qui auroit ofté tout le venin du pretendu crime qu'on à voulu faire au Sieur Eymere, ce qui montre qu'ils n'ont dit que ce qui leur à efté fuggeré. Il y a par exemple 18. témoins qui difent : Que le jour & fefte du Corpus, en l'année 1661. *ledit Eymere*

à la fin de la Proceßion du S. Sacrement, ne donna point la benediction d'iceluy, ce qui eſt contre l'ordre de l'Egliſe, ce qui fit que le monde fut fort ſurpris & ſcandaliſé. Ils font tous cette reflexion *que le monde fut ſçandaliſé*, & ils omettent tous malicieuſement, ce qui a eſté reconnu par les témoins de la premiere information lors qu'ils furent recolez, que dans cette meſme Proceßion, il avoit donné qnatre fois la benediction avec le S. Sacrement à 4. differens repoſoirs, & qu'il l'avoit encore donnée apres Veſpres, & pendant toute l'octave, ce qui faiſoit voir que ce ne pouvoit avoir eſté qu'un pur oubly, de ce qu'il avoit omis de la donner à la fin de la Proceßion.

6. Apres un déguiſement ſi malicieux qui eſt commun à tant de témoins, peut on ajoûter quelque foy ſur ce qu'il diſent ſur les accuſations déja ruinées dans la reponſe à la premiere information, touchant la Benediction du S. Sacrement, comme eſtant une choſe abuſive & infame ; touchant la mort de IESUS-CHRIST pour tous ; touchant l'invocation de la Vierge & des Saints ; touchant laſſiſtance des Moribonds, qui ſont tous points ſur leſquels on a fait voir, ou la malice, ou l'impertinance de ces témoins, qui ont confondu par une ignorance groſſiere des propoſitions tres Catholiques avec des propoſitions heretiques, comme on l'a fait voir cy deſſus : ou qui s'imaginent qu'on n'aſſiſte bien les mourans, qu'en criant inceſſamment à leurs oreilles, au lieu qu'il eſt important de ne leur dire que ce qu'ils peuvent porter, & leur laiſſer le temps d'y penſer, & ce pendant lever les mains au Ciel, pour leur obtenir les graces dont ils ont beſoin en cet eſtat.

7 Il n'y a rien auſſi de moins croyable, que ce que veut faire croire ce Curé ſur la depoſition de deux filles ignorantes dont l'une a eſté autrefois de mauvaiſe vie, que le Sieur Eymere eſt Lutherien, parce que ces filles depoſent luy avoit ouy dire à un malade, qu'il luy apportoit noſtre Seigneur, mais d'une maniere bien differente dans un morceau de pain. On voit aſſez que ce diſcours n'eſt pas vrayſemblable & qu'il faut qu'il y ait quelque choſe de mal rapporté. Et ainſi il n'y auroit rien de plus contraire au bon ſens & à l'équité, que de fonder une accuſation ſi attroce ſur la memoire de deux filles, puis que dans ces matieres, il ne faut que le changement, ou l'omiſſion d'un mot, pour changer en hereſie, vne verité Catholique. Car le Sieur Eymere peut avoir dit qu'il luy apportoit noſtre Seigneur ſous l'apparance d'un morceau de pain, & ces filles ayant eſté plus frappées de ces derniers mots, que du reſte, peuvent avoir oublié le mot *d'apparence*, & s'eſtre imaginées qu'il avoit dit, qu'il apportoit noſtre Seigneur, ſous un morceau de pain.

8. Il y a beaucoup d'autres choſes rapportées par ces témoins, qui ſont ou tout à fait fauſſes, ou qu'on a au moins beaucoup aigries : comme quand une femme depoſe, qu'il luy a dit qu'elle commettoit

un peché de faire l'aumofne aux Capucins & qu'elle eftoit damnée. Le Sieur Eymere peut luy avoir confeillé de faire plûtoft l'aumône aux Religieux & aux pauvres du Diocefe, qu'aux Capucins qui n'en font pas, & qui n'ufent de la liberté qu'ils prennent d'y venir quefter que pour décrier la conduite de M. d'Alet, comme on le fera voir en un autre endroit. Mais c'eft une fauffeté ridicule de luy impofer d'avoir dit qu'elle eftoit damnée pour avoir fait cette aumône. Il en eft de mefme de ce que deux filles rapportant, que les filles ne devoient point hanter les hommes, & que la fainte Vierge euft peché fi elle les eut hantez. Qui ne voit que c'eft un mauvais tour que l'on donne à une exhortation tres fainte, qui a pû eftre appuyée de l'exemple de la fainte Vierge, qui a fuy, felon faint Ambroife la converfation des hommes, à moins que la charité ou la neceffité ne l'y engageaft : d'où ces filles ignorantes auront forgé ce qu'elles rapportent.

9. La paffion du Curé de Quillan, qui a produit ces témoins paroift clairement, en ce qu'il fait des crimes au Sieur Eymere des chofes qui font de pur accident : comme de ce qu'une femme mourante ayant cõmunié, & perfonne ne s'eftant douté qu'elle n'euft pas confumé l'hoftie, elle fortit de fa bouche quelque temps apres, le Sieur Eymere eftant retourné à l'Eglife; comme auffi de qu'il s'eftoit répandu quelque chofe de l'ablution par quelque hazard dont le Sᵣ Eymere pourroit feul donner l'éclairciffement. Mais la malice avec laquelle le 9. témoin propofe cet accident, eft tout à fait confiderable. Car voicy comme il en parle: *Dit encore le depofant qu'entendant la Meffe du Sieur Eymere, il vit comme apres l'élevation du Saint Sacrement ledit Sieur Eymere renverfa le Calice de telle façon qu'il verfa jufqu'au marchepied, qu'il frota apres avec le linge dont les Preftres ont accouftumé de frotter le Calice, ne fçachant s'il le fit expres ou par mégarde.* Que pourroit on juger autre chofe en ne lifant que cette depofition, finon que ce fut le fang de I. C. qui fut répandu, & qu'on peut douter fi ce ne fût point expres, que le Sieur Eymere le répandit, ce qui eft une calomnie horible. Car il paroift clairement par la depofition de trois autres témoins, le 18. le 21 & le 46. que cet épanchement de ce qui eftoit dans le Calice n'arriva qu'apres la Communion, & qu'ainfi ce ne fut que le vin de l'ablution qui fut répandu, & non le fang de I. C. & qu'il eft impertinent de s'imaginer que cela puiffe eftre arrivé autrement que par mégarde.

10. Il y a d'autres faits qui dependent de circonftances particulieres, felon lefquelles ce qu'on reproche à ce Preftre, à pû eftre bon ou mauvais, comme ce que quelques témoins difent de quelques ais emportez, que le Curé de Quillan a pretendu luy appartenir, quoy que le Vicaire ait foûtenu le contraire : d'un malade qu'ils difent avoir efté rudement traitté par le fieur Eymere : d'un garçon

qu'on dit avoir efté entérré trop toft, & de quelques entretiens fecrets de la Confeffion fur lefquels on n'a pû faire interroger perfonne devant des Iuges Laïques fans une prophanation du Sacrement
qui meriteroit qu'on punit exemplairement ce Curé.

11. Il y a d'autres accufations qui font fi frivoles, que c'eft une
honte qu'on ait ofé les propofer, comme que fon Manipule eftoit
une fois tombé de fon bras au commencement de la Meffe : qu'il
avoit dit Complies fans Eftole, & fans autre lumiere que celle de la
lampe, ou qu'il avoit fait une Proceffion fans pluvial, a quoy on
a déja repondu.

12. Mais l'ignorance de fon accufateur eftant égale à fa malice, il
luy a fait reprocher comme des crimes de tres bonnes chofes &
pour lefquelles il ne merite que des loüanges, comme de n'avoir
pas voulu fouffrir une fuperftition qu'ont les filles de ce pays-là, qui
s'imaginent qu'ayant jeûné les Samedis 7 ans durant, & ayant efté
à l'Offrande toutes les Feftes de l'Annonciation , elles doivent
la 7 année offrir un papier plein de 7. gatteaux, & fept chandelles
à l'entour, moyennant quoy elles s'affeurent qu'elles feront bien
pourveües. Il paroift par le 27. témoin que c'eft ce que le Sieur Eymere a empefché , n'ayant voulu recevoir à l'Offrande qu'un feul
gafteau : & c'eft ce que le Curé de Quillan luy fait reprocher comme un cas Privilegié, pour lequel il euft deu eftre abandonné à la
Iuftice feculiere.

13. C'eft dans le mefme aveuglement, qu'il l'a fait accufer par 4.
témoins, d'avoir dit qu'il falloit confiderer M. d'Alet comme Iesus-
Christ : ce qu'on ne peut condamner, qu'en condamnant I. C.
mefme , qui a dit des Evefques en la perfonne des Apoftres : *Qui
vous reçoit, me reçoit, & qui vous écoute, m'écoute* : qu'en condamnant S. Paul qui loüe les Galates de l'avoir receu non feulement
comme un Ange du Ciel , mais comme I. C. mefme : *Sicut Ange-
lum Dei exceptiftis me, ficut Chriftum Iefum*. Mais ce que cette accufation fait voir , eft que le Curé de Quillan à tellement tâché d'in-
fpirer à ceux qui font de fa cabale, le mépris des ordonnances de M.
d'Alet, qu'il leur a fait prendre pour des paroles criminelles, ce
que fon Vicaire leur a dit pour leur faire rendre à ce Prelat, le réf-
pect & l'obeiffance qu'ils luy doivent.

14. C'eft dans le mefme aveuglement, qu'il l'a fait accufer, comme d'une erreur, d'avoir dit qu'on ne fe peut fauver fans faire la communion. Car il eft affez vifible qu'il n'a pû parler de la forte, que
pour reveiller de leur affoupiffement mortel ceux qui ne font aucun
effort pour fortir des pechez qui les rendent indignes de la fainte
communion, fuivant ces paroles de Iesus-Christ, *Si vous ne man-
gez la chair du fils de l'homme, vous n'aurez point la vie en vous*, parce
qu'encore qu'il ne foit pas abfolument neceffaire de recevoir actuel-

lement la communion pour estre sauvé, lors que ce sont des obstacles étrangers & involontaires qui nous empéchent de la recevoir ; il est toutefois necessaire de la recevoir au moins *in voto*, comme parlent les Theologiens ; & par consequent d'oster les obstacles volontaires qui nous empeschent de communier, tels que sont les pechez mortels dans lesquels on persevere, & qu'on ne veut point expier par la penitence. Et ainsi c'est avec tres grande raison que le Sieur Eymere a pû dire à ces personnes, qu'il leur estoit impossible de se sauver sans faire la communion, comme les Peres ont toûjours dit aux Catechumenes, qui differoient leur Baptéme pour mener une vie licentieuse, qu'ils ne pouvoient estre sauvez sans estre baptisez, quoy qu'ils pussent estre sauvez quand leur volonté estant parfaitement convertie à Dieu, ils ne manquoient de recevoir le baptéme que par une impossibilité, à laquelle leur volonté n'avoit point de part.

15. C'est dans le mesme aveuglement, qu'il a fait déposer par une fille, qu'ayant rapporté au Sr Eymere en se confessant, qu'un tres méchant Curé cousin germain du Sieur de Rasiguieres, qui depuis a esté deposé pour ses crimes, l'avoit sollicitée de faire du mal, quoy qu'elle n'y eust pas consenty, il l'avoit portée à rapporter à M. d'Alet ce qui luy estoit arrivé. Qui a-t il dans cette conduite qui ne soit tres saint & tres legitime? Est-ce qu'on doit souffrir que de méchans Prestres abusans de leur ministere tendent des embûches à la chasteté des femmes? Ne doit-on pas autant qu'on le peut arrester un si abominable desordre, & le peut on autrement, qu'en leur faisant leur Procés ; & leur peut-on faire leur Procés sans témoins qui deposent de leurs infamies? Si cette femme avoit fait du mal avec ce Curé, il luy auroit esté plus penible de se découvrir, mais ayant resisté à son desir brutal, le conseil que luy donnoit son confesseur, n'estoit-il pas d'une part assez facile, & de l'autre tres-important, puis que c'estoit une fort bonne œuvre, que de contribuer à faire punir ce detestable Curé.

16. Le plus subtil venin de la calomnie du Sieur Iullien contre le Sieur Eymere, a esté de le faire soupçonner de reveler les confessions. On a déja fait voir avec combien de fausseté, il luy avoit imputé ce crime dans la premiere information. Ce qu'il a fait dire dans cette continuation n'est pas moins foible. Il y a quatre témoins qui l'en accusent, le huitiéme dit que le Sieur Eymere luy ayant differé l'absolution, à cause d'un témoignage que tout le monde sçavoit qu'il avoit rendu, que l'on disoit estre faux, & que luy, soûtenoit estre veritable il luy avoit dit une autre fois qu'il le revit, que s'estant enquis de ce témoignage, on l'avoit asseuré qu'il estoit faux. Ce témoin dit sur cela qu'on avoit revelé sa confession ce qui est ridicule. Car une chose estant aussi publique, qu'un témoignage rendu de-

vant le juge, ſi le Confeſſeur à de violens ſoupçons que ce témoignage ſoit faux, pourquoy luy ſeroit il defendu de s'en enquerir ? Et comment peut-on dire qu'il revele en cela la confeſſion, puis qu'on ſuppoſe qu'il ſçavoit avant la confeſſion que ce témoignage eſtoit rendu, & qu'il n'a beſoin que de cette connoiſſance, pour s'enquerir d'une verité importante au ſalut de celuy qu'il confeſſe ? Quand il ſeroit donc vray que la choſe ſe feroit paſſée ; comme le dit ce témoin, dequoy il y a ſujet de douter, il n'y auroit rien qui pût faire dire, qu'on eût violé le Sceau de la confeſſion.

17. Le 20. témoin qui eſt une femme, l'accuſe encore avec plus de malice d'avoir revelé ſa confeſſion, quoy qu'elle faſſe voir en meſme temps, qu'elle n'a nulle raiſon de le ſuppoſer. Car elle dit que ſon Oncle l'ayant envoyée travailler à ſa vigne le jour de ſaint Michel, ce qui luy avoit fait perdre la Meſſe, elle s'en eſtoit accuſée au Sr Eymere, & que *deux jours apres ſon Oncle fut condamné à payer trente ſols à l'Oeuvre de l'Egliſe pour la faute commiſe par la dépoſante, ou pour du vin que ſondit Oncle avoit vendu un jour de Feſte.* Voila une plaiſante dépoſition qui ſe détruit manifeſtement elle meſme. Car cette femme reconnoiſt par ces dernieres paroles, que ſon Oncle avoit fait une choſe pour laquelle il avoit pû eſtre condamné à payer ces 30. ſols. Quelle malice donc de ſuppoſer en meſme temps ſans raiſon, que ç'a eſté pour une faute dont elle s'eſtoit confeſſée ? N'eſt-ce pas une choſe horrible qu'on ait entrepris de rendre un Preſtre tres vertueux, ſuſpect d'un auſſi grand crime, qu'eſt le violement du Sceau de la confeſſion par des témoignages de cette nature, qui portent leur reproche avec eux, & qui ne ſont que des preuves de la paſſion maligne de celuy qui les employe pour opprimer ſon Confrere.

18. C'eſt dans ce meſme deſſein que ne s'eſtant pas contenté d'avoir fait ouïr le nommé Chabaud pour appuyer cette meſme calomnie, que le Sieur Eymere reveloit les confeſſions, ce qui a eſté invinciblement refuté dans la réponſe qu'on y a faite, il a fait oüir dans cette ſeconde la Fajoulaud ſa femme, qui dépoſe avec une impudence extréme, que le Sieur Eymere ayant refuſé de la confeſſer, parce qu'elle s'eſtoit abandonnée à Chabaud ſon fiancé, elle luy avoit répondu que cela n'eſtoit pas verirable, & que le Sieur Eymere le luy avoit ſoutenu comme l'ayant appris dudit Chabaud : ce qui l'ayant fort fâchée, elle s'eſtoit retirée, & ayant rencontré ſon fiancé, à qui elle s'eſtoit plainte de ce qu'il avoit dit d'elle, il luy avoit avoüé qu'il l'avoit dit en confeſſion au Sieur Eymere, ne croyant pas qu'il revelaſt le Sceau de la confeſſion. On a déja fait voir combien cette impoſture eſt indigne de creance, puis qu'on a montré par des actes autentiques, que les frequentations ſcandaleuſes de Chabaud avec cette femme, qui n'eſtoit alors que ſa fiancée eſtoient publiques & connuës de tout le monde, & qu'ainſi c'eſt ſans

fondement qu'ils ont voulu attribuer la connoiffance que le Sieur Eymere en avoit comme les autres par le bruit commun & par les avis que le Promoteur luy en avoit donnez, à la confeffion de Chabaud : mais il faut un étrange aveuglement pour avoir crû que le témoignage de cette femme donneroit quelque nouveau poids à cette infigne calomnie. Car pour croire un témoin, fur tout dans une chofe auffi difficile à croire, comme eft le violement du Sceau de la confeffion dont on accufe un homme de bien, il faut eftre perfuadé qu'il a de la confcience, & qu'il ne voudroit pas mentir. Et ainfi comment cette femme ofe t'elle pretendre qu'on l'a doit croire, lors qu'elle feule témoigne qu'un Preftre vertueux luy a revelé une confeffion, puis que ce témoignage ne fubfifte que fur l'aveu d'une chofe qui la rend indigne de toute créance, qui eft que non feulement elle avoit eu affez peu de confcience pour s'abandonner au peché; mais que pour ajoûter crime fur crime, elle avoit menty au S. Efprit, en niant, par un horrible Sacrilege, à celuy qui luy tenoit la place de Dieu, & à qui elle feignoit de s'addreffer pour luy découvrir comme à Dieu toutes les playes de fon ame, qu'elle euft commis le peché mefme pour lequel principalement elle eftoit obligée d'avoir recours au remede de la penitence. Si une perfonne avoit efté convaincuë en juftice d'eftre faux témoin, ce feroit un reproche qui rendroit fufpect tout ce qu'il voudroit dépofer. Celle-cy n'a pas befoin qu'on la convainque en juftice d'eftre une menteufe. Elle mefme fe convainc, non d'un fimple faux témoignage, mais d'un menfonge facrilege ; elle mefme s'en vante, & le prend pour fondement de fa dépofition. Et ainfi c'eft comme fi elle difoit : Je merite bien que l'on me croye en ce que je dis du Sieur Eymere, puis que je dis en mefme temps que j'ay menty impudemment au Sieur Eymere. Et ma fincerité ne doit pas eftre fufpecte, puis que j'en ay donné des preuves par le déguifement criminel que je reconnois avoir commis.

19. Ce procedé fi plein d'impudence de la Fajoulaud, fait affez connoiftre, que n'y ayant point d'apparence qu'une perfonne fe portaft d'elle mefme à fe diffamer de cette forte, il faut qu'elle y ait efté engagée par une fuggeftion bien violente. Et c'eft ce qui doit auffi eftre arrivé au dernier témoin, qui veut que le Sieur Eymere ait découvert devant fa femme, qu'il avoit efté manger des raifins dans une vigne : ce qu'il pretend qu'il ne fçavoit que par fa confeffion. Si le Sᵉ Eymere eftoit prefent il éclairciroit ce fait, & il montreroit fans doute, ou qu'il n'a point parlé de ce dont on dit qu'il a parlé, ou qu'il l'a fçeu par d'autres voyes que par la confeffion. Cependant ce qu'on peut dire en general, eft que ce témoin eftant fingulier, & fur un cas important, ne peut faire aucune preuve en juftice, & que la

condition d'un bon Preſtre ſeroit bien malheureuſe, ſi lors meſme
que ſa vertu eſt plus exemplaire, & qu'il édifie le plus tous les gens de
bien par ſa conduite, il eſtoit au pouvoir de quelques perſonnes de-
reglées, que ſa fermeté à ne point ſouffrir leurs deſordres avoit rendus ſes ennemis, de le perdre de reputation & d'honneur en ſuppo-
ſant ce qu'ils voudroient qu'il leur auroit dit, ou qu'ils luy auroient dit
en confeſſion. Car comme les Preſtres n'en peuvent parler, la calomnie les peut attaquer impunement ſur cét endroit, parce qu'ils y
ſont ſans défenſe. Et ainſi autant qu'il eſt juſte de punir ſeverement
les Confeſſeurs, qui ſe trouveroient convaincus par des preuves certaines, d'avoir violé un ſecret ſi inviolable ; autant doit-on eſtre re-
ſervé de croire un ſi grand mal de ceux, qui par le reglement de leur
vie, par la ferveur de leur pieté, & par la pureté de leurs mœurs, n'ont
donné aucun ſujet de croire d'eux que du bien, parce que mettant
dans l'un des coſtez de la balance la reputation qu'un Preſtre s'eſt
acquiſe par ſa vertu, & dans l'autre les diſcours que quelques gens
de nulle vertu peuvent faire de luy pour le décrier, il n'eſt pas difficile de juger de quel coſté elle doit pencher, ſelon les regles du bon
ſens & de la juſtice.

CINQVIE'ME E'CLAIRCISSEMENT.

Des divers defordres que ces Gentilshommes ont voulu au-
torifer pour faire dépit à M. d'Alet, & ruiner ce qu'il
avoit étably avec tant de peine.

§. 1. *Recit de ce qui s'eft paffé fur ce fujet.*

N ne fçauroit dire, fi c'eft que la malice eft d'elle mefme ingenieufe ; ou fi c'eft que le demon s'en eft meflé ;
mais il eft certain que cette Nobleffe liguée contre
fon veritable Pafteur, à trouvé le vray moyen de le
bleffer dans la partie la plus fenfible de fon ame en ruinant autant qu'ils pouvoient le bien qu'il a tâché d'établir dans fon
Diocefe. Ils ont crû que le plus grand depit qu'ils luy pouvoient faire, eftoit de bien faire offenfer Dieu : & en cela ils ne fe font pas
trompez ; rien en effet ne luy caufe plus d'affliction. S'ils ne s'eftoient
attaquez qu'à fon bien ou à fa perfonne, il l'auroit fouffert fans beaucoup de peine, & il en auroit eu mefine de la joye dans l'efperance
que Dieu luy rendroit avec ufure dans le ciel, ce qu'on luy auroit
voulu ofter fur la terre. Mais ayant autant de zele qu'il en a pour le
falut de fes brebis, comment n'auroit-il point le cœur percé de douleur de voir arriver dans fon Eglife durant fa vie, ce que les difciples
de faint Martin apprehendoient qui n'arrivaft dans la fienne apres fa
mort, fe trouvant tant de loups raviffans qui fe jettent fur fon troupeau pour le dechirer & tant de fangliers furieux qui ravagent la vigne qu'il a cultivée avec tant de foin ? Car c'eft proprement ce que
ces Gentilshommes tâchent de faire.

M. l'Evefque d'Alet ne s'eftant point porté à ce qu'il a fait pour le
reglement de fon Diocefe par le mouvement de l'efprit humain qui
eft d'ordinaire turbulent & precipité, il a efté long temps à confiderer les chofes, & à beaucoup prier Dieu pour luy demander fa lumiere avant que d'y faire aucune ordonnance nouvelle. Il a voulu
connoiftre les maux pour y appliquer les remedes, afin qu'ils fuffent
proportionnez aux maladies, & on peut dire dans la verité qu'il a efté
contraint d'en negliger beauconp de moins importantes, pour travailler avec plus de foin & plus d'application à guerir les plus dangereu-
fes & les plus capables de perdre les ames.

Il ne faut pas s'imaginer que les hommes puiffent beaucoup pour
arracher des cœurs l'amour du vice, pour reffufciter les ames mor-
tes, & pour guerir les confciences entierement corrompuës. Les
Pafteurs doivent crier fans ceffe, comme dit le Prophete, pour re-

P

presenter aux pecheurs leurs crimes & leurs abominations ; mais afin que ces pecheurs écoutent efficacement ce que les hommes crient à leurs oreilles, il faut que celuy dont la chaire est dans le ciel, parle à leurs cœurs, comme dit saint Augustin, & qu'il y parle d'une voix puissante qui en rompe la dureté. Les Apostres sont appellez le sel de la terre. Mais comme remarque saint Iean Chrysostome, on auroit beau saler des chairs corrompuës, on ne les remettroit pas pour cela dans leur premier estat. Et ainsi, ajoûte ce Pere, c'est IESUS-CHRIST qui delivre les ames de la pourriture de leurs pechez, mais il est du soin & de la vigilance des Apostres de faire en sorte qu'elles n'y retournent plus, & qu'elles se conservent dans la pureté qu'elles ont receuë de Dieu. *Liberare à putredine peccatorum Christi virtutis est : ut autem ad illa iterum non revertantur, Apostolorum curæ est ac laboris.* Or ce soin & cette vigilance consiste principalement en deux choses, à les instruire des devoirs de la pieté chrétienne, & à éloigner d'eux les occasions qui les pourroient faire retomber dans leurs desordres.

On sçait assez les travaux infatigables que M. d'Alet prend pour le premier qui regarde l'instruction de son peuple. Mais voicy une partie de ce qu'il a fait pour le dernier, c'est à dire, pour retrancher les plus generales & les plus communes occasions de peché, & qui perdent le plus d'ames.

Tout le monde sçait que l'yvrognerie est le vice commun des petites gens qui font la plus grande partie du monde, & dont le salut n'est pas moins cher à Dieu que celuy des personnes de condition : & outre que ce peché est tres grand en soy & tel que saint Paul le marque entre ceux qui excluënt du Royaume de Dieu, il est la source d'un grand nombre d'autres ; & la pluspart de ceux que commettent ces sortes de gens viennent de là. Le vin les rend brutaux, querelleux, jureurs, blasphemateurs, insupportables à leurs femmes, qu'ils ne traittent d'ordinaire avec des duretez & des inhumanitez indignes de Chrestiens, que parce qu'ils sont yvres. A quoy on peut ajoûter, que plusieurs Artisans ou Manouvriers qui gagnent suffisamment dequoy entretenir leurs familles, les laissent dans la derniere misere, parce qu'ils mangent au cabaret la plus grande partie de ce qu'ils gagnent. On ne peut nier que ces maux ne soient tresgrands, mais il semble difficile de les empescher : Cela est vray. Mais on n'est pas moins obligé de travailler pour y faire ce que l'on peut. Et en voicy un moyen qui y peut beaucoup. De cent personnes qui s'enyvrent, il n'y en a pas un qui le fasse seul, & il n'y en a pas quatre entre les personnes du commun du peuple qui le fassent dans leur maison, & ailleurs qu'au cabaret. Il ne faut donc pour empescher une grande partie des desordres qui naissent de l'ivrognerie, que faire observer ce qui a esté tres sagement étably par les

Ordonnances , qui defendent à tous les habitans & domiciliez d'un lieu, d'aller boire & manger aux cabarets, & aux cabaretiers de les y recevoir à peine d'amende arbitraire pour la premiere fois & de prison pour la seconde. C'est à quoy M. l'Evesque d'Alet a appliqué ses soins. Il a fait implorer par son Promoteur l'autorité des Magistrats Seculiers pour unir la puissance Ecclesiastique & Civile dans l'execution d'un reglement si salutaire , comme on verra par l'Ordonnance du Senechal de Limoux & par l'Arrest du Parlement de Grenoble que nous rapporterons plus bas, parce qu'ils contiennent beaucoup d'autres chefs.

Ordonnance d'Orleans , art. 25. Ordonnance de Blois art. 18.

Vn autre peché qui damne le plus de monde est l'impureté, & le diable semble avoir pris à tâche de tendre par tout des pieges pour y faire tomber les hommes. La danse est sans doute un de ces pieges, & des plus dangereux. Car quoy qu'on puisse dire, en considerant la danse dans une abstraction metaphysique , comme un mouvement mesuré du corps au son de quelque instrument, ou de quelque chanson, que c'est une chose indifferente d'elle mesme, il est certain neanmoins que dans les circonstances qui l'accompagnent ordinairement on a sujet de dire apres S. Charles dans un excellent traité qu'il a fait sur ce sujet, *que c'est une invention du diable pour perdre les ames,& corrompre les mœurs des fidelles.* Cela est encore plus vray des danses qui se pratiquoient au Diocese d'Alet , parce qu'elles estoient horriblement licentieuses & lascives. Et c'est ce qui a obligé davantage M. l'Evesque d'Alet d'employer tous ses soins & toute son autorité pour empescher un tel desordre, puis que S. Charles dans ce mesme traité, parlant des danses ordinaires , & qui asseurement ne pouvoient point estre si criminelles que celles du Diocese d'Alet, ne laisse pas de dire : *Que ceux qui sont en autorité pour gouverner les peuples sont coupables devant Dieu, lors qu'ils ne travaillent point à détruire cet abus, & qu'ils ne donnent aucun secours aux ames qui leur sont commises pour les retirer de ces pratiques dangereuses , & de ces engagements dans lesquels ils voient qu'elles perissent malheureusement. Et ce que nous disons icy,* ajoute-t-il, *regarde les personnes Seculieres , aussi bien que les personnes Ecclesiastiques qui sont en charge.* Mais afin d'oster aux esprits mal disposez tout sujet d'accuser M. d'Alet d'une trop grande severité, il se contenta d'abord de defendre les danses pendant tout le jour aux principales Festes de l'année, & tous les Dimanches & Festes pendant les divins Offices, & d'interdire en tout temps, suivant la loy de Dieu & de la nature, les danses lascives & qui se faisoient avec des postures indescentes & des attouchemens contraires à la bien seance & honnesteté chrestienne : ce qui fut aussi ordonné par le Senechal de Limoux, comme nous verrons en son lieu.

Le troisiéme desordre & qui en contient beaucoup d'autres, auquel M. d'Alet s'est efforcé de remedier, est le violement de la loy divine, des Canons & des Ordonnances pour la sanctification des Festes & des Dimanches. *Il avoit trouvé*, comme son Promoteur l'a representé dans une Requeste au Parlement de Grenoble, *que les Dimanches & Festes estoient prophanées dans son Diocese, parce qu'on y tenoit en ces jours là les foires & marchez; qu'on debitoit publiquement toutes sortes de marchandises & denrées; qu'on voituroit & faisoit plusieurs œuvres serviles & deffenduës par la loy de Dieu: Que d'ailleurs on y dansoit publiquement & scandaleusement avec des postures indecentes & lascives, & qu'à l'ordinaire les cabarets & tavernes y estoient ouverts où les habitans consumoient non seulement leur peu de bien à boire & à manger, mais encore à des jeux de hazard, qui les engageoient à mille blasphemes & autres crimes.* Il est dit encore dans cette mesme Requeste, que M. d'Alet *voulant remedier à ces desordres, afin d'empescher que Dieu ne fust si souvent offensé, il avoit commencé par des instructions & des remonstrances, & procuré que les foires & marchez fussent transferez par l'autorité des Magistrats à jours non festez; que par une ordonnance Synodale, il avoit prohibé les danses les principales Festes de l'année, & tous les Dimanches & Festes pendant les divins Offices, & qu'il avoit exhorté les Magistrats des lieux d'empescher la frequentation des cabarets & des jeux de hazard.*

Ces reglemens apporterent quelque amendement à cette licence qui deshonnoroit la Religion Chrestienne. Mais pour les affermir davantage, & pour empescher qu'ils ne fussent impunement violez par ceux, qui n'estant point touchez de la crainte de Dieu, ont besoin d'estre retenus par la puissance Seculiere, il jugea necessaire de les faire appuyer de l'authorité Royale dont les Magistrats sont depositaires: De sorte que son Promoteur s'estant addressé par son ordre au Senechal de Limoux, il en obtint l'Ordonnance du 25. Septembre 1660. dont il a deja esté parlé & qu'il est important de mettre icy toute entiere, d'autant plus qu'ayant esté confirmée par une Ordonnance de M. le Prince de Conty du 15. Avril 1662. comme Gouverneur de la Province; elle l'a encore esté, comme il sera dit cy-apres, par un Arrest du Parlement de Grenoble du 11. Decembre 1664.

ORDONNANCE
DV SENECHAL DE LIMOVX,

*Portant defenses de faire aucun travail ou œuvre servile,
vente & debite de marchandises & denrées, & danses publiques les Dimanches & Festes : & à tous domiciliez en
tout temps de frequenter les cabarets & tavernes, & aux
cabaretiers de les recevoir, de faire des danses deshon-
nestes & scandaleuses, & de joüer aux jeux de hazard.*

GASTON Iean Baptifte de Levy de Lomaigne, Maréchal de «
la Foy, Marquis de Mirepoix, Seigneur & Baron de Terride «
& autres Places, Capitaine de cinquante hommes d'Armes des Or- «
donnances du Roy, Senechal de Limoux : Au premier Huiſſier ou «
Sergent requis, Salut. Comme ce jourd'huy bas écrit dans la Cham- «
bre du Conſeil de la Cour, ſur le rapport fait par noſtre Lieutenant «
principal, de la Requeſte preſentée par le Promoteur de l'Eveſché «
d'Alet, tendante à ce que bien que les ſaints Dimanches & Feſtes «
ſoient des jours auſquels il faille d'une maniere particuliere, loüer «
Dieu, & luy rendre graces des bien faits que nous recevons de ſa toute «
puiſſante main, à toutes heures & à tous momens, & qu'ainſi à ces «
jours, toute œuvre ſervile ſoit defenduë, toutes danſes prohibées, «
tous cabarets & jeux de hazard interdits, de peur que la ſainteté de «
ces jours ne ſoit violée & prophanée par les abominations qui ne ſui- «
vent que trop ordinairement ces ſortes d'exercices; quoy que les «
Conciles par leurs canons, les Papes par leurs Decrets, nos Rois tres «
Chreſtiens par leurs Ordonnances, & les Cours Souveraines du «
Royaume par leurs Arreſts & reglemens, ayant étably des peines tres «
griefves contre ces prophanations, ainſi que nous voyons par les ca- «
pitulaires de Charlemagne, & de Louys le debonnaire ſon fils, par «
les Ordonnances de Charles IX. aux Eſtats d'Orleans ; art. 23. 24. «
25. De Henry III. aux Eſtats de Blois art. 38. & de Louys XIII. & «
par divers Arreſts des Parlemens, & ſingulierement de celuy de cet- «
te Province ; neanmoins la pluſpart des habitans des lieux & Par- «
roiſſes qui compoſent ce Dioceſe, par une paſſion & manie auſſi dan- «
gereuſe qu'elle eſt puniſſable, quelque diligence qu'on ayt pû ap- «
porter par les Ordonnances de l'Egliſe, paſſent les Feſtes & Diman- «
ches, les uns en des travaux ſerviles, charrois & voitures, les autres «
en danſes lubriques, ſcandaleuſes & qui vont bien au delà de la mo- «
deſtie Chreſtienne, ſe faiſant d'une maniere ſi deshonneſte & laſci «
ve, qu'elles peuvent eſtre appellées avec verité une proſtitution pu- «

» blique de la pudicité de la jeuneſſe, & les autres dans les cabarets &
» aux jeus de hazard, d'où vient la ruine entiere des maiſons & le peu
» de moyen que le Payſan à de ſubſiſter, & d'entretenir ſa famille,
» mangeant ou joüant les Dimanches & Feſtes, ce qu'il a de plus liqui-
» de, & tout ce qu'il a pû acquerir par ſon travail pendant toute la ſe-
» maine. C'eſt ce qui a fait defendre par nos Roys & les Cours Sou-
» veraines à tous domiciliez, d'aller aux cabarets, & aux hoſtes des
» lieux de les y recevoir, à peine d'amende arbitraire pour la premiere
» fois, & de priſon pour la ſeconde, parce que ces logis n'avoient eſté
» eſtablis que pour la commodité des paſſans, & la facilité du commer-
» ce (encore hors les Offices divins les jours de Feſtes) & non pas pour
» les habitans des lieux, qui n'y peuvent eſtre attirez que par le liberti-
» nage & la débauche, d'où procedent en ſuite, mille injuſtices & me-
» chancetez que le deſeſpoir d'avoir, ou perdu ſon argent au jeu, ou
» diſſipé dans le cabaret ſuggere pour l'ordinaire, & tout cela par la
» connivence des Iuges particuliers, qui au lieu de reprimer le vice le
» ſouffrent le plus ſouvent, cherchant leur credit dans le deſordre de
» leurs juſticiables; requerant qu'il nous pluſt apporter les remedes
» convenables à ces deſordres. Par noſtre dit Lieutenant principal,
» avec deliberation de Conſeil, Auroit este' ordonne', qu'ayant
» égard à ladite Requeſte & icelle interinant, il ſeroit fait tres expreſ-
» ſes inhibitions & deffenſes à toutes ſortes de perſonnes de quelle qua-
» lité & condition qu'elles ſoient dudit Dioceſe d'Alet, de contreve-
» nir directement ny indirectement auſdites Ordonnances, Arreſts, &
» Reglemens; ce faiſant de ne faire aucuns ouvrages aux jours de Di-
» manches & Feſtes, charrier ou meſurer blé, vendre ou debiter mar-
» chandiſes ou denrées en gros ny en détail, porter ny faire porter faix,
» danſer publiquement en quelle maniere que ce ſoit, à peine de cinq
» cens livres : comme auſſi en tout temps de faire danſes avec poſtures
» indecentes & attouchemens contre la bien ſceance & honneſteté
» chreſtienne : & à tous cabaretiers de ne recevoir aucuns habitans des
» lieux dans leurs cabarets, & auſdits habitans d'y aller pour boire ou
» manger : & à toutes ſortes de perſonnes de joüer ny laiſſer joüer dans
» leurs maiſons à aucun jeu de hazard & autres prohibez ſur meſme
» peine : & en cas de contravention, auroit eſté ordonné qu'il en ſera
» enquis par le premier Docteur, gradué, ou Notaire ſur ce requis, pour
» l'inquiſition faite & rapportée, eſtre decerné tel Decret que de rai-
» ſon, permettant cependant l'arreſtation des marchandiſes, denrées
» & beſtail de charge voiturans eſdits jours de Feſtes & Dimanches;
» A ces causes, Mandons au premier Sergent requis, faire pour
» l'intimation & l'execution de la preſente Ordonnance tous Exploits
» requis & neceſſaires. Donné à Limoux le 25. Septembre 1660.
» Signé, Labatat.

Vne Ordonnance ſi juſte & ſi chreſtienne auroit ſans doute beaucoup contribué à arrester tant de desordres, sans l'opposition que plusieurs des Gentilshommes y apporterent. La haine qu'ils ont concuë contre M. l'Evesque d'Alet, parce qu'il s'efforce de les retirer de leur vie licencieuse, les porta à renverser autant qu'ils pouvoient tout ce qu'il tâchoit d'établir sans y avoir d'autre interest que la gloire de Dieu & le salut des ames. Ils s'attacherent principalement à faire en sorte, qu'on trauaillât les Dimanches & les Festes, qu'on voiturât, debitât publiquement & à boutiques ouvertes pain, vin, viandes, fruits &c. qu'on tint en ces jours les foires & marchez; qu'on moulût au moulin; qu'on dansât publiquement, quoy que les danses comme il a déja esté dit se fassent dans ce Diocese, de la maniere du monde la plus deshonneste & la plus sçandaleuse; que les domiciliez pussent frequenter les tavernes, & cabarets, quoy qu'ils sceussent bien que c'est la cause de la ruine des paysans, & la source d'une infinité de desordres : & enfin qu'on jouât avec toute liberté aux jeus de hazard.

Monseigneur le Prince de Conty, Gouverneur de Languedoc ayant esté averty de ces entreprises de la Noblesse, & voyant bien que tant qu'on ne la reprimeroit point, il seroit impossible au Promoteur du Diocese d'Alet de faire observer l'Ordonnance du Senechal de Limoux, en fit une du 15. Avril 1662. par laquelle, *Voulant* ce sont ces termes, *contribuer de tout son pouvoir à maintenir & faire valoir ladite Ordonnance du Senechal, comme tirée des Conciles & Saints Decrets, & conforme aux Reglemens & Ordonnances faites par les Roys Charlemagne, Louys le Debonnaire, S. Louis, Charles IX. & Henry III. & pourvoir qu'à l'avenir, il ne soit fait aucune insulte, ny donné aucun trouble ny empeschement à ceux qui seront chargez de les faire executer.* Il ordonne *que cette Ordonnance du Senechal donnée pour la santification des Festes & Dimanches, & bonne discipline du Diocese d'Alet, & les Reglemens contenus en icelle seront observez suivant leur forme & teneur, Enjoint à tous Officiers de justice, Consuls & Habitans des Villes, & lieux dudit Diocese de tenir la main à l'observation desdits Reglemens, sur peine d'en répondre en leur propre & privé nom, & de donner audit Sieur Promoteur & à ses substituts toute l'assistance & main forte dont ils auront besoin, commettant à cet effet le premier de ses gardes.*

Cette Ordonnance & le soin que son Altesse eut d'envoyer de ses Gardes par tout le Diocese pour la faire executer, maintint pendant quelque temps des Reglemens si utiles. Mais S. A. estant venuë à la Cour, les Gentilshommes Syndiquez firent recommencer ces desordres avec plus d'emportement qu'auparavant : ce qui obligea le Promoteur de se pourvoir au Parlement de Grenoble, où toutes ses causes estoient évoquées par Arrest du Conseil confirmé par six autres Arrests contradictoires. Il y representa ce qui avoit esté ordonné par le Senechal de Limoux, & ce Parlement par son decret du 15. Ianvier 1664. confirma cette Ordonnance avec connoissance de cause : *& ordonna qu'elle seroit executée de son autorité, avec injonction aux Magistras des lieux de tenir la main à l'execution, à peine d'en repondre en leur propre.*

Ce Decret fut signifié dans la plus part des lieux du Diocese : mais il n'a eu que peu ou point d'effet, parce que ces Gentilshommes Syndiquez ont porté les habitans à la rebellion & à la desobeïssance dans tous les lieux où ils ont eu du pouvoir ; sur ce fondement que le Parlement de Grenoble ne pouvoit, à ce qu'ils disoient, rien ordonner dans le Diocese d'Alet, ce qui est une pretention punissable & qui choque manifestement l'autorité du Roy. Car les causes du Promoteur ayant esté renvoyées à ce Parlement par sa Majesté, c'est luy disputer sa souveraine puissance, que de mettre en doute, que les Arrests de ce Parlement dans les causes du Promoteur n'ayent autant de force dans le Diocese d'Alet en suitte de cette évocation, que si avant cette évocation ils avoyent esté rendus au Parlement de Toulouze.

Mais ce qui fit voir bien-tost que ce pretendu défaut d'autorité n'estoit qu'un pretexte pour couvrir le desir qu'ils avoient de maintenir le libertinage, c'est qu'ils ne defererent pas d'avantage à un Reglement general qui fut fait au Parlement de Toulouze le 1. Avril de la mesme année, portant *inhibitions & defenses à toutes sortes de personnes de quelle qualité & condition qu'ils soient, de faire aucune danse publique, ny joüer publiquement les jours des Dimanches & Festes; tenir aucunes foires ou marchez, non plus les boutiques ouvertes, y estaler ou debiter aucune sorte de marchandise lesdits jours ; porter ou par soy-mesme, ou avec des bestes de voitures aucunes denrées ny provisions, ny fardeaux esdits jours de Festes & Dimanches : & aux Cabaretiers & Taverniers d'administrer aucuns vivres aux habitans des lieux, ny non plus de tenir des brelans ny jeux de hazard, souffrir aucuns basteleurs, farceurs, commediens, ny aucune sorte de personnes qui puissent corrompre les bonnes mœurs par leurs mauvais deportemens lesdits jours de Dimanches & Festes, ny souffrir juremens & blasphemes & autres excez & dissolutions, à peine de 50. livres d'amande applicable aux ornemens ou fabrique des Eglises contre aucun des contrevenans, & sur mesme peine aux Consuls & Officiers de Iustice des lieux du ressort de tolerer lesdites contraventions. &c.*

Quoy que ce Reglement eut esté publié & enregisté à Limoux, les Gentilshommes ne cesserent d'y contrevenir & d'y faire contrenir, aussi bien qu'au Decret du Parlement de Grenoble. Mais pour le faire encore avec plus de hardiesse, & pour mettre à couvert les partisans que ce libertinage leur acqueroit, ils firent en sorte par le moyen de quelques personnes du Parlement de Toulouze, mal

affectionnées

affectionnées à M. l'Evefque d'Alet, & qui ont donné lieu à l'évocation, d'y obtenir par furprife un Arreft le 24. Iuillet 1664. fous
le nom de M. le Procureur general, par lequel il eftoit dit : *Que le
Parlement de Toulouze declaroit n'empefcher que les boulangers , bou-
chers & autres perfonnes dans le Diocefe d'Alet ne puffent debiter pain,
vin, viande, fruit & autres chofes neceffaires pour la nourriture les jours
de Dimanches & Feftes , & que les meufniers ne puffent moudre efdits
jours apres la Meffe Paroiffiale.*

Il leur fuffifoit que cet Arreft favorifât en apparence quelques unes
de leurs pretentiôs felon l'interpretation qu'ils y donnoiët. Ils fe promettoient bien de l'étendre en fuite à quoy ils voudroiët. C'eft pourquoy l'ayant fait imprimer & répandre par tout le Diocefe, ils travaillerent fortement à faire faire toutes fortes de contraventions à l'ordonnance du Senéchal, & au Decret du Parlement de Grenoble. Ils
firent pour cela diverfes affemblées, où leur principale veuë fut de
faire continuer ces danfes lafcives & fcandaleufes dont il a déja
efté tant de fois parlé, parce qu'ils voyoient que M. l'Evefque d'Alet
faifoit tout ce qui eftoit en luy pour les abolir, comme eftant la
fource d'une infinité de fcandales & de pechez.

Et en effet le Sieur de Nebias l'un des principaux de ces Gentilshommes revoltez venoit de l'une de ces affemblées (comme il en
eft demeuré d'accord en fon audition perfonnelle) lors que le 25.
Aouft jour & Fefte de faint Louys Patron de la France , il arriva
au lieu de Rouvenac , où il entreprit d'executer ce qui s'eftoit
aparament refolu dans cette affemblée. Le Seigneur de ce lieu de
Rouvenac, qui n'eft pas des Syndiquez , avoit empefché jufqu'à
lors qu'on ne danfaft, & en avoit fair reïterer les deffenfes le matin.
Mais cela ne fut pas capable d'arrefter le Sieur de Nebias. Il affembla
jufqu'à 80. perfonnes dont vne partie avoit le mot ; car dés le jour
d'auparavant , comme il l'a reconnu, on avoit fait fignifier cet Arreft de Toulouze, qui ne deffend pas expreffement ces defordres,
mais qui ne les permet pas auffi.   Et apres avoir commencé luy
mefme la danfe avec une femme boiteufe comme luy, il la fit continuer d'une maniere fcandaleufe & deshonnefte au delà de ce que
l'on peut dire , ainfi que les informations en font foy, & elle fut continuée jufqu'au Samedy enfuitte.

Vn mépris fi horible des Loix divines & humaines obligea le Promoteur d'Alet d'en faire informer. Et l'information ayant efté rapportée au Parlement de Grenoble où il avoit fes caufes commifes
il y eut Arreft d'ajournement perfonnel contre le Sieur de Nebias.
Ce que les Gentilshommes Syndiquez apprehandant ils reconnu-
rent pour lors que l'Arreft du Parlement de Toulouze du 24 Iuillet
dont ils abufoient , ne pouvoir avoir aucun effet au Diocefe d'Alet,
s'il n'eftoit autorifé par celuy de Grenoble, de forte qu'ils y prefen-

Q

terent Requeste , & quoy que MM. les gens du Roy euſſent refuſé de donner leurs concluſions , ils obtinrent par ſurpriſe un Decret de la Chambre des Vacations par lequel il eſtoit dit que l'Arreſt de Toulouze ſeroit executé au Dioceſe d'Alet de l'autorité du Parlement de Grenoble.

Mais comme ce Decret donnoit lieu aux Sydiquez de troubler de nouveau tout le Dioceſe d'Alet , parce que cet Arreſt n'eſtant pas aſſez exprés ſur quelques points ils l'étendoient & l'expliquoient à leur phantaiſie , le Promoteur en repreſenta les conſequences au Parlement de Grenoble: & ce Parlement avec tres grande maturité & connoiſſance de cauſe , ayant en deux diverſes ſceances examiné l'Ordonnance du Senechal de Limoux du 25. Septembre 1660. la confirma encor vne fois & par Arreſt du 11. Decembre 1664. *ordonna qu'elle ſeroit executée dans le Dioceſe d'Alet ſelon ſa forme & teneur , fit inhibitions & deffenſes à toutes perſonnes d'y contrevenir , & enjoignit aux Magiſtrats & Officiers des lieux de tenir la main pour l'execution de ſon Arreſt , & pour l'obſervation des Ordonnances Royaux , à peine d'en répondre : & en cas de contravention informer contre les coupables , & de leur faire & parfaire le procés.*

Cet Arreſt fut imprimé & envoyé au Dioceſe d'Alet. Mais le Sieur de Nebias eſtant enfin venu ſatisfaire à l'Arreſt d'ajournement perſonnel , apres avoir preſenté deux Requeſtes touchant ce qui le regardoit , il en preſenta une troiſiéme qui découvre bien l'eſprit de de cette cabale. Car il forma oppoſition par cette Requeſte à cet Arreſt du 11. Decembre , confirmatif de l'Ordonnance du Senechal de Limoux , qui n'eſt qu'une ſimple execution des Canons & des Ordonnances du Royaume : Et il s'y oppoſa , non pas en ſon nom ſeulement , mais en qualité de Syndic des Gentilshommes du Dioceſe d'Alet liguez contre leur Eveſque : & ce qui eſt encore plus ridicule , au nom d'un certain Alexandre Bernard ſoydiſant Syndic de la jeuneſſe de ce Dioceſe , comme ſi jamais on avoit ſouffert en juſtice , qu'une jeuneſſe debauchée ſe creaſt des Syndics pour ſe procurer la licence & l'impunité dans ſes dereglemens & dans ſes vices.

L'affaire eſtoit en cet eſtat , & on avoit meſme déja commencé à plaider lors que l'évocation des cauſes de M. d'Alet au Parlement de Grenoble fut révoquée : & ainſi cette affaire eſt à juger au Conſeil par MM. les Commiſſaires avec les autres chefs qui regardent cette Nobleſſe Sindiquée.

§. 2. *Calomnies refutées.*

Pour bien entendre cette affaire , il faut detruire avant toutes choſes les calomnies dont ſe ſervent les Gentilshommes , pour rendre odieuſe la conduite de M. d'Alet touchant la ſantification des

Dimanches & des Festes, comme estant dans un excez de severité que les hommes ne peuvent porter.

Ils luy imputent, par exemple, de ne pas vouloir souffrir en aucune sorte qu'on vende en ces jours là, ny pain, ny vin, ny fuits, & de traduire pour cela les gents devant les Officiers Royaux. C'est une fausseté, ny luy, ny ses Officiers ne l'empeschent point pourveu que cela se fasse à huis clos & sans scandale. Il sçait que les Canõs le permettent, & que cela peut estre souvent necessaire, & sa prevoyance & charité Pastorale va mesme au devant des necessitez de son peuple au temps de la moisson & de la recolte, en permettant de travailler apres la Messe, qu'il fait dire expres à la pointe du jour quand il y a necessité. Et c'est en cette maniere qu'est entenduë l'Ordonnance du Senechal.

Ils crient encore contre la deffense de moudre les Dimanches & les Festes. Mais on ne peut que loüer sur ce sujet, la sage condescendance de M. d'Alet. Car y ayant de deux sortes de moulins ; les uns qui sont à vent ou à écluse, les autres qui ont toûjours l'eau à commodité, il a fait entendre à ses Diocesains qu'ils pouvoient faire moudre les premiers apres la Messe ; mais pour les autres comme ils sont toûjours en estat de travailler, il n'y a aucune raison qui doive plûtost faire permettre d'en user les Festes & les Dimanches que de la bourer ou de semer, aussi les Canons le deffendent expressement.

r. Les Conciles Provinciaux de l'Eglise de France depuis le Concile de Trente.

§. 3. *Sanctification des Dimanches & des Festes, & défense de travailler & de vendre en ces jours là.*

Ces pretextes dont ces Gentilshommes se servent pour colerer leurs injustes plaintes leur estant ostez, que peuvent-ils alleguer pour s'opposer, comme ils ont fait, à l'Arrest du Parlement de Grenoble du 11. Decembre 1664. qui ne fait que confirmer l'Ordonnance du Senechal de Limoux du 25 Septembre 1660.

Il faudroit qu'ils renonçassent au Christianisme pour combattre ce qui est porté par cette Ordonnace, de ne point travailler les Dimanches & les Festes. C'est un des commandemens qu'elle fait qu'on ne croit pas qu'ils osent publiquement entreprendre de ruiner. Il suffiroit s'ils estoient si temeraires, d'opposer à leur hardiesse, la loy de Dieu, & les reglemens de tant de Conciles, entre lesquels celuy de Frejus parle en ces termes : *Il faut s'abstenir les jours des Festes de toutes sortes de peché, & de toute sorte d'œuvre sensuelle ou terestre, & ne s'occuper à autre chose en ce saint temps qu'aux exercices de la priere, & à se rendre fidellement aux assemblées qui se font dans les Eglise avec une parfaite ferveur d'esprit.* A quoy on peut ajouter ce qui est dit sur ce mesme sujet dans le 2. Concile de Mascon de l'an 585. *Vous Chrestiens,* disent ces Prelats, *qui ne portez pas en vain ce saint nom dont vous estes honorez, écoutez avec attention les avertissemens que nous* *vous donnons, sçachant que Dieu ne nous à donné l'autorité que nous avons, que pour veiller sur vos ames, pour vous enseigner ce qui sert à vostre salut, & pour vous retirer de toute sorte de mal.* Gardez donc le jour de Dimanche qui nous a nouvellement enfantez par la grace de I.C. & qui nous a délivrez de tous nos pechez. Que nul de nous ne vacque au procés, que nul ne plaide, que nul ne se mette dans la necessité de chariet. Soyez appliquez de corps aussi bien que d'esprit aux hymnes & à la loüange de Dieu: Que celuy de vous qui sera proche de quelque Eglise s'y rende promptement: & que pendant ces jours, il répande son ame devant Dieu par les prieres & par les larmes: Que vos yeux & vos mains soient pendant tout ce jour étenduës vers Dieu, parce que c'est le jour qui represente le repos éternel de Dieu & des ames saintes en Dieu. C'est le jour, qui dans la loy & dans les Prophetes, a esté figuré par le septiéme jour qu'on appelloit le Sabbat. Il est donc juste que nous celebrions tous avec la mesme affection & dans une mesme unité de cœur, ce saint jour, par lequel nous sommes devenus ce que nous sommes: c'est à dire, les enfans de Dieu.* Et plus bas: *Si quelqu'un d'entre vous méprise cette exhortation salutaire, qu'il sçache premierement qu'il sera puny pour le mépris qu'il en aura fait, & en second lieu qu'il attirera sur luy la colere de l'Eglise.*

On omet une infinité d'autres Canons, parce qu'on ne peut pas croire que ces Gentilshommes osent combattre ce point de l'Ordonnance du Senechal de Limoux touchant la sanctification des Festes, & la deffense d'y travailler ou d'y debiter hors les choses necessaires à la vie à huïs clos & sans scandale, selon ce qui a esté dit auparavant, puis que ce point est expressement estably par les Ordonnances du Royaume, que les Magistrats sont obligez de faire observer, comme entr'autres celle de Charles IX. en Ianvier 1561. qui porte ces termes repettez en plusieurs autres: *Nos sujets de quelque religion qu'ils fassent profession, seront tenus garder & observer les Festes indites en l'Eglise Catholique & Romaine, & ne pourront és jours d'icelles besogner, vendre ny étaller à boutique ouverte:* Et celle de Henry III. marque en particulier ce qui est aussi porté par l'Ordonnance du Senechal de Limoux: *Que deffenses sont faites a toutes personnes de charrier, ou faire charrier, ou mesurer blé: & à tous mesureurs de blé, crocheteurs & porte faix de faire ouvrage ou porter faix és jours de Dimanches & Festes.... sur peine de punition corporelle.*

§. 4. *Deffense aux domiciliez des lieux d'aller au cabaret.*

Vn autre point de cette Ordonnance du Senechal de Limoux, est qu'il y est *deffendu à tous cabarettiers de recevoir aucuns habitans des lieux dans les cabarets, & ausdits habitans d'y aller pour boire ou manger.*

Mais ils n'oseroient non plus declarer ouvertement que ce soit là ce qu'ils combattent, & à quoy ils s'opposent. Car outre qu'il n'y a

rien de plus avantageux que ce Reglement pour aller au devant d'u-
ne infinité de pechez, & qui foit en mefme temps plus utile à l'Etat,
parce qu'on empefche par là, que le peuple ne fe ruine en débauches,
& ne fe rende incapable d'en porter les charges, ce n'eft de plus,
que ce qui a efté étably en propres termes par l'article 25. de l'Ordonnance d'Orleans renouvellé & confirmé par celle de Blois ar. 38.
Deffendons aufſi à tous cabaretiers, taverniers & maiſtres de jeu de pau-
me, de recevoir eſdites heures du ſervice divin aucunes perſonnes de quel-
que qualité qu'ils ſoient: & à tous manans & habitans des Villes,
Bourgades, & Villages, meſme à ceux qui ſont mariez & ont menage,
d'aller boire & manger és tavernes & cabarets ; & auſdits taverniers
& cabaretiers de les y recevoir, à peine d'amende arbitraire pour la pre-
miere fois, & de priſon pour la ſeconde. Enjoignons à tous Iuges de ne
permettre qu'il ſoit aucunement contrevenu au contenu cy deſſus, à peine
de ſuſpenſion d'Eſtats; & privation d'iceux en cas de longue diſſimulation
& connivence.

Cette Ordonnance a efté tirée d'une Ordonnance de faint Louys
de 1224. & de deux Arreft de reglement du Parlement de Paris du
27. Mars 1547. & 8. Octobre 1605. Elle défend deux chofes : la premiere de ne recevoir perfonne dans les cabarets pendant le fervice
divin les Dimanches & les Feftes : La deuxiéme de n'y recevoir en
aucun temps, ny en aucuns jours les domiciliez des lieux, parce que
n'ayant point de neceffité d'y aller ils n'y font attirez que par la debauche, & le libertinage, & que fouvent ils y boivent & mangent en
un feul jour ce qu'ils ont gagné pendant la femaine. Et il eft d'autant
plus neceffaire au Diocefe d'Alet, de travailler avec foin à y faire obferver cette Ordonnance de nos Roys, que plufieurs des habitans y
contreviennent tres frequemment.

§. 5. *Deffenſe des brelans & jeux de hazard.*

Ces Gentilshommes ne feroient pas mieux fondez à difputer ce
qui eft encor porté par cette Ordonnance du Senechal de Limoux :
Qu'il eſt fait deffenſes à toutes ſortes de perſonnes de joüer ny laiſſer joüer
dans leurs maiſons à aucun jeu de hazard & autres prohibez ſur meſme
peine, puis que ces juges n'ont fait en cela, qu'executer l'Ordonnance d'Orleans, qui leur commande en ces termes de ne point fouffrir
ces fortes de jeux : *Deffendons aufſi tous brelans & jeux de dez, que*
nous voulons eſtre punis extraordinairement ſans diſſimulation & conni-
vence des Iuges, à peine de privation de leurs Offices.

§. 6. *Danſes publiques deffenduës les jours de Dimanches & Feſtes,*
& les laſcives en tout temps.

Il ne refte plus à confiderer dans cette Ordonnance du Senechal
de Limoux, que la deffenfe des danfes publiques les Dimanches &

les Festes, & en tout temps, de celles qui blessent la pudeur & l'honnesteté chrestienne. Et c'est à quoy ces Gentilshommes se sont opposez avec plus de chaleur & d'emportement, non pas peut estre qu'ils y prissent grand plaisir, mais par une passion maligne de traverser les plus pieux desseins de leur Evesque, & de travailler autant pour autoriser la licence, qu'il travailloit pour establir une sainte discipline.

Ils se sont portez sur ce sujet à de tels excez que non contens de porter par force & par des mauvais traittements leurs Vassaux à contrevenir à ces deffenses, ils se sont eux mesmes mis à leur teste, pour faire des danses dissoluës & scandaleuses ; ont fait battre le tambour lors qu'on sonnoit les cloches pour le service divin & pour l'instruction Chrestienne, ayant eu mesme l'insolence de dire tout haut, qu'il falloit voir qui d'eux, ou du Curé auroit plus de suitte.

On a deja veu de quelle maniere le Sieur de Nebias par un complot avec les autres Gentilshommes Syndiquez, autant qu'on en peut juger, a prophané la Feste du Roy saint Louys, par une danse dont il fut l'auteur, ainsi qu'il l'a avoüé, qui n'offensoit pas moins les personnes qui ont quelque pudeur, par son immodestie, qu'elle blessoit l'honneur de Dieu par le violement d'un si saint jour.

Et enfin ç'a esté encore un digne couronnement de ces desordres que de s'estre joints dans une mesme Requeste d'opposition à un ridicule Syndic de la jeunesse débauchée du Diocese d'Alet qui pouvoit plûtost passer pour un personnage de theatre, que pour une partie recevable dans un Procés serieux.

Cependant qu'y a-t-il de plus payen & de plus indigne de ceux qui ont osé dire, qu'ils n'agissoient que pour la gloire de Dieu, que de vouloir maintenir ce que les Canons ont deffendu, ce que les loix des Empereurs ont rejetté comme contraire à la sanctification des Festes, & ce que les Ordonnances de nos Roys ont condamné en termes exprés.

Le 3. Concile de Tolede, c. 23. en parle en ces termes. *Il faut exterminer cette coûtume pernicieuse, & contraire à la religion, par laquelle le peuple deshonnore les solemnitez des Saints. Car au lieu de se rendre avec fidelité & avec ferveur aux divins Offices, ils s'occupent à danser, & à dire des chansons prophanes & indecentes, ne se causant pas seulement du dommage à eux mesmes, par les pechez qu'ils commettent, mais troublant les autres dans leurs devotions. Le saint Concile laisse donc au soin des Evesques & des Magistrats d'abolir cet abus dans toute l'Espagne.*

Les Empereurs Chrestiens ont parlé avec autant de force dans leurs loix sous le nom general de spectacle contre la danse & les divertissemens prophanes qui violent la sainteté des Dimanches & des Festes. La deuxiéme loy du Code Theodosien au titre des Specta-

cles qui est des Empereurs Gratien, Valentinien, & Theodose, porte ces termes. *Nous vous avertissons, avant toutes choses, que personne
ne transgresse la loy que nous avons donnée il y a long temps, en détour-
nant le peuple de la pieté par quelque spectacle, & en causant par ce
moyen de la confusion & du desordre dans nos solemnitez.*

Mais la cinquième loy de ce mesme titre, est encore plus forte, &
l'expression en est tres chrestienne & tres sainte. *Il faut que tous les
Chrestiens & tous les fidelles, s'occupent de tout leur cœur au culte de Dieu,
& aux actions de la pieté & de la religion qu'ils professent avec un renoncement absolu de tous les plaisirs du Cirque & du Theatre dans toutes les
Villes du monde, le jour du Dimanche qui commence la semaine, pendant
les Festes de Noel & de l'Epiphanie, aux Festes de Pasques & pendant
le temps Pascal dans lequel ceux qui ont esté baptisez portent publiquement les signes de la lumiere divine dont ils ont esté eclairez, & remplis au
S. Baptême par la blancheur de leurs habits, & enfin lors qu'on fait la Feste & la memoire de la mort des SS. Apostres qui ont esté les maistres de toute la terre, & qui nous ont enseigné les veritez du Christianisme. Que s'il
y en a qui suivent encore la folie des Iuifs, & l'extravagance des Payens,
qu'ils apprennent que c'est abuser d'un temps qui doit estre consacré à la
priere, que de l'employer à la recherche de son plaisir.*

La derniere loy du Code au titre *de feriis*, est encore admirable
sur ce sujet. *Nous ne voulons point*, disent les Empereurs Leon &
Anteme, *que les jours des Festes qui sont dediez au culte & à l'adoration
de la souveraine Majesté de Dieu, soient employez à aucune sorte d'exercice qui serve à la volupté & à donner du plaisir, ny qu'ils soient propha-
nez par aucune exaction, ou mesme par aucun acte de justice, & nous ordonnons que l'on conserve un respect si profond pour le jour de Dimanche,
qu'on s'abstienne de ces mesmes actions, quoy que justes & necessaires en
autre temps.* Et plus bas. *Mais quoy que nous defendions toutes ces œuvres serviles par la consideration de ces jours si saints & si pleins de religion, nous ne souffrirons pas neanmoins qu'aucun s'y addonne à la recherche des plaisirs terrestres & des voluptez sensuelles. Qu'on ne pretende
donc point employer aucune partie de ces jours, soit à la comedie, soit aux
combats du Cirque, soit à celuy des bestes dans l'amphitheatre. Que si le
jour de nostre naissance se rencontre au jour de quelqu'une de ces Festes,
nous entendons que la rejouïssance publique qu'on fait à nostre consideration, soit differée à quelque autre jour.*

Les Ordonnances de nos Roys que tous les Magistrats sont obligez d'observer sont encore plus expresses que celles des Empereurs.
Car les Ordonnances d'Orleans art. 23. & de Blois art. 38. portent
ces termes. *Defendons à tous Iuges de permettre qu'és jours de Dimanches & Festes annuelles & solemnelles aucunes foires & marchez soient tenus, ny danses publiques faites: & leur enjoignons de punir ceux qui y
contreviendront.* Plus ces paroles sont courtes, plus elles sont preci-

fes. Il eſt également ordonné aux Magiſtrats de ne ſouffrir les Dimanches & les Feſtes, ny les foires & les marchez, ny les danſes publiques. Or on ne peut pas dire qu'il ne ſoit defendu de tenir des marchez que pendant le temps de l'Office divin, & que cela ſoit permis pendant le reſte de la journée : & par conſequent on ne peut pas dire auſſi, comme pretendent ces Gentilshommes ſans aucun fondement, que les danſes ne ſoient défenduës que pendant l'Office divin, & qu'en tout autre temps il ſoit permis de prophaner ces ſaints jours par ces divertiſſemens dangereux ſi oppoſez à l'eſprit du Chriſtianiſme & de la vraye pieté.

Il eſt donc clair qu'il n'y a rien dans l'Ordonnance du Senechal de Limoux que d'entierement conforme aux Ordonnances du Royaume, & ſur tout lors qu'elle a defendu *de danſer publiquement les Dimanches & les Feſtes en quelque maniere & façon que ce ſoit : comme auſſi de faire danſes avec poſtures indecentes & attouchemens contre la bien ſceance & honneſteté Chreſtienne.* De ſorte que c'eſt une temerité puniſſable à ces Gentilshommes d'avoir oſé ſe porter pour oppoſans à l'execution de l'Arreſt du Parlement de Grenoble du 11. Decembre 1664. qui n'a fait que confirmer des reglemens tres ſaints en eux meſmes, & auſquels on ne peut s'oppoſer, qu'en s'oppoſant, avec une hardieſſe inconcevable, à l'autorité de nos Roys qui les ont ſi ſagement & ſi religieuſement établis.

SIXIE'ME E'CLAIRCISSEMENT.

Des pretentions schismatiques de quelques Reguliers, que les Gentilshommes ont compris dans leur Syndicat, de prescher, de confesser dans le Diocese d'Alet contre le gré de l'Evesque, & d'y quester n'en estant pas, & la permission leur en ayant esté refusée.

§. 1. *Liaison de l'affaire des Reguliers avec celle des Gentilshommes.*

L n'y a point d'affaire plus liée avec celle de la Noblesse du Diocese d'Alet, que celle des Reguliers, qui ne l'ont pas seulement imitée dans leur revolte contre le mesme Prelat ; mais qui ont le plus contribué à augmenter le feu de cette division. Il n'y a en tout que deux maisons de Reguliers dans ce Diocese : l'une en la Ville de Quillan de Dominicains non reformez : & l'autre en celle de Caudiez, d'Hermites de S. Augustin. On sçait que les Superieurs des Ordres des Mendians, ne tiennent d'ordinaire dans les petites maisons que des Religieux assez ignorans, & qui ne sont bons à rien dans les grandes. Et c'est ce qui a porté le Pape Innocent X. de supprimer tous les petits Convents d'Italie ; parce qu'on a beaucoup de peine à les conserver dans la regularité. Il est donc vray que M. d'Alet n'a pas eu grand sujet jusques icy de se loüer de la plus part des Religieux de ces deux Monasteres : & que vivant dans un assez grand desordre, il n'a pas crû se devoir servir d'eux en des emplois, où il les trouvoit plus capables de donner du scandale, que de l'édification à son peuple. C'est ce qui les a aigris contre ce Prelat, & qui les a portez à se joindre aux Gentilshommes, qui ne pouvoient souffrir qu'on les troublast dans leur vie licentieuse, afin de s'entretenir mutuellement dans cet esprit de revolte, la Noblesse fournissant aux frais des Procés que les uns & les autres ont suscitez à M. d'Alet : & les Reguliers les appuyant par leurs intrigues & par leurs calomnies dedans & dehors le Royaume.

Cette liaison est assez connuë. Mais Dieu a voulu qu'afin qu'on n'en pût douter, & qu'on pût mieux juger de l'esprit de cette cabale, que les Gentilshommes l'ayent découverte dans l'Acte de leur Syndicat, ou ils parlent de ces Reguliers en ces termes : *Et d'autant que lesdits Sieurs constituants ont appris, que ledit Seigneur Evesque d'Alet vexe aussi les reverends Peres Augustins de Caudiez, & Iacobins de Quillan, les troublant en la joüissance de leurs privileges ; leur défendant d'entendre les confessions de ses Diocesains, & autres vexations qui reviennent*

R

jusques ausdits Sieurs constituans, ainsi qu'il est aisé à voir par les chefs susdits; iceux constituans donnent de mesme plein pouvoir ausdits Sieurs les Syndics de soûtenir en tout & par tout lesdits Religieux; pour le soutien de leurs privileges, ET LEUR FOURNIR POUR CET EFFET TOUT CE QUI SERA DE BESOIN.

Ainsi on ne peut douter que cette affaire des Reguliers ne fasse partie de celle des Gentilshommes, & que sa Majesté n'ait agi avec beaucoup d'équité & de sagesse, lors qu'elle a r'envoyé aux mesmes Commissaires qui doivent juger souverainement les differens de la Noblesse, le jugement de l'Appel comme d'abus que le Promoteur d'Alet a interjetté de la Sentence renduë par M. l'Evesque de Vabres soy disant Commissaire Apostolique sur un bref entierement nul. Mais pour bien entendre cette affaire des Augustins de Caudiez, il faut reprendre le fait de plus haut.

§. 2. *Recit de ce qui s'est passé dans l'affaire des Augustins de Caudiez, jusqu'à la Sentence de M. l'Evesque de Vabres.*

CAUDIEZ est une petite Ville du Diocese d'Alet, où il y a un Monastere d'Hermites de S. Augustin Car c'est le nõ que ces Religieux se dõnent ce qui fait voir que le vray esprit de leur ordre est, qu'ils passent leur vie dans la solitude, & non dans les emplois Eclesiastiques. Neanmoins M. l'Evesque d'Alet n'a point fait difficulté de les y appeller, quand il en a eu besoin & qu'il a jugé qu'ils le pourroient faire avec l'édification des ames qui luy sont cõmises, puis que le P. Alexis qui a esté 6. ans Prieur de ce Convent, n'a pas seulement eu la permission pendant tout ce temps là, de prescher & de confesser dans leur Eglise; mais qu'il l'a même employé à prêcher en d'autres Eglises des Avens & des Carémes. C'est pourquoy il auroit accordé la mesme grace à ses successeurs dans les besoins de son Diocese, s'il y avoit trouvé la mesme soûmission, & qu'il eust eu autant de sujet d'esperer qu'ils s'en aquitteroient avec fruit. Mais un certain Religieux de cet ordre qui avoit esté autrefois Prieur de ce Convent de Caudiez y ayant esté renvoyé en cette mesme qualité, il y a 7. ou 8. ans, pretendit qu'ayant esté autre fois approuvé pour prescher & confesser dans le Diocese, il pouvoit encore faire l'une & l'autre fonction sans prendre de nouvelle approbation de M. l'Evesque d'Alet, quoy que son pouvoir eût esté revoqué par la 23. des ordonnances Synodales du Diocese d'Alet. Il n'avoit point d'autre fondement de cette illegitime pretention, que cette maxime erronée de quelques nouveaux Casuistes, que *Semel approbatus, semper est approbatus;* mais qui ne pouvoit estre qu'un fondement ruineux, puis que c'est une pure phantaisie de gens sans autorité, qui a esté expressement condamnée par le Pape Innocent X. d'heureuse memoire & par Alexandre VII. qui est presentement assis sur la chaire de S. Pierre.

Le procedé de ce Religieux obligea M. d'Alet de faire publier au Prosne de l'Eglise Paroissiale de Caudiez, qu'il n'y avoit que tel & tel dans cette Ville qui fussent approuvez pour les confessions, de peur que le peuple ne fust abusé par des absolutions invalides.

Cette declaration retint ce Prieur quelque temps, & l'empescha de se presenter au Confessionnal jusqu'au jour de la Feste de S. Thomas de Ville-neuve, qu'il confessa 8. ou 10. personnes toutes scandaleuses, & quelques unes mesme dénoncées publiquement interdites pour leurs scandales, ou dans Caudiez ou dans les Parroisses voisines. Voila l'usage qu'il fit du pouvoir qu'il s'attribuoit par une usurpation sacrilege. Il ne l'employa aussi qu'à faire commettre des sacrileges, & à tromper miserablement des ames endurcies dans le peché par une absolution imaginaire, qui ne leur servoit qu'à leur faire ajoûter de nouveaux crimes à leurs anciens, par le mépris qu'ils faisoient de leurs vrais Pasteurs, & la prophanation des saints mysteres que ce mercenaire leur permettoit en un si mauvais estat.

Cette entreprise si injurieuse à l'Episcopat & si pernicieuse aux ames, donna sujet à M. l'Evesque d'Alet de refuser à ce Prieur & à ses Religieux la permission de quester : Punition bien legere pour une si grande faute, mais qui remedia à une partie du scandale, en ce que ce Prieur ne pouvant peut estre souffrir les plaintes de ses Freres, qui se voyoient privez par son entestement à ne point demander d'approbation, de ce moyen de subsister qui leur est fort doux, fut obligé de quitter le Diocese.

Apres son depart il vint en sa place un autre Prieur à qui M. l'Evesque d'Alet permit d'abord la queste, mais non pas de prescher & de confesser, son Diocese n'en ayant pas de besoin, outre qu'il desiroit auparavant qu'on luy fist satisfaction de la contravention du Prieur precedent suivant la constitution de Clement VIII. Suscepti muneris; que celuy-cy prist une approbation limitée conformement à la decision de N. S. P. le Pape Alexandre VII. sur le different des Reguliers d'Angers, & qu'il condamnast les propositions avancées par ses Confreres d'Angers comme elles y estoient condamnées. Il n'y avoit rien de plus raisonnable que cette demande, & ce Prieur ne la pouvoit rejetter sans témoigner un mépris extreme de l'autorité du S. siege, qui est leur seul refuge pour colorer leurs entreprises audacieuses contre leurs Evesques. Il la rejetta neanmoins avec un orgueil insupportable, & il aima mieux passer ses trois ans sans prescher ny confesser, que de consentir à la moindre humiliation pour reparer l'attentat de son predecesseur, ou donner quelque preuve qu'il abandonnoit les maximes erronnées de ses Confreres, quoy que condamnées par le Pape. Il s'en crut quitte pour dire qu'il ne vouloit pas faire prejudice aux privileges de son ordre. C'est ainsi qu'ils appellent leurs plus insoutenables pretentions, lors mesmes qu'elles ont esté declarées nulles & abusives par ceux de qui seuls ils pourroient avoir receu ces privileges. En verité, s'il estoit permis de reprendre quelque chose dans la conduitte d'un Prelat si sage, ce seroit d'avoir toleré par un excez de moderation un refus si déraisonable & de s'estre contenté de ne pas accorder des graces à ceux qui en estoient si indignes, sans leur faire sentir ce que meritoit leur attachement opiniastre à des erreurs tant de fois proscrites.

Les trois ans de ce Prieur estant achevez, le Frere Hilarion Lavaur luy succeda dans cette charge en 1662. & estant passé par la ville d'Alet pour se rendre à Caudiez, il salüa M. l'Evesque d'Alet sans luy parler d'autre chose que du grand desir qu'il avoit de se bien aquitter de sa charge de Prieur, à quoy M. d'Alet ne manqua pas de le bien exhorter, comme estant la seule chose, apres le soin de son propre salut, dont il deust rendre conte à Dieu.

Quelque temps apres estant venu revoir M. l'Evesque d'Alet, il luy demanda permission de quester, & celle de prescher & de confesser. Pour la permission de quester il luy en fit expedier le mandement sur le champ, comme il avoit fait les années precedentes, quoy qu'il eût tant de sujet de ne le pas faire. Mais pour ce qui est de la predication, il luy répondit que n'y ayant que peu de temps qu'il estoit dans son Diocese, il ne le connoissoit pas encore assez pour l'employer à cette fonction; qu'il desiroit l'entendre prescher & qu'à cet effet, il le feroit avertir pour venir prescher à Alet: Que quand aux confessions, il n'estoit pas presentement necessaire qu'il confessast à Caudiez, parce qu'il y avoit suffisamment de Confesseurs pour la ville, & que dans les besoins il l'approuveroit, à condition qu'il voulust recevoir une approbation limitée, conformement au bref du Pape envoyé à M. d'Angers en l'année 1659.

Vn homme qui n'auroit eu pour but dans l'administration de la parole de Dieu & du Sacrement de penitence, que la gloire de Dieu & le bien des ames, auroit esté fort content de cette réponse, & auroit attendu en paix que le Pere de famille l'appellast pour travailler à la vigne, en se disposant par l'étude & par la priere à se rendre digne d'un si saint employ. Mais ceux qui regardent ces fonctions toutes divines d'un œil de mercenaires, qui ne mangent pas pour Evangeliser, mais qui Evangelisent pour manger, comme dit S. Augustin, croyent qu'on leur fait une aussi grande injure quand on ne les y employe pas, que si on empeschoit un Artisan d'exercer le mestier qu'il a choisi pour gagner sa vie.

Le Frere Hilarion Lavaur témoigna bien qu'il estoit possedé de cet esprit, & que bien loin de considerer avec tremblement ces ministeres si terribles, & dont les plus éclairez & les plus habiles doivent craindre de ne se pas bien aquitter, il ne les recherchoit que comme un moyen de se procurer des commoditez temporelles *Vilius habens Evangelium, quam cibum*, comme dit encore le mesme Pere.

Car estant mal satisfait de cette proposition de M. d'Alet; au lieu d'attendre que ce Prelat, qui connoist si bien les besoins de son Dio-cese, l'appliquât aux occasions où il jugeroit qu'il pourroit utilement servir les ames, il prit le temps qu'il passoit par Caudiez le 9. Octobre 1662. pour luy faire signifier un acte par lequel, apres avoir ex- « posé, que depuis 5, ans on ne confessoit ny ne preschoit en leur Mo- « nastere, & que cela détournoit des aumosnes considerables de leur « Convent, il le requeroit tant pour luy que pour les Freres Devaux « & Neblon, de leur permettre de confesser attendu, disoit-il, que par « l'application de leurs Provinciaux, ils avoient fait ces fonctions en « plusieurs Dioceses, & qu'il avoit des raisons, qui l'obligeoient en con- « science à luy demander cette grace, dont la 1. estoit l'honneur du S. « siege & l'interest de son autorité, qui entend que les Religieux men- « dians preschent & confessent comme ses deleguez, s'ils sont deü- « ment presentez par leurs Superieurs aux Seigneurs Evesques, qui ne « peuvent les rejetter sans offencer le S. Pere, si à l'examen ils sont ju- « gez capables. La 2. l'honneur de son Ordre, lequel se trouve depuis « 400. ans en possession de ce privilege. Et la 3. l'extreme pauvreté à « laquelle estoit reduit le Monastere par l'éloignement de tous ceux « qui y faisoient du bien, lors qu'ils y venoient pour ouïr les predica- « tions & recevoir le Sacrement de penitence. Protestant que si ledit « Seigneur Evesque leur refusoit l'approbation qu'ils luy demandoient, « luy & ses Religieux passeroient outre, & qu'ils confesseroient & prê- « cheroient dans leur Eglise, & ailleurs s'ils en estoient requis : parce « qu'en cas de refus, les privileges Apostoliques & les Conciles leur « donnent la jurisdiction necessaire pour absoudre validement les fide- « les qui se presentent à eux, & que c'estoit audit Seigneur Evesque à « prouver qu'ils ne peuvent licitement & validement faire lesdites fon- « ctions, & à se pourvoir pour cela où il jugera estre fait. «

M. l'Evesque d'Alet sans s'émouvoir d'un tel discours, répondit avec sa moderation ordinaire, qu'il ne refusoit pas de les examiner, mais que c'estoit une affaire qui devoit estre traittée en cõgregation, & qu'il partoit pour aller à S. Paul. A quoy ce Prieur repliqua qu'il prenoit cette réponse pour un refus, & que ce refus valant une approbation, luy & ses Religieux confesseroient & prescheroient.

En effet ce Prieur ayant fait sçavoir par tout qu'il s'en alloit prescher, le Promoteur d'Alet luy fit signifier le 10. dudit mois d'Octobre la 22. des Ordonnances Synodales qui porte ces termes: *Nous defendons sous peine de suspense à tous les Ecclesiastiques seculiers ou reguliers, qui ont esté approuvez de nous pour certain lieu ou certains temps, d'exceder en aucune façon les limites de leur pouvoir, & les termes de leurs approbaitons, conformement à la declaration expresse des assemblées generales du Clergé de France, & la decision que N. S. P. le Pape Alexandre VII. a donnée cette année, ayant esté consulté sur ce fait.*

R iij

Mais rien n'eſtoit capable d'empeſcher cét homme, qui eſtoit reſo-
lu à quelque prix que ce fuſt de faire inſulte à ſon Eveſque, pour ſe
vanger de ce qu'il ne l'avoit pas appliqué aſſez toſt à ſon gré, a des
emplois, dont, par cela meſme il ſe monſtroit ſi indigne. Il eut donc la
hardieſſe de monter en chaire le 15 Octobre, 5 jours ſeulement apres
l'audacieuſe declaration qu'il en avoit faite à M. d'Alet, & nonobſtãt
les deffenſes qui luy en avoient eſté ſignifiées : & apres avoir diſcou-
ru ſur ce qu'il luy plût avec aſſez de confuſion & de deſordre, il vint
à la fin à ce qui eſtoit le principal but de cette Predication ſédicieu-
„ ſe, qui fut d'avertir ſon Auditoire : Qu'on ne devoit pas s'étonner
„ de ce qu'il avoit preſché malgré M. d'Alet ; qu'il y eſtoit obligé en
„ conſcience ? que les Privileges de ſon Ordre & les Conciles luy
„ ordonnoient d'en vſer ainſi : que le refus que ledit Seigneur Eveſque
„ avoit fait de l'approver & ſes Religieux, valoit une approbation ;
„ qu'il répondoit ame pour ame de la validité des abſolutions qu'ils
„ donneroient : que ceux qui contrediſoient ou impugnoient leurs
„ privileges eſtoient, ſelon les Conciles HERETIQES, & que l'on
„ ſçavoit aſſez que depuis 5. ans M. l'Eveſque d'Alet les avoit contre-
dits & impugnez. D'ou il l'aiſſoit tirer à ſes Auditeurs la concluſion,
qu'ils ne pouvoient pas ne point tirer ayant un peu de ſens com-
„ mun, que ce Prelat eſtoit heretique. Il dit encore : que les Conciles
„ & les Papes avoient donné ſpeciale permiſſion aux Religieux de vac-
„ quer aux confeſſions & aux predications pour peu de ſçavoir qu'ils
„ euſſént, eſtant toûjours plus capables & ayant plus de lumiere que
„ les Recteurs & vicaires que les Eveſques établiſſent. Et pour donner
„ à entendre que la morale qu'il vouloit ſuivre eſtoit bien differente
„ de celle de M. d'Alet, il aſſeura, que de deux opinions probables on
„ pouvoit ſuivre en conſcience celle qui agreoit le plus.

Ce diſcours ſcandaleux ayant eſté rapporté au Promoteur d'Alet,
il crut qu'il eſtoit de ſon devoir de requerir, qu'on en informaſt,
comme en effet on en commença l'information, dont ce Prieur
ayant eu avis, & ſa conſcience lui reprochant ſes excés, il apprehenda
qu'on ne decretaſt contre luy priſe de corps ; ce qui le fit retirer du
Dioceſe, & s'en eſtant allé à Toulouze, ou pour ſe mettre à couvert des juſtes pourſuittes qu'il s'attendoit bien qu'on feroit contre
une ſi inſolente Predication, il prit des lettres de quadrimeſtre en
la Chancellerie, pour eſtre gardé dans l'appel qu'il interjettâ à Rome
Omioſo medio, dans leſquelles il n'oublia pas d'avancer cette maxime
fauſſe & erronnée, qui eſt tout le fondement de ſon entrepriſe ſchiſmatique ; *qu'un refus valoit une approbation* : & en vertu de ces lettres il fit aſſigner le Promoteur d'Alet pardevant le Senechal de Limoux, le 4. Decembre 1662.

Sur cet appel le Frere Hilarion Lavaur ſe pourveu à Rome, ce
qui eſtoit une nullité dans ſon appel, comme le Promoteur l'a de-

puis repreſenté à M. de Vabres, parce qu'il eſt expreſſement porté par le concordat au titre *de frivolis appellationibus* : Que lors qu'il y auroit lieu d'appel, on ne pourroit le relever que devant le Superieur immediat, & qu'on ne pourroit pas meſme appeller au Saint Siege ſans paſſer par le Metropolitain. Mais foulant aux pieds cette regle, il rapporta de Rome un Reſcrit appellatoire du 21. Fevrier 1663. qu'il fit adreſſer à MM. les Eveſque d'Alby, de Vabres & de Lavaur.

Ce reſcrit eſtoit libellé *à ſententia definitivà, ſeu decreto definitiuo per ordinarium Electenſem, ſeu ejus Officialem in prima inſtantia latà ſeu facto, quà vel quo dictus Hilaronus ad inſtantiam Promotoris fiſcalis dictæ curiæ Fpiſcopalis Electenſis, ſub pretextu contraventionis præcepti de non prædicando & eleëmoſinas quærendo, condemnatus reperitur in non nullis pœnis, non tamen corporis inflictivis.*

Et c'eſt ce qui rendoit ce Reſcrit entierement nul, le fondement en eſtant tout à fait faux, puis qu'il n'y a jamais eu de Sentence renduë dans la Cour Eccleſiaſtique d'Alet, ny contre ledit Frere Hilarion, ny contre aucun de ſes Religieux, ny pour avoir preſché contre la volonté de M. l'Eveſque d'Alet, ny pour aucun autre ſujet, & moins encore pour la queſte, qu'ils ont toûjours faite ſans aucun trouble ſur les mandemens qui leur en ont eſté accordez.

Le Frere Hilarion ayant receu ce Reſcrit ſur cette inſigne fauſſeté, il choiſit M. l'Eveſque de Vabres, comme celuy de ces trois Prelats auſquels il eſtoit addreſſé, qu'il jugeoit le plus propre à autoriſer ſes injuſtes pretentions, ſans ſe mettre en peine qu'il en eſtoit exclus par le droit, qui deffend de prendre pour commiſſaire celuy qui eſt éloigné de plus d'une ou deux journées de la demeure de celuy qu'on fait aſſigner. Car il y a plus de trois journées de Vabres à Alet. Mais au lieu de Prendre des lettres pour y faire aſſigner le Promoteur, il ſe contenta de preſenter à M. de Vabres une grande Requeſte dans laquelle il eſtala de nouveau, avec une hardieſſe inconcevable, ſa pretention erronnée. Car reconnoiſſant qu'il avoit Preſché contre les defenſes qui luy avoient eſté ſignifiées de preſcher & de confeſſer conformement aux conſtitutions Synodales ſous peine de ſuſpenſe, il a l'inſolence d'autoriſer ſon attentat en parlant à un Eveſque par cette enorme fauſſeté : *Que les SS. Conciles*, ce ſont ſes termes, *qui exigent cette ſoumiſſion des Religieux de ſe preſenter aux Seigneurs Eveſques pour les requerir de vouloir donner leur approbation à faire leſdites fonctions, permettent aux meſmes Religieux de les faire apres s'eſtre acquitez de ce devoir*; au lieu que le Concile de Trente a ordonné expreſſement le contraire. Il concluoit en ſuitte à la remiſe des informations, & à des deffences contre le pretendu Decret de priſe de corps qui ne fut jamais decerné, ce que ce Prelat luy accorda par ſon Ordonnance miſe au bas de cette

Requeſte & fit deffenſes au Promoteur d'Alet ſous peine d'excommunication . *ipſo faĉto* , de rien faire ny attenter.

A la ſignification de cette Requeſte extraordinaire , le Promoteur qui fut aſſigné proteſta de l'induë aſſignation , l'Ordonnance
n'en portant point , & de l'indû recours à cet Eveſque , la Ville de
Vabres ou avoit eſté donnée cette aſſignation eſtant éloignée de
trois journées & plus de celle d'Alet.

Cette réponſe ayant fait prendre garde à ce Prieur , qu'il avoit
mal commencé , il ſe pourveut de nouveau devers M. de Vabres &
en obtint des lettres pour faire aſſigner , non ſeulement le Promo-
reur , mais encore M. l'Eveſque d'Alet & ſon Official contre toutes
ſortes de formes & contre les termes de ſon Bref. Mais perſonne ne
s'eſtant preſenté à cette aſſignation , par ce que M. de Vabres eſtoit
à Toulouze , & qu'elle eſtoit donnée à Vabres , le Vicaire General
de ce Prelat ſe diſant ſubdelegué decerna défaut le 9. Iuin de la meſme année 1663. qui fut intimé le 16. dudit mois , ce qui obligea le
Promoteur d'Alet d'envoyer pour luy à Vabres le Sieur Digeon
Avocat qui s'y eſtant tranſporté le 3. du mois de Iuillet enſuivant ,
& n'y ayant trouvé ny l'Eveſque , ny ſon Vicaire General , il ſe preſenta devers ſon Secretaire , ſans approbation ny de ſon Vicaire General , ny de ſa commiſſion en elle meſme , dont il retira aĉte. Et
ayant appris que l'un & l'autre eſtoit à Toulouze , il s'y en alla , &
par avis de ſon conſeil , il fit ſignifier à M. l'Eveſque de Vabres , au
nom du Promoteur d'Alet , un aĉte de declaration d'appel fondé
ſur l'acceptation qu'il avoit faite d'un Reſcrit *extra duas diætas* , &
de la ſubdelegation pretenduë de ſon Vicaire General.

Mais comme on apprit depuis que le Reſcrit du Frere Hilarion
Lavaur , n'eſtoit fondé que ſur une prétenduë Sentence definitive
renduë contre luy en la Cour Eccleſiaſtique d'Alet , & que ce grief
n'eſtant ny vray ny admiſſible , il eſtoit notoirement nul , on ne ſe
mit pas en peine d'obtenir un nouveau Reſcrit de Rome : & on crut
que la chaleur de l'emportement de ce Frere Hilarion ayant eu le
temps de ſe refroidir , il ſeroit revenu à luy , & ſe deporteroit de luy
meſme d'un appel auſſi frivole que le ſien.

Neanmoins au lieu de prendre ce party , les 4. mois donnez au
Promoteur d'Alet pour relever ſon appel en Cour de Rome eſtant
expirez , ce Religieux recourut de rechef à M. de Vabres , & l'ayant
trouvé à Toulouze , prit de nouvelles lettres le 29. du mois de Fevrier 1664. en repriſe & continuation d'inſtance qu'il fit ſignifier
le 8. Mars.

Le Promoteur d'Alet , s'eſtant trouvé au terme de l'aſſignation ,

occupé à Alby pour une affaire tres importante , & M. l'Eveſque d'Alby devant lequel il agiſſoit n'ayant pas jugé à propos qu'il
quittaſt , s'offrit de prendre la peine d'écrire à M. de Vabres pour
luy

luy obtenir une furceance de quelques jours: ce qu'ayant fait, ce
Prelat luy r'écrivit le 28. ou le 29. dudit mois de Mars en ces propres
termes : *Qu'il n'eſtoit pas neceſſaire que le Promoteur d'Alet alaſt à
Vabres : que ſes affaires y eſtoient faites, qu'il auroit juſtice, & qu'il
y'avoit plus de ſix mois qu'il avoit ſubdelegué.* Et quatre jours apres
le meſme M. de Vabres qui avoit aſſuré M. d'Alby que ce Promoteur n'avoit rien à faire à Vabres, rendit une Sentence par laquelle il
le declara *contumax*, & en peine de ſa contumace, le ſuſpendit de
l'entrée de l'Egliſe juſqu'à ce qu'il eut remis au Greffe de Vabres
des procedures qu'il n'avoit pas. Il eſt difficile de concevoir une
plus grande ſupercherie que celle là, & plus indigne d'un Eveſque,
& neanmoins ce ne fut pas là le plus grand excés de cette Sentence.
L'injure n'en retomboit que ſur un particulier. Il falloit en faire à
toute l'Egliſe, & que la puiſſance de tous les Eveſques fuſt foulée
aux pieds par un Eveſque en la perſonne de M. d'Alet. C'eſt ce que
fit M. de Vabres par cette meſme Sentence, lors que par un inſupportable abus, il declara qu'il approuvoit proviſionnellement ledit
Frere Hilarion pour les predications & pour les confeſſions dans le
Dioceſe d'Alet; & qu'il permettoit aux Freres Devaux & Neblon
de ſe preſenter a l'examen à l'effet des meſmes approbations, devant tel, que bon leur ſembleroit, des Seigneurs Eveſques de la Province, ſans dire s'il l'entendoit de la Province Eccleſiaſtique de
Bourges dont Vabres releve : ou de la Guyenne, dans laquelle la
Ville de Vabres eſt ſcituée.

Si le Promoteur d'Alet n'avoit eu une deference tres grande pour
tout ce qui porte le nom de l'Egliſe, il auroit pû n'avoir aucun égard
à une Sentence ſi inſoutenable, & ſi notoirement nulle. 1. parce que
s'eſtant preſenté, il ne pouvoit eſtre traitté de contumax qu'avec
une manifeſte injuſtice. 2. parce qu'il eſt contre les formes & le droit,
de condamner un Promoteur à remettre des procedures qu'il n'a
pas, & qui ne ſont point en effet. Car une information non-decretté
ne peut eſtre appellée une procedure. 4. parce qu'il eſt encore plus
injuſte de l'y condamner ſous une peine auſſi rude qu'eſt la ſuſpenſion
de l'entrée de l'Egliſe ſans aucune monition ny commination precedente. 5. parce que cette Sentence excedoit *fines mandati*, le bref,
quoy que nul pour avoir eſté obtenu *Omiſſo medio*, & eſtre fondé ſur
un faux expoſé, ne donnant point pouvoir aux Eveſques auſquels il
eſtoit adreſſé, d'aprouver pour les confeſſions & les predicatiõs dans
le Dioceſe d'Alet, mais ſeulement de faire droit ſur l'appel de la pretenduë Sentence de l'Official d'Alet, s'il y en avoit qui condamnaſt
ledit Frere Hilarion. 6. parce que les Freres Devaux & Neblon
n'eſtant pas ſeulement nommez dans ce bref, c'eſtoit encore un
plus grand abus à leur égard, de les renvoyer pour obtenir le pouvoir de preſcher & de confeſſer dans le Dioceſe d'Alet, devant tel

S

Evefque de la Province que bon leur fembleroit, ce qui eft manifeftement contraire aux conftitutions Apoftoliques, & va à la ruine
entiere de la difcipline & de la Hierarchie. 7. parce que quelque
contumace qu'on puft alleguer contre le Promoteur d'Alet, il eft
certain que M. de Vabres n'eftant juge que par commiffion, il ne
pouvoit juger que fuivant fa commiffion : & au plus renvoyer le
Frere Hilarion abfous de la condamnation qu'il avoit expofée au
Pape avoir efté ordonnée contre luy par la Sentence de l'Official
d'Alet.

Mais quoy que par toutes ces raifons, (fans parler de la nullité
de la commiffion en elle mefme pour n'eftre fondée que fur des fauf-
fetez manifeftes) cette Sentence fuft nulle & de nulle valeur, le Promoteur, pour donner un exemple extraordinaire de foumiffion &
d'obeiffance , s'abftint de l'entrée de l'Eglife mefme les feftes de
Pafques, (car cette Sentence luy fut fignifiée le Vendredy Saint,) &
ayant fait expedier l'information non decretée côtre le Frere Hilarion qui eftoit remife au Greffe d'Alet dés le mois d'Octobre 1663.
il la fit remettre par extrait en forme figné & féellé fuivant le reglement de l'affemblée de 1606. & le ftile de la Province de Bourges
entre les mains du Secretaire de M. de Vabres en la prefence de ce
Prelat , lequel ayant pris & examiné cette procedure, qu'on ne
peut appeller qu'improprement de ce nom, ne confiftant qu'en une
requefte , un bref *interdit* , & la depofition de 4. témoins, il leva
l'interdit du Promoteur, & ordonna que les parties produiroient ce
que bon leur fembleroit dans quainzaine.

Mais au prejudice de la remife de cette procedure, & de l'Ordonnance de cèt Evefque qui en avoit efté content ; comme il fem-
bloit s'eftre dévoüé à favorifer en toutes chofes à tort ou à droit, le
Frere Lavaur, fur ce que ce Religieux revolté luy reprefenta imper-
tinemment, que cette procedure n'eftoit pas dans la forme , & qu'il
en falloit remettre l'Original, quoy que cela fuft contre l'ordre judiciaire, contre le Réglement de la Province de Bourges , & contre
celuy du Clergé de France ; il s'avifa fans raifon , & fans aucune uti-
lité , mais feulement pour vexer le Promoteur , de l'interdire encore
une fois de l'entrée de l'Eglife jufqu'à la remife des Originaux, ce
qui ne pouvoit eftre ordonné en façon quelconque ; puis que par
l'extrait de la procedure remife , il paroiffoit que les Originaux
eftoient au Greffe d'Alet, & qu'il eft inoüy que l'appellé faffe remettre les procedures.

Le Promoteur neanmoins appuyé fur la juftice de fa caufe, fouf-
frit encore cette injuftice, & ayant fait expedier cette procedure en
Original le 14. May, il la fit porter à Vabres par le mefme fieur
Digeon, qui s'y eftant rendu le 17. n'y trouva ny M. de Vabres ny
fon Secretaire , fut obligé d'y demeurer jufqu'au 29. que le Sieur

Vernhette foy difant cõmis du Secretaire receut la procedure. Apres quoy M. de Vabres ayant fait élection de Tribunal en la Ville de Toulouze avec le confentement des Vicaires Generaux , c'eft là qu'il a rendu le 8. Iuillet 1664. une des plus exorbitantes & des plus injuftes Sentences qui ayent efté renduës par aucun Evefque , fans en avoir pû eftre retenu, ny par les fins de non-proceder & de non-recevoir qui luy furent reprefentées & qui eftoient indubitables & manifeftes, ny par les raifons du fond qui luy furent auffi propofées quoy que fans approuver fa commiffion, qui ne pouvoient eftre plus claires & plus decifives contre les pretentions fchifmatiques du Frere Lavaur, que ce Prelat n'a point eu honte d'autorifer.

§. 3. *De la derniere Sentence de M. de Vabres, & des injuftices qu'elle contient.*

Le Frere Hilarion Lavaur ayant appellé d'une Sentence qu'il fuppofoit fauffement avoir efté renduë contre luy par l'Official d'A-let, outre que le Bref qu'il avoit obtenu fur cette fauffeté eftoit nul par le ch. *fuper litteris de Refcriptis* , il ne donnoit point d'autre pouvoir aux deleguez , que d'infirmer ou de confirmer cette Sentence s'il y en avoit eu aucune. Mais M. l'Evefque de Vabres fermant les yeux à tout cela, s'atribuant un pouvoir de juger dans une caufe dans laquelle on luy avoit fait voir qu'un Refcrit manifeftement fupreptice ne luy en donnoit aucun, & foulant aux pieds toutes les Loix de l'Eglife ; au lieu d'ordonner qu'on pourfuivroit l'information commencée contre le Frere Lavaur, afin que s'il fe trouvoit que ce que les témoins avoient depofé contre luy fuft veritable, on le punift felon les Canons de la plus haute infolence qu'un Religieux puiffe commettre contre un Evefque ; il n'a eu que des graces à luy departir pour recompenfe de fa temerité criminelle. Il avoit entrepris de prefcher & de confeffer malgré M. l'Evefque d'Alet : & c'eft ce qu'il luy a accordé. *Nous approuvons ,* dit-il, *pour les Predications & Confeffions dans le Diocefe d'Alet ledit Frere Hilarion Lavaur ayant efté cy-devant par nous examiné, faifant inhibitions & defenfes audit Promoteur & à tous autres que befoin fera de à ce luy donner aucun trouble ny empefchement fur peine d'excõmunication* IPSO FACTO, De forte que fi on en croit M. l'Evefque de Vabres , M. l'E-vefque d'Alet auroit beau fe facrifier , comme il fait dans les travaux continuels de fa charge Paftorale , pour reparer les ruines du Temple de Dieu, qui eft l'Eglife , il ne laifferoit pas de fe trouver excommunié, c'eft à dire retranché luy-mefme de l'Eglife , comme un membre pourry & gafté, s'il n'abandonnoit à ce mercenaire, qui l'a traitté d'heretique en pleine chaire , & qui avoüe affez franchement , que ce qui le porte à prefcher & à confeffer eft , que fans cela il ne trouve pas de quoy manger à fon gré : s'il n'abandonnoit, dis-je, à un homme fait de cette sorte la conduite des ames dont Dieu luy demandera conte.

Cela ne suffit pas à M. de Vabres. Ce ne luy est pas assez d'avoir envoyé un seul loup pour ravager la bergerie de ce vigilant Pasteur, il luy donne deux compagnons pour y mieux reüssir. Son Rescrit tout nul qu'il est, ne parloit en aucune sorte des Freres Devaux & Neblon: & ainsi, ce ne peut estre que par quelque puissance extraordinaire & prophetique, qu'il entreprend de donner encore mission à ces deux Reguliers dans le Diocese d'Alet, & ce qui est encore plus, de transmettre ce pouvoir à tous les Evesque de la Province qu'il leur plairoit de choisir pour se faire enuoyer par eux dans une moisson etrangere. *Et à l'egard*, dit-il, *des Freres Devaux & Neblon Prestres & Religieux dudit Couvent de Caudiez Ordre susdit de sainct Augustin, leur avons permis & permettons de se presenter devant tel de Nosseigneurs les Evesques de la Province que bon leur semblera, pour leur demander & obtenir semblable approbation, si fait n'a esté: ou si mieux ils n'aiment se presenter à ces fins devant nous.* Il paroist par cette clause, quelle attache ce Prelat a eu de soutenir en definitive, ce qu'il avoit ordonné par provision, quelque irregulier qu'il pust estre. Car quoy qu'on l'eust averty de l'équivoque du mot de Province, il ne luy a pas plu de l'éclaircir. On luy avoit dit que Vabres estant suffragant de Bourges, & dans la Guyenne, le mot de Province dans la Sentence provisionnelle signifioit celle de Bourges selon l'usage de l'Eglise; & la Guyenne selon le Civil; ce qui estoit tout à fait bizarre dans cette affaire. Car Alet estant de la Province de Narbonne, s'il y eust eu lieu de renvoyer ces Religieux du Diocese d'Alet aux Evesques de quelques Province pour estre approuvez, c'auroit deu estre à ceux de la Province de Narbonne & non pas à ceux de la Prouince de Bourges, ou de Guyenne, qui n'ont aucune liaison particuliere avec Alet, ny pour l'Eglise ny pour le Civil. La seconde Sentence estant rendue à Toulouze, c'est encore une nouvelle équivoque. Car on ne sçait si cette clause estant prise de la premiere Sentence, le mot de Province se doit entendre de la Province de Bourges comme dans la premiere qui a esté renduë à Vabres: ou de celle de Toulouse à cause qu'il avoit choisi son Tribunal en cette Ville là pour y rendre la seconde.

Neanmoins par tout où il eust envoyé ces Religieux chercher leur approbation, ç'auroit toûjours esté par une entreprise illegitime & contraire aux Saints Canons. Et c'est ce que luy mesme semble avoir bien reconnu, quoy que quelque secrette cause l'ait fait passer par-dessus ses lumieres. Car à quoy peut-on attribuer qu'à un remords de sa conscience, ce qu'il ajoûte pour arrester les pernicieux effets de cette permission schismatique : *Sans neanmoins tirer à consequence pour les autres Religieux à l'avenir.* QVID *temet-ipsam censura circon-*

venis ? Si cette permiſſion eſt bonne & conforme aux regles de l'E-gliſe, pourquoy craint-il qu'on ne la tire à conſequence ? Et ſi elle y eſt contraire, pourquoy la donne t'il ? Eſt-ce que ces trois Reguliers ſont d'un merite ſi éminent, qu'il leur falloit faire des graces extra-ordinaires, qu'il ne ſeroit pas juſte de communiquer à d'autres, dont la ſuffiſance ſeroit plus commune ? Mais outre que la vertu quelque rare qu'elle puſt eſtre ne donne point de juriſdiction, & que ce ſeroit une erreur que de le pretendre, tout ce qu'il y a de ſingulier en ces Religieux eſt, qu'ils ont témoigné avoir grand peur que le revenu de la queſte ne diminuaſt, & que leur Prieur s'eſt ſignalé par une des plus impudentes predications que jamais Regulier ait oſé faire con-tre les droits de l'Epiſcopat, & l'honneur d'un tres bon Eveſque. Eſt-ce que M. l'Eveſque d'Alet eſt ſi negligent à faire inſtruire ſon peuple, & à luy donner des Confeſſeurs éclairez & zelez pour le bien des ames, qu'il à fallu paſſer par deſſus toutes les Loix de l'Egliſe pour ſuppleer à une ſi extreme negligence, mais qu'envers tout au-tre Eveſque que luy, il ne faudroit pas uſer d'un tel procedé ? Ce devroit eſtre là le pretexte de l'outrage qu'on luy a fait d'envoyer des gens ſans ſa miſſion, & contre ſon gré preſcher & confeſſer les peu-ples dont Dieu l'a chargé. Mais le mal eſt pour M. de Vabres qu'il n'y a peut-eſtre point de Prelat au monde qui meritaſt moins d'eſtre traitté de la ſorte que M. d'Alet, puis que les ſoins de cet excellent Paſteur pour la nourriture ſpirituelle de ſes brebis, & pour la gueri-ſon de leurs maladies ſont tout à fait extraordinaires.

On auroit cru que M. de Vabres n'euſt plus rien eu à accorder à ces Religieux revoltez qu'il envoyoit preſcher & confeſſer dans le Dioceſe d'Alet. Mais comme ils ne regardoient ces fonctions que comme un moyen de faire valoir la queſte, le plus grand ſujet de leur plainte de ce qu'ils n'y eſtoient pas employez ayant eſté, que ſans ce-la la queſte n'alloit pas ſi bien qu'ils euſſent voulu, l'importance eſtoit de bien établir cette queſte ſans quoy tout le reſte leur euſt eſté bien indifferent. Et c'eſt auſſi ce qui n'a pas eſté oublié dans cette Sen-tence. *Comme auſſi*, dit M. de Vabres, *avons permis & permettons auſdits Religieux de Caudiez, ordre de S. Auguſtin, de faire la queſte dans toute l'étenduë du Dioceſe d'Alet.* On peut dire que cette permiſ-ſion eſt la derniere dans l'ordre de cette Sentence ; mais que c'eſt la premiere dans l'intention de ceux qui l'ont obtenuë ſuivant la maxi-me des Philoſophes : *Que la fin eſt ce qui eſt le premier dans l'intention, & le dernier dans l'execution.* C'eſt neanmoins ſans fondement, que ces Freres ſe ſont fait donner le droit de queſter par une perſonne qui n'en avoit pas le pouvoir, puis que M. d'Alet le leur avoit toûjours accordé, & qu'ils l'avoient toûjours fait ſur ſes mandemens. Mais ils s'eſtoient engagez par leur Reſcrit à faire cette demande parce qu'ils l'avoient obtenu par cette fauſſeté honteuſe qui le rend nul ; que le

Frere Lavaur eſtoit appellant d'une Sentence par laquelle il avoit
eſté condamné en quelque peine pour avoir contrevenu à une Ordonnance de ne point queſter. Et comme les fauſſetez & les impoſtures eſtoient les ſeuls moyens qu'ils pouvoient avoir pour décrier
la conduitte de M. d'Alet, ils en ont employé icy une tout-à-fait
étrange. Car voulant faire paſſer M. d'Alet pour une perſonne im-
pitoyable envers les pauvres, qui leur a refuſé la permiſſion de queſter, ce Frere Lavaur, pour le prouver, r'envoye dans ſon Inventaire
à des Arreſts du Conſeil & du Parlement de Toulouze produits ſous
la Cotte FF, & il diſſimule que ces Arreſts ſont de 1645.16.ou 17. ans
avant cette conteſtation : au lieu qu'on luy à produit le Mandement
de M. d'Alet de 1662. qu'il rapporta ſuivant l'uſage du Dioceſe pour
avoir celuy de 1663, & le certificat de l'Archipreſtre de Caudiez qui
témoigne que les Freres Auguſtins du Convent dudit Caudiez ont
fait la queſte l'année 1663. & 1664. dans les 33. Parroiſſes de ſon Ar-
chipreſtré ſur les Mandemens de M. l'Eveſque d'Alet. Vne ſi honteuſe fauſſeté ne meritoit-elle pas une punition exemplaire.

Mais M. l'Eveſque de Vabres n'eſtoit en diſpoſition que de juſtifier les coupables, & de condamner les innocens. Et en voicy encore une marque bien ſurprenante. Il eſt defendu par les Ordonnances & en particulier par l'Edit du mois d'Octobre 1625. de condamner les Promoteurs aux dépens ſinon en cas de calomnie manifeſte,
comme on ne condamne pas aux dépens les Procureurs du Roy, ce
qui a eſté confirmé par pluſieurs Arreſts du Conſeil. On ne pouvoit
donc pas dans cette affaire condamner le Promoteur d'Alet aux dépens ſans violer les Loix, puis que bien loin de pouvoir eſtre convaincu d'une calomnie manifeſte dans une cauſe où il ne faiſoit que
ſoutenir les droits les plus eſſentiels de l'Epiſcopat, c'eſtoit ſa partie
qui s'en eſtoit renduë coupable en n'obtenant ſon Reſcrit que ſur des
fauſſetez & des menſonges. Mais M. de Vabres ſe ſoucie auſſi peu des
Ordonnances Royales que des Canons de l'Egliſe. Il ſe croit le
Maiſtre de tout quand il s'agit de favoriſer les ennemis de ſon caractere. Et c'eſt pourquoy ſans ſe mettre en peine ny d'Edits ny d'Arreſts : *Nous avons*, dit-il, *condamné & condamnons ledit M. Vincent
Ragot Promoteur du Dioceſe d'Alet aux dépens de l'Inſtance, iceux mo-
derez à Trois cens livres.* Et parce qu'il n'a pas jugé à propos de faire
gratuitement une ſi grande injuſtice, & qu'il a eu peur d'en eſtre mal
payé par ces Freres Mendians ; il condamne encore le Promoteur à
trente eſcus pour ſes épices qu'il appelle *la taxe pour la viſite du Procés y compris l'acte du Conſeil.* Et il entend *que ledit Ragot Promoteur
ſera contraint au payement de ladite ſomme de Trois cens livres de dépens
& de Trente eſcus du rapport, & ce par ſaiſie de ſes biens, vente & deli-
vrance d'iceux & autres voyes de droit avec l'imploration du bras ſecu-
lier.*

Voilà ce que contient cette Sentence du 8. Iuillet 1664. fur les differens entre M. l'Evefque d'Alet & le Promoteur de fon Eglife , &
les Freres Auguftins de Caudiez. Il eft difficile de juger fi elle eft ou
plus honteufe à celuy qui l'a renduë qu'une baffe complaifance pour
les ennemis de la Hierarchie a porté à trahir pour les contenter les
interefts de fon caractere ; ou plus prejudiciable à l'Eglife dont elle
renverfe les plus faintes loix ; ou plus injurieufe à l'Epifcopat dont
elle renverfe les droits les plus importans ; ou plus outrageufe à un
bon Evefque qu'elle fait paffer pour un Pafteur negligent ou incapable de fa charge, à qui il faudroit envoyer des ouvriers malgré luy
pour fuppléer à fa negligence ou à fon incapacité ; ou plus fauffement indulgente envers des coupables à qui elle donne des privileges exorbitans & illegitimes , au lieu de la punition exemplaire qu'ils
auroient deu recevoir pour leurs excés ; ou enfin plus injufte envers
le deffenfeur de l'autorité des Evefques qu'elle condamne à porter
la peine de la folle entreprife de ces Reguliers rebelles & infolens , en
payant les dépens de leur procedure & les efpices de Monfeigneur
le Commiffaire.

§. 4. *Que rien ne fait mieux voir l'injuftice de cette Sentence de M. l'E-*
vefque de Vabres, que les Conclufions de fon Promoteur, fur lef-
quelles elle a efté renduë.

On pourroit peut eftre croire, que M. de Vabres a eu des raifons
bien particulieres de rendre une telle Sentence, qui paroift d'elle
mefme fi contraire à tout droit & à toute juftice. Et ainfi pour ne le
pas condamner legerement, il eft bon de confiderer les Conclufions
de fon Promoteur fur lefquelles il l'a renduë, afin de juger s'il a eu
quelque grand fujet de s'écarter des regles communes en faveur de
ces Religieux de Caudiez , de forte que ce qui paroiftroit injufte envers tout autre, ne le foit pas à leur égard. Mais c'eft ce qui fera connoiftre encore davantage l'iniquité de cette Sentence.

Ce Promoteur apres avoir rapporté le fait de la mefme forte qu'on
l'a cy devant reprefenté, reduit cette caufe à cinq chefs.

Car il s'agit, dit-il, 1° *Si ledit Frere Hilarion à pû legitimement*
prefcher dans fon Eglife pour avoir demandé l'approbation au Seigneur
Evefque Diocefain, fans l'avoir obtenuë.

2° *Si ayant prefché, & pretendant le Promoteur dudit Alet, l'avoir*
fait fans permiffion, mefme d'avoir prefché des erreurs & calomnié ledit
Seigneur Evefque d'Alet, il à pû s'agiffant de fon intereft commettre pour
informer, & faire le Procés audit Hilarion de fon autorité.

3° *Si n'y ayant eu que commiffion & information feulement, ledit Hi-*
larion, ayant expofé qu'il y avoit Sentence , il eft recevable en fon appel
ou non.

4° *Si ledit Frere Hilarion ayant avec fes deux Religieux requis*

deux fois ledit Seigneur Evefque d'Alet de les examiner & en fuitte ap-
prouver, & les ayant refufez de ce faire, vous devez les approuver, ou
leur permetire de fe retirer pardevant tel autre Seigneur Evefque que bon
leur femblera.

5° Si vous devez caffer les informations faites contre ledit Frere Hi-
larion, ou le renvoyer par devant le Seigneur Evefque d'Alet.

Les fujets de la conteftation ne font pas mal propofez. Il ne refte
donc plus qu'à écouter comment il les refout.

Pour le premier, dit-il, *fçavoir fi ledit Frere Hilarion à pû prefcher*
dans fon Eglife, fans la permiffion dudit Seigneur Evefque, quoy qu'il l'a
luy euft demandée, il femble avoir en cela contrevenu au Concile de Tren-
te, & qu'il meriteroit à raifon de ce correction. Mais comme elle n'eft
pas demandée par fa Partie & qu'il n'en a pris dans tout le cours du
Procés aucunes conclufions, il femble qu'il ne doit eftre rien prononcé fur
ce chef.

Il eft difficile de rien concevoir de plus étrange, qu'une telle conclufion apres un tel aveu. Car il paroift par la confeffion de ce Promoteur qu'il eft demeuré pour conftant à Vabres, que ce Frere Hilarion n'a pû prefcher dans fon Eglife contre la deffence de M. d'Alet,
quoy qu'il luy en eut demädé la permiffion. Il paroift qu'on y a reconnu qu'il n'a pû faire une telle entreprife fans violer les Canons & contrevenir au S. Concile de Trente : Et il paroift enfin qu'il avoit merité, felon les loix de l'Eglife d'eftre puny pour cet attentat.

Le Promoteur d'Alet a donc efté obligé, par le devoir de fa charge d'en demander la reparation. Et fi l'Official d'Alet avoit rendu
fa Sentence, & foumis ce Religieux à quelque peine, cette Sentence
auroit efté jufte, puis que fon entreprife *meritoit correction* par la propre confeffion de ce Promoteur de Vabres. C'a donc efté un double crime à ce Religieux revolté ; l'un de mentir impudemment au
Pape en fuppofant qu'on avoit rendu contre luy une Senteuce dont
il fe portoit pour appellant : l'autre de fe plaindre de cette Sentence comme eftant injufte, puis qu'elle auroit efté tres jufte fi elle avoit
efté renduë. Donc M. de Vabres devoit en toutes façons debouter
ce Religieux d'un appel fi frivole, & le renvoyer à M. d'Alet, puis
que d'une part, il avoit appellé d'une Sentence qui n'eftoit point ; &
que de l'autre par l'aveu de fon Promoteur, meritant correction
pour fon attentat, il n'auroit pas deu en appeller quand mefme il auroit efté effectivement puny ; l'appel, qui eft de foy odieux, ne devant
eftre fouffert que pour eftre un remede à l'innocence que l'on voudroit opprimer, & non pas pour empefcher la punition des coupables.

Voila les confequences naturelles que ce Promoteur de Vabres
devoit tirer de la premiere reflexion qu'il fait fur ce Procés : *Que le*
Frere Hilarion, ayant prefché contre la deffenfe de M. d'Alet, a contre-
venu

venu au Concile de Trente, & meritoit à raison de ce correction. Mais par
un aveuglement prodigieux, il en a tiré une toute contraire, *qu'il ne
falloit rien prononcer sur ce chef,* c'est à dire, qu'il falloit laisser un tel
excez impuny, parce, dit-on, que le Promoteur d'Alet n'a pas demandé qu'il fust puny.

Iamais rien ne fut plus impertinent que cette raison. Car 1. le
Promoteur n'avoit garde de demander à M. de Vabres la punition
du Frere Hilarion, puis qu'il n'a point reconnu M. de Vabres pour
Iuge, pretendant, & avec raison, que son Bref estoit nul ; & de plus
que Vabres estant éloigné d'Alet de plus de trois journées, il n'avoit
point deu l'accepter : & par consequent, ou ce Prelat devoit de-
sister ; ou s'il vouloit juger nonobstant son incompetence, il ne devoit pas s'arrester à ce que luy demandoit le Promoteur contre le
Frere Hilarion, puis qu'il ne luy demandoit rien, ne le reconnoissant
pas pour Iuge ; mais punir ce Religieux selon que le meritoit son entreprise temeraire & schismatique par l'aveu de son Promoteur.

2. Quoy que le Promoteur d'Alet n'eust point pris de conclusion
devant M. de Vabres, pour faire chastier le Frere Hilarion, parce
qu'il n'avoit conclu devant ce Prelat qu'aux fins de non proceder &
de non recevoir ; neanmoins le fondement du Procés estant la requisition qu'il avoit faite à M. d'Alet d'informer contre luy, M. de
Vabres ne pouvoit pas ignorer qu'il ne pretendit le faire punir. Pourquoy donc ne l'a t'il pas fait, son Promoteur mesme avoüant qu'il
estoit coupable, & qu'il meritoit correction ?

3. Tant s'en faut que M. de Vabres n'eust rien à prononcer sur ce
chef, que c'estoit sur ce chef seul qu'il avoit à prononcer. Car le
Bref en vertu duquel il agissoit, supposant que le Frere Hilarion
estoit appellant d'une Sentence qu'il disoit avoir esté renduë contre
luy, & l'avoir condamné à quelque peine pour avoir presché sans la
permission de M. d'Alet, il n'avoit donc qu'a juger si en effet il avoit
merité d'estre puny. Or son Promoteur l'avoüe dans ses conclusions.
Il n'y a donc rien de plus ridicule que de dire, comme il fait en mesme temps, que son Evesque *n'avoit point à prononcer sur ce chef.*

Ce qu'il dit sur le 2. & sur le 5. chef qu'il joint ensemble, n'est pas
moins déraisonnable. Le 2. estoit, si M. d'Alet avoit pû commettre
pour informer contre le Frere Hilarion s'agissant de son interest. Et
le 5. Si M. de Vabres devoit casser l'information. Il répond hardiment que *ce Prelat l'a devoit casser, attendu,* dit-il, *que le Seigneur
Evesque d'Alet a donné commission pour la faire, ce qui ne se pouvoit s'a-
gissant de son interest.* Voila une nouvelle jurisprudence & bien favorable à tous ceux qui voudront s'élever avec insolence contre l'autorité des Evesques, puis qu'ils s'exempteront par là de leur jurifdiction, si nous en croyons le Promoteur du Diocese de Vabres.
Mais il ne sçait ce qu'il dit. Il y a bien de la difference entre les inte-

T

rests personnels , comme pourroit estre une cause pecuniaire , & les interests de la dignité comme est la defense des droits de l'Episcopat. Vn homme ne doit pas estre juge en sa propre cause dans les premieres sortes d'affaires, mais tout Magistrat l'est dans les dernieres , selon ces termes exprés de la Loy : *Omnibus Magistratibus non tamen Duum-viris , secundum jus potestatis suæ concessum est jurisdictionem suam defendere pœnali judicio. Leg. Vnic. D D. Si quis jus dicenti non obtemperaverit.* Or ce n'estoit point la personne de M. d'Alet en particulier que le Frere Hilarion avoit offensée par sa predication scandaleuse ; c'estoit sa dignité qu'il avoit violée ; c'estoit son autorité qu'il avoit foulée aux pieds en preschant contre sa defense , ce que le Promoteur de Vabres avoüe estre une contravention au saint Concile de Trente. Que s'il eut la hardiesse de le faire passer pour heretique, en disant que tous ceux qui s'opposent à leurs Privileges sont heretiques ; & que ce Prelat s'y opposoit depuis cinq ans, il est visible que cette injure retombe encore sur la dignité de M. d'Alet, plûtost que sur sa personne, puis qu'il ne mettoit cette heresie pretenduë qu'en ce que cet Evesque soustenoit les droits de son caractere.

Il est donc inoüy qu'on ait jamais disputé aux Evesques en de telles occasions , le pouvoir de reprimer de semblables insolences sous pretexte qu'il s'y agit de leurs interests. Et c'est ce qui a esté expressément decidé par le Pape Innocent X. dans le Bref d'Angelopolis. Car cet Evesque ayant demandé : *Si l'Evesque peut proceder contre les Reguliers qui écoutent les confessions des Seculiers dans son Diocese sans son approbation, ou contre les Predicateurs qui preschent dans leurs propres Eglises, ou dans les autres sans le congé de l'Evesque, en leur interdisant lesdites fonctions & en les châtiant par Ordonnances & autres remedes de droit ;* Il luy fut répondu en ces termes : *Que l'Evesque en vertu de la Bulle du Pape Gregoire XV. a'heureuse memoire qui commence par ces mots,* Inscrutabili Dei providentia, *peut comme delegué du siege Apostolique, interdire l'administration du Sacrement de penitence, & la fonction de prescher ausdits Reguliers , qui écoutent les confessions des personnes Seculieres sans l'approbation de l'Evesque du lieu, ou qui preschent dans les Eglises de leur Ordre sans luy avoir demandé auparavant sa benediction, ou dans les autres Eglises sans sa permission, ou dans les Eglises mesmes de leur ordre contre sa defense , & qu'il peut les chastier & les punir par les remedes de droit.*

Et il paroist encore par le mesme Bref que les Iesuites ayant fait la mesme question de leur costé : *Si l'Evesque peut proceder par censures contre les Religieux exempts, lors qu'ils luy désobeissent touchant le Ministere d'oüir les confessions, ou de prescher la parole de Dieu ;* il leur fut répondu : *Qu'il le pouvoit.* Que s'ils peuvent mesme en estre Iuges, à plus forte raison peuvent ils au moins commettre pour en juger, ou seulement pour en informer , ce qui est encore bien moins.

Or c'eſt tout ce qu'a fait M. d'Alet contre ce Frere Hilarion.. Le ſcandale qu'il avoit cauſé ne ſe pouvant ſouffrir,& le Promoteur luy en ayant porté ſes plaintes, parce qu'il ſe trouva ſur les lieux, il cõmit le Theologal de ſon Egliſe Cathedralle qui eſtoit auſſi pour lors dans Caudiez,pour en informer. Qui a-t-il en cela qu'il n'ait pû faire, puis que meſme il ne devoit pas encore ſuppoſer comme certain , qu'il euſt parlé contre luy ? Et n'eſt- ce pas la pretention du monde la plus déraiſonnable de vouloir qu'en cela il ait paſſé ſon pouvoir, & que ce ſoit une raiſon ſuffiſante pour caſſer cette information, ſans l'examiner davantage ?

Mais quand M. de Vabres auroit cru, quoy que ſans raiſon, que ce n'auroit pas eſté à M. d'Alet à faire informer,il auroit donc fallu faire une autre information , puis qu'il n'eſtoit pas raiſonnable qu'une entrepriſe ſi criminelle , & que ſon Promoteur avoüoit eſtre une contravention manifeſte au ſaint Concile de Trente , demeuraſt ſans correction. Pourquoy donc s'eſt on contenté de caſſer celle qui avoit eſté faite, ſans pourvoir d'une autre ſorte , à la reparation de ce ſcandale ? Rien pouvoit- il montrer davantage l'abus de cette Sentence qu'une telle diſſimulation ?

Le 3. point eſt de ſçavoir , ſi ledit appel, qui ſuppoſe une Sentence qui n'a point eſté renduë, eſt recevable. Il répond qu'oüy ; parce qu'il y avoit Grief, ce qu'il prouve premierement , par ce qui vient d'eſtre refuté, que la partie du Frere Hilarion eſtoit ſon juge ; & en 2. lieu, parce que ſur une certaine declaration de Sergent le Frere Hilarion a pû croire qu'il y avoit Decret de priſe de corps. Mais tout cela n'empeſche pas qu'il n'ait expoſé faux au Pape quand il luy a ſuppoſé qu'il y avoit *une Sentence deffinitive*, dont il appelloit , ce qui rend ſon Bref nul , par le ch. *Super litteris de Reſcriptis* , par ce que c'eſt une fauſſeté qu'il avoit malicieuſement avancée , ne pouvant pas dire qu'il croyoit de bonne foy , qu'on euſt rendu contre luy une Sentence definitive. Or il eſt ordonné en termes exprés dans ce Decret d'Innocent III. *Vt hi qui per fraudem vel malitiam , falſitatem exprimunt vel ſuprimunt veritatem, in ſuæ perverſitatis pœnam nullum ex his litteris commodum conſequantur.*

Mais meſme il eſt faux qu'il y eut aucun autre Grief ; le premier, que M. d'Alet eſtoit Iuge en ſa propre cauſe eſtant imaginaire & frivole ; & le 2. qu'il y avoit un Decret de priſe de corps, eſtant auſſi contraire à la verité que celuy de la Sentence definitive : & la pretenduë declaration du Sergent eſtant impertinente pour prouver qu'il y en avoit un, puis que le Promoteur d'Alet a répondu tres ſincerement & tres judicieuſement à cette preuve ridicule , qu'il avoit parlé à un Sergent pour ſçavoir s'il voudroit bien executer un Decret de priſe de corps contre le Frere Hilarion, non pas qu'il l'euſt encore , mais parce qu'il s'aſſeuroit de l'obtenir bien toſt dans un cas auſſi atroce que celuy là. Et enfin c'eſt une choſe honteuſe & toute à fait de mauvaiſe foy à ce Promoteur de Vabres de s'eſtre arreſté à cette foible conjecture, puis qu'il avoit entre les mains l'original des informations qui faiſoit voir qu'elles n'avoient point eſté decrettées. Et c'eſt encore une autre mauvaiſe foy à ce Promoteur, d'avoir diſſimulé une autre nullité de cet appel propoſée par celuy d'Alet, d'avoir eſté relevé immediatement à Rome ſans avoir paſſé par le Metropolitain, ce qui eſt expreſſement defendu par le concordat.

Le 4. point eſt de ſçavoir ſi M. de Vabres devoit permettre à ce Frere Hilarion & à deux de ſes compagnons de preſcher & de confeſſer dans le Dioceſe d'Alet. Et ce Promoteur conclut qu'oüy, ſans en apporter d'autre raiſon, ſinon qu'ils s'eſtoient preſentez deux fois à M. d'Alet, & qu'ils en avoient eſté refuſez. Le bon ſens en auroit fait tirer une concluſion toute contraire, puis qu'il auroit fait juger, que ſi un Eveſque auſſi ſage & auſſi éclairé que M. d'Alet, & qui connoiſt ſi parfaitement les beſoins de ſon Dioceſe, n'avoit pas trouvé a propos de donner à ces Religieux la permiſſion qu'ils luy avoient demandée de preſcher & de confeſſer, il falloit qu'il en euſt de bonnes raiſons : & qu'ainſi ce ſeroit une temerité inexcuſable à un autre Eveſque, qui ne ſçait point les cauſes de ce refus, d'envoyer contre ſon gré dans la moiſſon que le pere de famille a confiée à ſes ſoins, des ouvriers dont il n'a pas jugé ſe devoir ſervir: comme s'il n'en eſtoit pas meilleur juge qu'un étranger; ou qu'il fût en reputation de s'acquitter ſi mal de ſes devoirs que d'autres fuſſent obligez de ſuppléer à ſa negligence.

Mais de plus, ce Promoteur ſuppoſoit tres fauſſement, que ſon Prelat avoit le pouvoir de faire ce qu'il n'auroit pas deu faire quand il l'auroit eu, ſçavoir de permettre à ces Religieux de preſcher & de confeſſer dans le Dioceſe d'Alet. Car ce pretendu pouvoir n'auroit pû eſtre fondé que ſur ſon Bref. Or ſans alleguer maintenant ce qui a eſté allegué par les Eveſques de France dans des Conciles, que le Pape ne pouvoit ny abſoudre ny faire abſoudre leur Dioceſains ſans leur permiſſion; & laiſſant à part ce que le Pape auroit pû ou n'auroit pas pû dans cette rencontre, il eſt clair que le Bref ne donnoit à M. de Vabres aucun pouvoir d'accorder ces permiſſions. Et on ſçait aſſez que ces commiſſions ſont *ſtricti iuris*, & qu'ainſi, ſe devant interpreter à la rigueur, elles ne donnent de pouvoir qu'autant qu'il eſt exprimé par les propres termes du Reſcript & non plus. Deſorte que n'eſtant point dit dans celuy de M. de Vabres, qu'il pourroit permettre à ces Religieux de preſcher & de confeſſer dans le Dioceſe d'Alet, il n'a pû le leur permettre ſans une entrepriſe, qui eſt encore plus inexcuſable au regard des Freres Devaux & Neblon, puiſque n'eſtant pas ſeulement nommez dans le Bref, il n'a pû les comprendre dans ſa Sentence, que par une auto-

rité patriarchale , & plus que patriarchale , qu'il s'eſt attribuée à
luy meſme,de pourvoir à ſa phantaiſie aux pretendus beſoins du Dioceſe d'Alet.

Enfin on peut ajouter encore une circonſtance tirée des concluſions de ce Promoteur , qui fait voir que quand M. de Vabres auroit
eu une legitime autorité d'envoyer ceFrereHilarion preſcher & confeſſer dans le Dioceſe d'Alet , il n'auroit pû en uſer comme il a fait,
ſans donner à connoiſtre à tout le monde , la baſſe idée qu'il a d'un
Miniſtere auſſi divin, qu'eſt celuy d'annoncer aux peuples la parole
de Dieu. Car par l'aveu de ſon Promoteur , ce Frere Hilarion eſtoit
coupable d'une entrepriſe criminelle pour avoir preſché contre le
gré de M. d'Alet ; comme auſſi pour avoir avancé en pleine chaiſe,
& depuis encore en pluſieurs de ſes écritures, cette maxime erronnée : *Que le refus des Eveſques , vaut approbation.* Ce promoteur reconnoiſt qu'il meritoit correction pour cette contravention au
Concile de Trente, mais que ſa partie ne l'ayant pas demandée M.
de Vabres n'avoit pas a prononcer ſur ce chef. On a fait voir combien
cela eſtoit ridicule. Mais que M. de Vabres ait eu , ou n'ait pas eu a
prononcer ſur ce chef, ce Frere Hilarion n'en eſtoit pas moins coupable. Car un crime n'en eſt pas moins crime pour eſtre impuny, & on
peut dire meſme que celuy qui l'a commis en eſt plus chargé quand
il n'en a point receu de punition. Il faut donc que M. de Vabres
conſidere le miniſtere de la parole , qui eſt une fonction ſi divine ,
que les Apoſtres ſe l'eſtoient particulierement reſervée, comme un
meſtier prophane, qui peut eſtre indifferemment exercé par les bons
& par les mechans , pourveu qu'ils ſçachent preciſement ce qui regarde ce meſtier. Il faut qu'il ait cru de meſme , que nulle vertu ,
nulle pieté, n'eſtoit requiſe pour parler au peuple de la part de Dieu,
& luy inſpirer l'amour , auſſi bien que la connoiſſance des veritez de
l'Evangile , mais qu'il ſuffiſoit de répondre tellement quellement
à ce qu'on pouvoit demander dans un examen de demy heure. C'eſt
tout le ſoin qu'il a apporté pour *approuver* le Frere Hilarion Lavaur
ſans ſe mettre en peine, que c'eſtoit un violateur des Canons , comme ſon Promoteur meſme la reconnu, & un inconſideré qui n'avoit
monté en chaiſe contre les ordres de l'Egliſe & par une entrepriſe
ſchiſmatique , que pour inſulter a ſon Prelat , & le traitter d'heretique. On'a pas trouvé que ce fût la un empeſchement pour exercer
une fonction Apoſtolique. Il a bien voulu qu'apres le ſcandale que
ce Predicateur emporté avoit donné à tout un Dioceſe par ſa de-
clamation ſeditieuſe & remplie d'erreurs, il y revint, non pour en
faire ſatisfaction , & témoigner publiquement le repentir qu'il en
avoit , & la penitence qu'il en vouloit faire ; mais pour inſulter de
nouveau à un bon Eveſque qu'il avoit ſi outrageuſement traitté,
& luy faire voir qu'il n'avoit que faire ny de luy, ny de ſa permiſſion

T iij

pour exercer dans son Diocese les fonctions de la parole & de la reconciliation des penitens, dont IESUS-CHRIST a donné à ses Apostres, & par eux à leurs successeurs qui sont les Evesques, la supréme
& originaire dispensation.

En verité on n'auroit jamais pû croire qu'un Evesque se seroit
pû porter à un tel excez, & suivre aveuglement, comme a fait M. de
Vabres, les conclusions de son Promoteur qui n'estoient fondées
que sur un renversement visible, non seulement des Canons & de
l'ordre de la Hierarchie, mais mesme du bon sens & de la lumiere
naturelle.

§. 5. *Que tout ce que les Augustins de Caudiez ont allegué pour autoriser
leur pretention schismatique, qu'ils peuvent prescher & confesser
sans la permission de M. d'Alet apres l'avoir demandée, ou que M.
d'Alet est obligé de la leur accorder apres un examen d'une demy heure,
est entierement impertinent.*

On vient de voir qu'il n'y a rien de plus foible que tout ce qu'a dit
le Promoteur de Vabres dans ses conclusions qui ont esté suivies par
ce Prelat. Mais peut estre qu'on s'imaginera, que les Augustins de
Caudiez ont allegué de plus fortes preuves dans leurs écritures, &
que c'est sur cela que M. de Vabres s'est fondé. C'est donc ce qui
reste à examiner pour justifier en toutes manieres qu'il n'y eut jamais
rien de plus déraisonnable & de plus destitué de toute preve, que la
Sentence de cet Evesque. Voicy donc tout ce que ces Religieux
ont allegué.

1. ILS *produisent* sous la cotte BB. *un petit livret* ('ce sont leurs propres termes dans leur inventaire) *de la congregation des Cardinaux
établie sur les affaires & contentions des Evesques & des Reguliers,
concernans lesdites confessions; ensemble les Arrests sur ce donnez par la
Cour de Parlement de Bourdeaux touchant l'usage, droits & privileges
des Religieux mendians.*

Cette alleguation est ridicule en elle mesme. Ce livret est une
feüille volante sans aucune attestation legitime. Les Arrests du
Parlement de Bourdeaux ne sont d'aucune autorité dans le Diocese
d'Alet, & sur tout des Arrests tels que sont ceux là donnez sans partie oüie, & tout a fait prejudiciable à l'Estat Ecclesiastique.

Il ne reste donc de ce livret qu'un Decret de la congregation des
Cardinaux sur la plainte des Recolects du Couvent de Perpigne,
Diocese de Feltre. Mais outre que ce Decret ne peut avoir aucune
autorité estant sans forme juridique, il ne touche en aucune sorte
le point dont il est question, mais d'autres contestations toutes differentes. De sorte que c'est une honte d'avoir osé produire une piece
qui n'est pas moins impertinente qu'informe.

2. ILS *produisent*, sous la cotte CC. un Arrest du Conseil du Roy

du 14. Octobre 1664. obtenu sur une simple Requeste : & ils disent dans leur inventaire, *que le Roy, par cet Arrest, les a maintenus dans leurs privileges & prerogatives ; qu'il a enjoint par expres aux Evesques & Archevesques de donner aux Religieux l'approbation de prescher & de confesser lors qu'ils se presenteront à eux, & singulierement à l'Archevesque de Bourdeaux.*

Mais c'est une injure que ces Reguliers font au Roy, de luy imputer faussement d'avoir fait des commandemens aux Evesques dans des fonctions aussi spirituelles que celles de prescher & de confesser. Au lieu qu'il renvoya seulement cette affaire au Pape, auquel ces Reguliers avoient appellé, comme il paroist par ces termes de l'Arrest. *Le Roy en son Conseil a ordonné & ordonne que sur les appellations interjettées des Ordonnances dudit Sr Archevesque de Bourdeaux & ses Grands Vicaires, & refus de donner l'approbation de prescher & de confesser aux Religieux qui se presenteront à luy quoy que capables,* LES SUPPLIANS SE POURVOIRONT DANS 4. MOIS PARDEVANT LE S. SIEGE. Desorte que c'est une imposture visible d'alleguer cet Arrest qui ne fait que renvoyer les parties au saint Siege en suitte de l'appel des Reguliers, comme un Arrest decisif d'une matiere toute Ecclesiastique & toute spirituelle.

3. ILS *produisent*, sous la cotte Q. *la Bulle du Pape Innocent X. contenant les privileges accordez aux Religieux Augustins par la Congregation pour les confessions. Et sous la cotte DD. un autre bref du Saint Pere le Pape Innocent confirmatif du pouvoir des Religieux.*

Mais cette Bulle & ce Bref produits sous diverses cottes, ne sont qu'une mesme chose, sçavoir un Bref d'Innocent X. du 7. Fevrier 1645. avec cette seule difference que sous l'une de ces cottes, ils le produisent imprimé, & sous l'autre écrit a la main. Voila comme ils trouvent moyen de multiplier leurs pieces, quoy que fort inutilement puis qu'il n'y a rien de plus ridicule que d'alleguer ce Bref, pour appuyer leurs pretentions.

Car outre que ce Bref a esté consideré comme subreptice par l'Archevesque de Bourdeaux & plusieurs Evesques de France, qui se sont maintenus nonobstant ce Bref dans le droit qu'ils pretendent avoir de ne point permettre aux Religieux de confesser pendant la quinzaine de Pasques ; quoy qu'il en soit de cette contestation, de laquelle seule il est parlé dans ce Bref, elle ne touche en aucune sorte le different de M. d'Alet avec les Augustins de Caudiez. Car il ne s'agit pas de sçavoir si des Reguliers approuvez par des Evesques peuvent côfesser dans la quainzaine de Pasques, qui est tout ce que dit ce Bref : mais s'ils peuvent confesser sans l'approbation des Evesques pourveu qu'ils l'ayent demandée, ou si les Evesques sont obligez de la leur donner, dequoy il n'est rien dit dans ce Bref : & de ce qu'il n'en est rien dit c'est une preuve evidente que cette fausse pretention fut rejettée par le Pape. Car il paroist par l'Arrest du Conseil de l'année d'auparavant qu'ils ont aussi produit, que ces Religieux de Bourdeaux qui obtinrent ce Bref, se plaignoient principalement dans l'appel qu'ils avoient interjetté à Rome des Ordonnances de M. de Bourdeaux, *du refus de donner l'approbation de prescher & de confesser aux Religieux qui se presentoient à luy quoy que capables.* Pourquoy donc ce Bref qu'ils obtinrent l'année d'apres sur leurs appellations, ne dit-il rien de cela, sinon parce qu'ils ne peurent rien obtenir sur ce point, qui a depuis esté decidé clairement en faveur des Evesques, dans le Bref celebre de l'Evesque d'Angelopolis & dans celuy de M. d'Angers ?

4. Enfin ils produisent sous la Cotte A A, un Decret de la Congregation des Cardinaux, *qui permet,* (ce sont les propres termes de leur Invenaire) *aux Religieux les confessions, lesquels Religieux les Evesques* DOIVENT *approuver lors qu'ils se presentent à eux & leur donner permission d'administrer le Sacrement de confession au peuple.*

La liberté que prennent ces Religieux d'avancer des faussetez contraires à leurs propres pieces, est tout à fait inconcevable. Ils soutiennent hardiment, qu'il est dit dans un Decret que *les Evesques doivent approuver les Religieux qui se presentent & leur donner permission de confesser,* lors que le seul titre de ce Decret est suffisant de les convaincre de mensonge, parce qu'il fait voir que ce n'est point de cela dont il s'agit. Ce titre est, DECRETUM, *quo locorum ordinariis regulares à confessionibus audiendis suspendi* (il faut *suspendendi*) *ratio præscribitur.* Il ne s'agit donc pas de la liberté qu'ont les Evesques de donner, ou de ne pas donner le pouvoir de confesser à ceux qui ne l'ont pas, mais de la maniere dont ils se doivent conduire pour l'oster à ceux qui l'ont; qui sont deux choses tres differentes, puis qu'il est sans doute, qu'il faut plus de cause pour oster à un Prestre la permission de confesser, apres la luy avoir donnée, ce qui peut faire croire qu'il ne s'en seroit pas bien acquitté, que pour ne la luy pas donner, ce qui est libre à un Evesque, qui employe ceux dont il croit avoir besoin.

Mais c'est ce qu'on verra encore mieux par le corps du Decret. Car sur la plainte que faisoient des Religieux, qu'on les suspendoit sans raison, d'oüir les confessions & mesme tous ceux d'un Convent, *les Cardinaux ordonnent qu'il ne sera plus permis aux Archevesques, aux Evesques & aux ordinaires des lieux qui ont droit d'approuver, de suspendre aux Religieux, qui auront d'ailleurs esté librement approuvez par eux,* (ALIAS AB IPSIS LIBERE APPROBATOS) *le pouvoir d'oüir les confessions, que pour une nouvelle cause, qui appartienne à la confession, ou pour n'avoir pas gardé l'interdit posé par les ordinaires.*

Or dans cette affaire il ne s'agit point de revoquer à ces Augustins
des

des approbations qu'ils auroient de prefcher & de confeſſer. Il s'a-
git feulement de ne leur en pas donner permiſſion. Car le Frere Hilarion donr il eſt principalement queſtion, n'a jamais eſté approuvé
pour aucune fonction dans le Diocefe d'Alet : & fi quelques uns
de leurs compagnons l'ont eſté, le temps de leur approbation eſtant
expiré depuis long temps, ils font maintenant en meſme eſtat,
que s'ils n'avoient jamais eſté approuvez, felon qu'il a eſté répondu en termes exprés par la Congregation des Cardinaux à M. l'E-
veſque de Cahors.

Et ainſi on peut conclure deux chofes de ce Decret allegué par
ces Reguliers, qui ruinent manifeſtement leurs pretentions. La
premiere eſt, que ne s'agiſſant point de revoquer des permiſſions,
mais d'en donner, ce Decret établit clairement qu'il eſt dans la liberté des Eveſques d'approuver ou de ne pas approuver ceux qu'ils
jugent eſtre plus ou moins propres à conduire les ames dont ils font
chargez ; puis qu'il fuppofe que dans la premiere approbation, cela
a dependu du choix libre des Eveſques : *Alias ab ipſis libere approbatos*, ce qui feroit ridicule, fi, comme ces Reguliers l'ofent pretendre
ils eſtoient obligez d'approuver indifferemment tous ceux qui fe
prefentent à eux, pourveu qu'ils fçachent deux mots de latin, & qu'ils
ayent étudié quelque miferable Cafuiſte.

La deuxiéme eſt, que quelque approbation qu'ils euſſent de confeſſer, M. d'Alet auroit eu lieu de la revoquer dans les termes meſmes de cette declaration des Cardinaux, parce que toutes les perfonnes du Diocefe d'Alet, qui pour des crimes publics & notoires fe
trouvoient interdits des Sacremens, & meſme denoncés interdits de
l'entrée de l'Eglife, eſtoient indifferemment admis au Sacrement de
penitence & à l'abfolution par ces Freres Auguſtins, au mépris
de l'autorité Epifcopale & contre tout Ordre. Et il eſt bien
vifible auſſi que ces Gentilshommes revoltez ne s'intereſſent
dans leur rétabliſſement, que pour avoir tant d'abfolutions qu'ils
voudront, en continuant leur mauvaife vie, & fans fatisfaire à aucuns de leurs devoirs.

Mais ce qu'on peut encore remarquer dans ce Decret, eſt que les
Cardinaux témoignent n'avoir eſté portez à le donner que parce
qu'ils ont cru, que difficilement fe pourroit-il faire, que l'on revo-
quaſt legerement & fans caufe, le pouvoir de confeſſer que des Religieux auroient déja eu, qu'il n'en arrivât du fcandale, & que les a-
mes n'en receuſſent un grand préjudice : *Rati vix fieri poſſe, ut hæc
fine fcandalo, magnaque animarum pernicie contingant*. Que doit
donc faire un Eveſque zelé pour le falut de fon troupeau, lors qu'il
voit au contraire, que laiſſant confeſſer des Religieux, en qui il ne
voit aucune pieté folide, & qu'il fçait eſtre prevenus de la plus part
des maximes corrompuës des nouveaux Cafuiſtes, il n'en peut arri-

V

ver que du scandale, qu'un renversement de la discipline Chrestienne qu'il s'efforce d'établir, & que la perte de plusieurs ames qui s'entretiennent dans le peché, & dans leurs habitudes vicieuses, par la lâche conduite de ces Confesseurs? Ne doit-il pas suivre l'esprit de ces Cardinaux, qui ont jugé que l'unique veüe que l'on devoit avoir en ces matieres, estoit le salut des ames, quand il s'agiroit mesme de revoquer des approbations déja données: au lieu qu'il ne s'agit point de cela dans le different de M. d'Alet avec les Augustins de Caudiez, mais seulement de l'approbation qu'ils luy demandent, ce que ce Decret suppose dépendre entierement de la volonté des Evesques.

Il est vray que ce Decret ajoûte que les ordinaires des lieux ne pourront oster à tous les Confesseurs d'un Convent, le pouvoir d'oüir les confessions, sans avoir consulté la Congregation des Cardinaux qui ont fait ce Decret. Mais les Evesques de France ne se croyent pas obligez de consulter ces sortes de Congregations. Et ainsi tout ce que cela fait voir, est qu'un Evesque peut avoir des raisons d'oster le pouvoir de confesser à tous les Religieux d'une Communauté, puis qu'il le pourroit faire en consultant cette Congregation de Rome. Or il ne seroit pas aisé de montrer, qu'il dépende tellement des Cardinaux dans l'administration de l'autorité Sacrée qu'il a receuë de I. C. qu'il ne puisse faire par ses lumieres, ce qu'il pourroit faire par leur avis. Aussi voit-on que par le Bref de l'Evesque d'Angelopolis, il a esté jugé, que nonobstant ce Decret de l'année 1615. les Evesques des Indes pouvoient oster à tous les Religieux d'un Monastere ou College; le pouvoir d'oüir les confessions des Seculiers, mesme sans consulter cette Congergation des Cardinaux, parce que ce Decret par défaut d'intention, & par une convenance morale, ne s'estendoit point à des regions si éloignées de Rome. A quoy ce Bref ajoûte, que la conscience de ces Evesques en demeure chargée s'ils le font sans juste cause. D'où on peut conclure trois choses.

La premiere, Que par le droit commun, les Evesques peuvent oster à tous les Religieux d'un Convent, la permission de confesser les Seculiers, puis que ce Decret de 1615. n'est regardé à Rome que comme une restriction du droit commun, qui demeure en son entier & non restreint, dans tous les Païs où ce Decret n'oblige pas.

La deuxiéme, Que les Evesques de France, sont donc dans ce droit commun, aussi bien que ceux des Indes, puis que ce Decret de 1615. n'a jamais esté juridiquement publié en France: & que ces sortes de Decrets qui restreignent le droit commun, n'ont point de force en France, s'ils n'y sont receus.

La troisiéme, Que les Evesques de France, non plus que ceux des Indes, ne doivent pas faire cela sans cause, mais qu'ils sont Iu-

ges de cette cause, & que c'est seulement leur conscience qui en
est chargée.

§. 6. *Preuve de l'injustice de la Sentence de M. de Vabres par la
production du Promoteur d'Alet : contre la pretention schismatique des Augustins de Caudiez.*

La Sentence que M. de Vabres a renduë contre le Promoteur
d'Alet en faveur des Augustins de Caudiez, est si préjudiciable à
l'Eglise & d'un si pernicieux exemple, qu'il est d'une importance extreme d'en faire voir l'injustice en toutes sortes de manieres.

On l'a déja fait, en montrant d'une part combien les Conclusions
de son Promoteur, qu'il a ponctuellemēt suivies ont estédéraisonna-
bles, & mal fondées ; & en justifiant de l'autre, qu'il n'y a rien de plus
foible & de plus frivole que toutes les pieces que ces Freres Augustins luy ont produites, pour appuyer leurs pretentions schismatiques.

Il ne reste plus qu'à montrer, qu'il ne peut pas s'excuser sur le defaut de preuves de la part du Promotenr d'Alet, comme s'il avoit
manqué de bien deffendre sa cause. Car quoy que ce ne fust pas une
excuse legitime à un Evesque, qui doit suppléer les moyens de droit,
& les avoir plus presens que les Parties mesmes ; neanmoins Dieu à
permis qu'encore que le Promoteur d'Alet ne fust pas obligé de l'informer dans le fōd, parce qu'il avoit des raisons indubitables de ne le
reconnoistre pas pour Iuge, il n'ait pas laissé de le faire, sans necessité, d'une maniere tellement convainquante, qu'il ne faut que rapporter ce qu'il en a dit dans sa production, pour faire avoüer à tout le
monde, que jamais homme ne s'est plus volontairement aveuglé, que
M. de Vabres en rendant cette Sentence.

Apres avoir proposé d'une maniere invincible ce qui devoit faire
juger à M. de Vabres, s'il eust eu un peu d'équité, qu'il ne pouvoit
estre Iuge de cette affaire, il ajoûta ce qui suit, & dont on se conten-
tera pour donner un parfait éclaircissement sur cette affaire.

Quoy que par toutes ces raisons, *dit-il*, à M. de Vabres, vous «
ne puissiez en aucune sorte, connoistre du fond de cette affaire, & «
que par consequent il ne fût pas necessaire d'en parler ; neanmoins le «
produisant par forme de remonstrances, & pour desabuser l'adversai- «
re dans ses folles pretentions, fera voir icy clairement la verité de ces «
trois ou quatre points, qui font tout le different des Parties. «

Premierement que nuls Religieux, sans distinction, ne peuvent «
confesser les Seculiers sans l'approbation des Evesques Diocesains, «
ny prescher mesme dans leurs propres Eglises contre leur défense, «

Secondement que cette approbation doit estre effective, en sorte «
que le refus ne peut jamais tenir lieu d'approbation. «

Troisiémement qu'elle peut estre limitée à certain temps & à «

„ certains lieux, ou totalement refusée selon que les Evesques le jugent
„ à propos.

„   Et enfin que le Frere Hilarion Lavaur, s'estant ingeré de prescher
„ dans l'Eglise de Caudiez malgré M. l'Evesque d'Alet, & d'ajoûter
„ à cet attentat des propositions scandaleuses, le produisant a esté en
„ droit & en obligation d'en faire informer.

„   LE PREMIER POINT se justifie clairement par le Concile de
„ Trente, Sess 23. cap. 15. *De Reform.* où il declare que nonobstant
„ tous les privileges que les Reguliers pourroient alleguer, ils ne pour-
„ ront oüir les confessions des Seculiers, si l'Evesque ne les en juge ca-
„ pables, & s'ils n'ont obtenu de luy son approbation pour s'employer
„ à ce Ministere, laquelle leur sera accordée gratuitement : *Nullum*
„ *etiam regularem posse confessiones secularium etiam Sacerdotum audire,*
„ *nec ad id reputari idoneum, nisi aut parrochiale beneficium habeat, aut*
„ *ab Episcopis per examen, si illis videbitur necessarium, aut aliás idoneus*
„ *judicetur, & approbationem, quæ gratis detur, obtineat, privilegiis, &*
„ *consuetudine quacumque etiam immemorabili nonobstantibus.*

„   Et c'est ce que le Pape Pie V. declare aussi formellement dans la
„ constitution qui commence : *Romani Pontificis,* où il défend à tous
„ Reguliers, mesme Mendians de confesser les Seculiers, sous pretexte
„ qu'ils ont esté approuvez & deputez par leurs Superieurs pour cette
„ fonction, & mesmes qu'ils y ont esté tolerez par les Evesques, s'ils
„ n'ont obtenu d'eux actuellement l'approbation. *Inhibentes quibus-*
„ *cumque regularibus quorum vis ordinum, etiam mendicantium, ne vigore*
„ *deputationis & approbatiouis ab eisdem magistris & ministris, etiam*
„ *quod illarum occasione ab ordinariis tolerati fuerint, absque speciali in*
„ *posterum licëtià & approbatione, ab ordinariis* OBTINENDA *secularium*
„ *confessiones audire præsumant.* Declarant ensuite nul & de nulle va-
„ leur tout ce qu'ils pourroient faire & attenter au contraire.

„   Et Gregoire XV. par sa Bulle *Inscrutabili Dei providentia,* sou-
„ met entierement les Reguliers, quelques exemptions qu'ils puissent
„ avoir, à la jurisdiction visite & correction des Evesques, en ce qui con-
„ cerne l'administration des Sacremens.

„   Quant à la predication de la parole de Dieu, le mesme Concile de
„ Trente Sess. 24. cap 4. *de Reform.* defend étroitement à tous Regu-
„ liers, de prescher mesme dans leurs Eglises, si l'Evesque ne le trou-
„ ve pas à propos & y contredit. *Nullus autem secularis, sive Regula-*
„ *ris, etiam in Ecclesiis suorum ordinum, contradicente Episcopo prædicare*
„ *præsumat:* parce, comme dit le Concile, qu'il appartient aux Eves-
„ ques de faire distribuer à leurs peuples, cette nourriture de la parole
„ quand, & comment ils le jugent à propos.

„   C'est pourquoy Gregoire XV. dans la mesme constitution *Inscru-*
„ *tabili,* ordonne que les Evesques puniront les exempts Seculiers ou
„ Reguliers, qui auront la temerité de prescher mesme dans leurs

Eglifes contre la volonté de l'Evefque. *Ac demum habeat Epifcopus* «
tanquam dictæ fedis delegatus, autoritatem coërcendi & puniendi quof- «
cumque exemptos tam feculares quam regulares, qui in alienis Ecclefiis «
abfque Epifcopi licentia, aut in Ecclefiis fuis non petita illius benedictio- «
ne, aut ipfo contradicente, prædicare præfumpferint. «

LE SECOND POINT, qui eft qu'il ne fuffit pas que cette ap- «
probation ait efté demandée, mais qu'il faut qu'elle ait efté obtenuë, «
eft une fuitte neceffaire des mefmes preuves. Car le Concile ne fe «
contente pas que les Reguliers fe prefentée l'Evefque ; qu'ils foient «
examinez & trouvez capables ; mais il veut de plus qu'ils en ayent «
obtenu l'approbation actuelle pour les confeffions des Seculiers, «
marquant mefme qu'elle leur fera donnée gratuitement : & il leur «
defend auffi en termes expres d'eftre fi hardis de prefcher mefme «
dans leur Eglife, fi l'Evefque leur refufe fa benediction & y contre- «
dit. Il eft donc conftant que le refus ne leur tient pas lieu d'appro- «
bation, puifque c'eft, au contraire en cas de refus, que le Concile «
leur defend expreffement d'avoir la temerité de prefcher mefme «
dans leurs Eglifes. D'ou vient que Gregoire XV. dans la Bulle «
Infcrutabili, foûmet les exempts à la jurifdiction des Evefques, & «
declare qu'ils font en droit de les punir s'ils entreprennent de con- «
feffer les feculiers fans leur approbation, ou de prefcher contre leur «
gré. «

Mais afin que les Reguliers ne peuffent pas alleguer leurs privileges «
pour fe donner la liberté de violer les Decrets, le Concile a eu foin «
de déclarer qu'il y derogeoit tant en particulier pour ce qui regarde «
les confeffions, en ajoutant ces mots au chap. 4. de la Seff. 24. «
privilegiis, & confuetudine quàcumque, nonobftantibus ; mais auffi ge- «
neralement en tout ce qui regarde l'execution de ce que le Concile «
ordonne à leur égard comme il paroift par ces paroles du ch. 22. de «
la derniere fceance. *Hæc omnia & fingula in fuperioribus decretis con-* «
tenta obfervari fancta Synodus præcipit & mandat in omnibus cœnobiis, «
& monafteriis & domibus, quorumcumque monachorum cujufcumque ordi- «
nis mendicantium & non mandicantinm, nonobftantibus eorum omnium «
& fingulorum privilegiis fub quibufcumque formulis verborum conceptis, «
ac mare magnum appellatis etiam in fundatione obtentis, nec non con- «
ftitutionibus & regulis etiam juratis, atque etiam confuetudinibus, vel «
præfcriptionibus etiam immemorabilibus. «

Et le Pape Vrbain VIII. par fa conftitution, *cum accepimus* du «
12. Septembre 1628. caffe auffi tous les privileges & indults fous pre- «
texte defquels les Reguliers voudroiët s'ingerer d'entendre les con- «
feffions des feculiers fans l'approbation de l Evefque, & de renverfer «
faluberrimum facri Concilii decretum defuper fancitum. Autant en ont «
fait Gregoire XIII. par fa Bulle *In tanta*, Gregoire XV. par fa «
Bulle *Infcrutabili*, & avant eux Pie IV. par fa Bulle *In principis.* «

» Le Pape Alexandre VII. qui eſt à preſent aſſis ſur la Chaire de
» ſaint Pierre , n'a pas eu moins de zele que ſes predeceſſeurs , pour
» condamner cette erreur , que les Religieux puiſſent confeſſer
» ſans avoir obtenu effectivement l'approbation des Eveſques.
» Car les Reguliers du Dioceſe d'Angers ayant avancé cette
» propoſition : *Ordinum mendicantium Religioſi ad approbationem*
» *obtinendam ab Epiſcopo, non tenentur : & ſi ab Epiſcopis Religioſi*
» *non probentur, rejectio illa tantumdem valet , ac ſi approbatio con-*
» *ceſſa fuiſſet*, le Pape dans le Bref addreſſé à M. d'Angers , qui con-
» tient la cenſure de ces propoſitions , a déclaré que celle-cy qui eſt la
» ſeconde , eſt fauſſe , ſcandaleuſe , & erronée : *falſa ſcandaloſa ,*
» *erronea*. Elle eſt fauſſe , parce qu'elle eſt contraire à la diſpoſition du
» Concile de Trente. Elle eſt ſcandaleuſe, parce qu'elle rend mépriſa-
» ble la juriſdiction des Eveſques. Et elle eſt erronée , parce qu'elle ſup-
» poſe par erreur que le pouvoir de preſcher & de confeſſer ne vient
» pas de l'approbation des Eveſques, qui ont receu de Iᴇsus-Cʜʀɪsᴛ
» en la perſonne des Apoſtres la puiſſance des clefs, & la miſſion qu'ils
» communiquent aux autres, chacun dans l'endroit où le ſaint Eſprit
» l'a eſtably pour gouverner l'Egliſe de Dieu.

» Lᴇ 3. ᴘᴏɪɴᴛ, qui eſt que cette approbation peut eſtre reſtreinte
» & limitée à certain temps & à certain lieu, ou meſme totalement re-
» fuſée ſelon la lumiere & la prudence des Eveſques, eſt une ſuitte
» de ce qui vient d'eſtre etably. Car s'il eſt vray que les Eveſques
» donnent la juriſdiction aux Reguliers lors qu'ils les approuvent pour
» leur Dioceſe , il s'enſuit qu'ils peuvent étendre ou reſtraindre ce
» pouvoir, comme ils le jugent plus utile. Et c'eſt ce que le Pape d'à-
» preſent, a encore decidé par la cenſure qu'il a faite de cette propo-
» ſition des Reguliers d'Angers : *Vbi concilium Tridentinum eſt re-*
» *ceptum, non poſſunt Epiſcopi reſtringere vel limitare approbationes quas*
» *regularibus concedunt , neque illas ex ulla cauſa revocare* , le Pape
» l'ayant condamnée comme fauſſe, ſcandaleuſe & erronée : *falſa ,*
» *ſcandoloſa , erronea.*

» Les Eveſques de France ont ſouvent decidé le meſme choſe.
» Car en l'Aſſemblée generalle du Clergé de l'année 1625. & depuis
» encore en celle de 1635. & en celle de 1645. dans le Reglement des
» Reguliers & exempts art. 6. ils parlent en ces termes : *Le Sacre-*
» *ment de Penitence eſtant l'un des plus importans que nous ayons en l'E-*
» *gliſe, le choix des perſonnes qui ſont employées en ce miniſtere , doit par-*
» *ticulierement appartenir aux Eveſques, qui ont receu immediatement*
» *de Dieu l'autorité de lier & de délier. C'eſt pourquoy aucun ne ſoit ſi teme-*
» *raire que d'entreprendre de faire cette fonction ſans en avoir la permiſſion*
» *par écrit de l'Eveſque Dioceſain ou de ſon Grand Vicaire. Et les Reli-*
» *gieux , quelque exemption qu'ils puiſſent alleguer, ne pourront confeſſer*
» *qu'ils n'ayent ſubi ſon examen , & ne ſoient approuvez de luy ou de ſon*

Grand Vicaire, de la volonté defquels dependra de leur permettre de «
confeffer pour un temps ou pour toûjours, & avec telle autre reftriction «
qu'ils jugeront àpropos.

Quelques Regulieurs n'ayant pas voulu fe foumettre à ce regle- «
ment dans le Diocefe de Sens, l'Affemblée de 1650 le renouvella, «
& ayant dreffé un formulaire d'Aprobation, elle l'envoya à Noffei- «
gneurs les Prelats, les conjurant de s'en vouloir fervir, & de ne «
permettre à aucun Religieux, l'exercice de la predication, ou l'ad- «
miniftration du Sacrement de penitence, qu'ils ne fe foûmiffent à «
prendre une approbation limitée : que c'eftoit l'ufage de toute «
l'Italie quoy que les Reguliers y joüiffent pleinement de tous leurs »
privileges, & que ç'avoit efté la pratique de S. Charles. «

La rebellion des Regulers d'Angers eftant arrivée pendant la »
tenuë de l'Affemblée de 1655. tout le monde fçait avec quelle vi- «
gueur les Prelats qui s'y trouvérent travaillerent à la reprimer, en «
cenfurant, apres une exacte difcuffion, les propofitions que ces «
Reguliers avoient avancées qui furent auffi depuis cenfurées par le «
Pape le 3. Ianvier 1659. «

La réponfe qui a efté faite 4. ans depuis par la Congregation des «
Cardinaux à M. l'Evefque de Cahors, eft encore une preuve con- «
vaincante de cette verité. Car ce Prelat l'ayant confultée fur la con- «
duitte qu'il devoit garder envers ceux des Mendians qui confeffoient «
fans fon approbation, ou contre les reftrictions & les limitations «
qu'il y avoit mifes, ou qui prefchoient contre fa volonté, il luy fut «
répondu fur la fin de l'année 1662. qu'il les devoit punir & reprimer «
ad formam conftitutionis fælicis record. Gregorii XV. quæ incipit. «
INSCRUTABILI. «

Et non feulement les Evefques font en droit de reftreindre & limi- «
ter les approbations qu'ils donnent aux Reguliers ; mais encore de «
les refufer abfolument, s'ils le jugent à propos, parce que l'Evef- «
que eftant Pafteur de tout fon Diocefe, & comme le Pere de famil- «
le, c'eft à luy à appeller ceux qu'il juge propres pour luy ayder «
à porter le poids de fa charge. Que fi c'eft une maxime Apoftolique, «
comme parle l'Affemblée du Clergé de l'an 1650. que *nemo fumit fibi* «
honorem, & que perfonnne ne doit fans l'ordre de l'Evefque, *ad quem* «
pertinet de ovibus, s'ingerer dans les fonctions Hierarchiques, les Re- «
guliers le doivent faire beacoup moins que les autres, & particulie- «
ment les Auguftins, puifque leur eftat eftant de fa premiere infti- «
tution, purement Laïque & heremitique, ils n'ont efté élevez à la «
Preftrife qu'afin de venir au fecours des Evefques quand ils les ap- «
pelleroient pour n'avoir pas un clergé affez nombreux & remply de «
perfonnes affez capables, ou d'une vertu affez pure pour entrer «
dans toute la part des foins de la charge paftoralle, qu'il faut necef- «
fairement qu'ils communiquent, ne pouvant pas feuls fuffire à «

» tout. Mais comme le propre d'un Moine, selon les Peres, est de
» pleurer & non d'enseigner, *Monachus plangentis, non docentis habet*
» *Officium*, on ne les doit employer aux fonctions Ecclesiastiques, que
» dans les extrémes besoins de l'Eglise, afin qu'ils ayent plus de moyen
» de vacquer dans le silence, & dans le repos de leurs Monasteres, à
» l'oraison, au jeusne, & aux bonnes œuvres, selon cette sainte or-
» donnance du Concile de Chalcedoine can. 4. *Monachos vero per*
» *unamquamque civitatem aut regionem subjectos esse Episcopo, & quie-*
» *tem diligere, & intentos esse tantummodo jejunio & orationi, in locis*
» *in quibus renuntiaverunt sæculo permanentes : nec Ecclesiasticis, nec se-*
» *cularibus negotiis communicent.*

» Cette liberté du refus appartient tellement aux Evesques, que
» les Iesuites l'ayant voulu disputer à l'Evesque d'Angelopolis, &
» leur different ayant esté porté au Pape Innocent X. il declara entre
» autre chose par sa Bulle *cum accepimus.* du 14. May 1648. que les
» Iesuites, qui sont pour le moins aussi privilegiez que les Augustins,
» ne pouvoient pour raison de ce refus, recourir à leurs conservateurs,
» qui est la mesme chose pour eux que l'appel en France. C'est ce qu'il
» repette encore dans les réponses au premier & second doute de l'E-
» vesque. Et au premier doute proposé de la part des Iesuites, il est
» répondu. *Posse Episcopum omnibus simul unius Monasterii vel collegii*
» *confessariis, adimere facultatem audiendi confessiones personarum se-*
» *cularium.*

» LE DERNIER POINT, ne reçoit pas de difficulté, estant indubi-
» table, que le Frere Hilarion Lavaur ayant entrepris de prescher,
» quoy que dans l'Eglise de son Monastere contre la volonté de M.
» l'Evesque d'Alet, & ayant accompagné cette entreprise de propo-
» sitions scandaleuses contre son Prelat, jusqu'à le faire passer pour
» heretique, le Promoteur d'Alet a esté en droit d'en faire informer
» par le devoir de sa charge. Car cette entreprise de prescher malgré
» l'Evesque Diocesain est un crime sujet à punition, & c'est l'Evesque
» mesme qui le doit punir, suivant l'intention du Concile, & les con-
» stitutions cy-dessus rapportées des Papes Gregoire XV. Vrbain
» VIII. & particulieremenr d'Innocent X. qui au doute proposé
» dans l'affaire de l'Evesque d'Angelopolis : *An Episcopus possit proce-*
» *dere contra regulares exemptos si inobedientes fuerint in confessionibus*
» *audiendis & prædicatione verbi Dei*, a repondu, *posse procedere*, avec
» injonction à tous juges de le juger ainsi : *Decernentes sic & non aliter*
» *per quoscumque judices ordinarios & delegatos ...... judicari ac*
» *definiri debere : ac irritum & inane si quid secus à quoquam quavis au-*
» *toritate scienter & ignoranter contigerit attentari.*

» Et pour la témerité d'avoir taxé en pleine chaise son propre Eves-
» que d'heresie, c'est un excés sans exemple, qui merite que ce Reli-
» gieux qui s'est si fort oublié, n'en soit pas quitte pour la peur, com-
» me il a esté jusques icy.   Voila

Voila ce qui a esté represenré à M. de Vabres. S'il n'en a pas esté persuadé, il faut qu'il se soit volontairement fermé les yeux pour ne rien voir de tout ce qui pouvoit le detourner de l'engagement ou il s'estoit mis par sa premiere Sentence renduë sans parties oüies, de favoriser ces Religieux à quelque pris que ce soit. Mais on est bien asseuré que ny ce Prelat, ny aucuns de ses assesseurs, qui luy avoient tous esté donnez par les Reguliers de Toulouze, ou par les ennemis de M. d'Alet, ne sçauroient répondre à aucune de ces preuves pour soutenir leur jugement ; lesquelles sont si constantes que le Pere Simplician ancien Religieux du mesme ordre & de la mesme Province que le Frere Hilarion Lavaur, & Doyen des Professeurs de la faculté de Theologie en l'Vniversité de Toulouse, ayant avancé les mesme erreurs dans l'ouverture qu'il fit de l'Ecole de Theologie, le 19. Octobre 1663. fut obligé d'en dôner sa retractation & de réconnoistre de bonne foy par un écrit signé de sa main, qu'il remit à M M. les Vicaires Generaux le Siege vacant, que les Reguliers en vertu de leurs privileges ne pouvent absoudre validement au fore de la penitence, ny prescher la parole de Dieu, qu'ils n'en ayent auparavant obtenu actuellement l'approbation des Evesques, laquelle ils peuvent restraindre & revoquer quand & comme il leur plaist. *Regulares vi suorum privilegiorum, non possunt validè absolverè in foro pœnitentiæ, nec verbum Dei predicare, nisi prius* OBTENTA *approbatione ab Episcopis, quam ipsi Episcopi ad libitum restringere & revocare possunt.* EGO FRATER SIMPLICIANUS *Professor Regius Augustinianus & decanus Vniversitatis,* EX CORDE ET ANIMO *subscribo contentis in quatuor positis lineis & dimidià hujus scedulæ, hac die* 25. *Martii* 1664. Et il est estonnant que M. l'Evesque de Vabres qui n'ignoroit point cette retractation, dont le sujet avoit assés fait de bruit, ait si peu consideré les interests de son carractere & la Iustice, que de donner une Sentence qui confirmast ces mesmes erreurs & rendist à ces Reguliers des pretentions, desquelles la force de la verité les avoit obligez trois mois auparavant de se departir.

§. *7. Recit de ce qui s'est passé dans cette affaire des Augustins depuis la derniere Sentence de M. de Vabres.*

Le Promoteur dAlet ayant appellé à Rome d'une Sentence si insoutenable, il en obtint un Bref, addressé entre autres Prelats à M. l'Evesque de Rieux, qui fit citer ces Reguliers & leur fit deffenses de rien attenter au prejudice de l'Appel. Mais enflez de la Sentence qu'ils avoient obtenuë, ils continuerent à traitter M. d'Alet & ses Officiers avec des insolences effroyables. De sorte que le Promoteur fut obligé pour les reprimer de presenter Requeste à M. de Rieux, où il luy remontroit, *que ces Religieux n'avoient pas seulement contrevenu à ses deffenses, mais qu'ils s'estoient portez à cette extre-*

X

mité d'uſer publiquement de pluſieurs calomnies, de paroles injurieuſes & de railleries, meſme avec jurement & paroles ſales, tant contre la perſonne de M. l'Eveſque d'Alet, que contre ſon Miniſtere, & qu'ils avoient commis divers ſcandales juſques dans la celebration des divins myſteres & ailleurs dont il deſiroit faire informer de ſon autorité, afin d'en pourſuivre la reparation. Ce qui luy ayant eſté accordé par ce Prelat, un Preſtre commis par luy, commença cette information le 17. jour du mois de Iuin 1665. Il ſe trouva par la depoſition de pluſieurs témoins, qu'ils avoient preſché & confeſſé nonobſtant les deffenſes; qu'ils avoient fait chanter l'Epiſtre à un frere Antoine imbecile d'eſprit, en habit tout déchiré, & en un tres pitoyable eſtat, que le Frere Marcial Devaux (qui eſt l'un de ceux que M. de Vabres a jugé devoir preſcher & confeſſer malgré M. d'Alet) avoit dit ſouvent en public, ſoit à la boucherie, ou par les rües des paroles ſales & deshonneſtes s'adreſſant à hommes & femmes, & meſme proferé publiquement des paroles injurieuſes contre M. l'Eveſque d'Alet & ſes Preſtres, les accuſant de folie & dextravagance dans leur conduite : que le meſme Frere Devaux alloit ſouvent ſeul par les rües en habit blanc, l'eſtomac ouvert, & dans une poſture tres indeſcente, beuvant publiquement en des maiſons particulieres du vin qu'il payoit & envoyoit chercher, proferant pluſieurs paroles ſales tout haut qui faiſoient rougir ceux qui l'entendoient; qu'il s'eſtoit vanté qu'eſtant à Carcaſſonne, il avoit des privautez ſcandaleuſes avec des filles & des femmes, & qu'à Caudiez, il leur tenoit des diſcours que la pudeur empeſche de rapporter.

Dieu a permis qu'on ait découvert tous ces deſordres, par une maniere juridique, pour faire voir quels ſont ceux que M. l'Eveſque de Vabres a envoyez preſcher & confeſſer dans le Dioceſe d'Alet, comme ſi M. d'Alet leur euſt fait une grande injure de ne leur avoir pas permis de faire ces fonctions. Et de là on peut juger combien c'eſt une grande temerité à un Eveſque étranger d'approuver pour le Dioceſe d'un autre, ceux qu'il ne connoiſt que par un examen d'un moment, qui peut donner quelque legere conjecture de la ſuffiſance de celuy qu'on examine, mais qui ne fait juger en aucune ſorte quelles ſont ſes mœurs & le fonds de ſa vertu. Cependant l'un ſans l'autre n'eſt rien, & quelque ſcience qu'euſt une perſonne, s'il eſt ſujet a des paſſions honteuſes, c'eſt mettre un loup dans la bergerie, que de confier toutes ſortes d'ames à des gens faits de la ſorte. On prevoit aiſement les ravages qu'ils peuvent faire; mais il n'y a guere que les excellens Paſteurs qui ſoient touchez de ce danger au point que l'on le doit eſtre. Neanmoins ils ont ſouvent des connoiſſances de ces deſordres qui leur paroiſſent certaines, mais qui ne ſeroient pas ſuffiſantes pour faire le procés dans les formes à ces Re-

ligieux déreglez. Où en feroient ils donc reduits, s'ils eftoient obligez de les approuver fur l'examen d'un moment de quelques mots de
Latin, & de quelques cas de confcience? Ne feroit-ce pas les obliger
à trahir les ames, dont le falut leur doit eftre plus cher que leur
propre vie, que d'autorifer comme a fait M. de Vabres par fa Sentence, cette erreur pernicieufe, que les Evefques font injure à ceux
qu'ils n'approuvent pas, & qu'ils ont fujet de s'en plaindre & de
fe faire approuver par d'autres.

Cette information ne pût pas eftre fi fecrette, que ces Religieux
n'en appriffent quelque chofe : & c'eft ce qui les fit juger, qu'ils ne
trouveroient pas dans M. l'Evefque de Rieux la mefme conplaifan-
ce pour autorifer leur revolte, qu'ils avoient trouvée dans M. de
Vabres. Ainfi ils ne penferent qu'à empefcher qu'il ne fût leur Iuge.
Et comme M. de Vabres leur eftoit tout dévoüé, il ne leur fut pas
difficile d'obtenir de luy, que fon Secretaire differât autant qu'il
pourroit de remettre le procés. De forte que quelques commandemens que luy en ait fait faire M. de Rieux, fous peine d'interdit &
d'excommunication, il a méprifé les cenfures de l'Eglife pour donner temps à ces Freres Auguftins de Caudiez, de faire venir de Rome un autre refcrit qui revoquoit celuy qui avoit commis M. de
Rieux & qui remettoit à M. l'Evefque d'Alby la connoiffance de
cette affaire. Ces Reguliers ayant expofé au Pape que ce Prelat leur
eftoit fufpect fans articuler les caufes de fufpition, ce qui eft non
feulement nul, mais abufif.

C'eft l'eftat où elle eftoit demeurée, lors que le Promoteur d'A-
let prevoyant le trouble, qu'elle pouvoit caufer dans le Diocefe fi
elle n'eftoit bien-toft terminée, a demandé qu'elle fût jointe à celle
des Gentilshommes puis qu'eux mefme l'y avoient jointe par leur
Syndicat. Et pour donner plus de moyen à Meffeigneurs les Commiffaires nommez par fa Majefté d'en juger en dernier reffort, il a
appellé comme d'abus de la Sentence renduë par M. de Vabres, &
de toute la procedure par luy faite pour les caufes & motifs qui font
marquez dans fon appel, qui fe reduifent a 7 chefs, qu'il efpere que
tout le monde jugera eftre entierement inconteftables.

Le 1. fera pris de l'acceptation que M. l'Evefque de Vabres a
fait de la Commiffion quoy qu'il fût éloigné d'Alet de plus de trois
journées, *extra duas legales diætas*, contre les Canons, qui ne veulent
pas qu'on puiffe tirer le deffendeur plus de deux journées de chemin
loin de fon Diocefe, cap *nonnulli de Refcripti*, & mefme d'une journée, cap. *ftatutum de Refcript. in fexto*, & en ce cas, le Refcirpt n'at-
tribuë aucune jurifdiction au Iuge delegué, cap. *Olim. de exceptionib.*
Contre les libertés de l'Eglife Gallicane, & les loix & ordonnances
du Royaume. Et du mauvais ufage que ledit S. Evefque de Vabres
a fait de ce Refcrit, en faifant citer devant luy M. l'Evefque d'Alet

& son Official contre les termes du mesme Rescrit, ou le Promoteur estoit seul partie.

Le 2. de ce que M. de Vabres foulant aux pieds & les canons & les loix du Royaume, il n'a pas defferé aux fins de non-proceder qu'on luy a alleguées, fondées sur la nullité de sa Commission. 1° par deffaut de matiere, parce qu'elle supposoit, qu'il falloit juger de la justice ou de l'injustice d'une sentence diffinitive, & il n'y a pas mesme eü d'assignation ny d'instance. 2° par la fausseté de l'exposé, le Frere Hilarion Lavaur n'ayant obtenu ce Rescrit que sur cette fausseté substancielle, & malicieusement avancée, que l'Official d'Alet avoit rendu contre luy une Sentence diffinitiue qui le condamnoit à quelque peine, pour avoir contrevenu aux deffences qui luy avoient esté faites de prescher & de quester. Car il y a en cela un double mensonge, l'un qu'on luy ait fait aucune deffence de quester, & l'autre qu'on ait rendu aucune Sentence contre luy pour avoir presché. Or ces sortes de faussetez rendent les Rescrits nuls, & ostent tout droit à ceux qui les ont obtenus de s'en servir : *Mendax enim precator carere debet impetratis*, suivãt la disposition du droit canonique, *cap. constitutus; cap. super literis; & cap. postulasti, de Rescriptis.*

Le 3. de ce que M. de Vabres n'a pas deferé aux fins de non-recevoir fondées 1° sur ce que l'appel estoit frivole & non recevable; parce qu'il avoit esté interjetté non seulement avant qu'il y eût eü Sentence definitive ; mais mesme avant qu'il y eust instance, n'y ayant eü qu'une simple information, qui n'a jamais esté decrettée, & qui par consequent n'a jamais pû faire une instance, qui suppose une citation ou un decret, de sorte que cet appel estoit entierement nul par la disposition du droit Civil, *L. ante sententiæ tempus. Cod. quorum appellationes non vecipiantur*: & du droit canonique, *in cap. vt debitus, de Appellationibus, & cap. Romana §. cum autem, eodem.* Du concordat, *tit. de frivolis appellationibus. Nec à gravamine in quacumque instancia ante disfinitivã sententiam quomodolibet appelletur:* Et du Concile de Trente *Sess.13.c. 1. de Refform.* qui en rend cette belle raison : *Ne remedio ad innocentiæ præsidium instituto, ad iniquitatis defensionem rei abutantur.* 2° sur ce que cet appel estoit *Omisso medio,* & sans passer par le Metropolitain contre la disposition du mesme Concordat au mesme tiltre *de frivolis appellationibus. Si quis offensus coram suo judice justitiæ complementum habere non possit* AD IMMEDIATUM SUPERIOREM *recursum habeat: nec ad aliquem superiorem etiam ad nos & successores nostros vel sedem prædictam* OMISSO MEDIO *quomodolibet appelletur ......, non nisi ad immediatum superiorem licet appellari.*

Le 4. moyen, de ce que M. l'Evesque de Vabres sans aucun commandement precedent ny monition, a suspendu le Promoteur d'Alet jusques à ce qu'il eût remis la pretenduë procedure, ce qui est &

-contre les canons & contre l'ordre judiciaire. Et de ce que ledit
Promoteur ayant fait remettre un extrait en forme de cette procedure, & M. de Vabres ayant levé en confequence la fufpenfion, il en
auroit decerné une feconde jufques à la remife des originaux.

Le 5. moyen, de ce que M. l'Evefque de Vabres à paffé manifeftement les bornes de fa commiffion en 2. facons. La premiere lors
qu'il a entrepris de donner permiffion au Frere Hilarion Lavaur
de prefcher & de confeffer dans le Diocefe d'Alet, puis que fon
Bref ne luy donnoit en aucune forte un pouvoir fi exorbitant, n'y
eftant pas mefme parlé de la confeffion, fans examiner maintenant fi
on auroit pû luy donner ce pouvoir. La 2. en ce qu'il a permis aux
Freres Devaux & Neblon, qui ne font pas feulement nommez dans
fa Commiffion, de fe prefenter ou à luy ou tel des Evefques de la
Province que bon leur fembleroit, ce qui eft un attentat inoüy dans
l'Eglife, & un abus tres dangereux.

Le 6. moyen; de ce que M. de Vabres dans fa Sentence diffinitive, par un renverfement horrible de toute difcipline, déclare avoir
efté bien appelé par le Frere Lavaur, & mal jugé, fans dire par qui,
ce qui eft un abus épouvantable. Car s'il a entendu l'Official d'Alet,
comment auroit il mal jugé n'ayant rien jugé? & s'il a entendu M.
l'Evefque d'Alet, tout ce qu'il a fait dans cette affaire eft d'avoir
donné dans le cours de fa vifite commiffion pour informer, ce qui
n'eft pas un jugement, & de declarer generalement par les ordonnances Sinodales, qu'aucun Preftre Seculier ou Regulier ne peut
confeffer fans fon aprobation, ny prefcher contre fon gré, en quoy
on ne peut dire qu'il ait mal jugé, qu'en condamnant les Conciles
& les Bulles & Decrets des Papes, que M. d'Alet n'a fait que fuivre
dans ces ordonnances.

Enfin le feptiéme & dernier moyen fera pris de ce que demeurant prouvé par la procedure, que ce Frere Hilarion, qui en côvient,
a prefché au mépris des deffences de M. l'Evefque d'Alet, a avancé
des erreurs condamnées, & a tenu en prefchant plufieurs difcours
injurieux au caractere Epifcopal: M. de Vabres l'a renvoyé abfous,
a débouté le Promoteur d'Alet, qui pour faire reparer ces excés
avoit demandé qu'il en fuft informé, de fes fins & conclufions;
& l'a condamné à 460. livres ou environ de dépens ou d'epices, contre toutes les regles de l'equité, & l'Edit du feu Roy de glorieufe memoire de l'an 1625. par lequel il eft deffendu de condamner les Promoteurs aux dépens fi ce n'eft en cas de calomnie manifefte: comme on ne condamne pas les Procureurs du Roy aux defpens s'ils ne
font convaincus de calomnie.

Comme ces moyens d'abus font indubitables, on efpere que
Meffeigneurs les Commiffaires nommez par le Roy, remettront les
chofes dans leur ordre naturel dont cette Sentence fi injufte les a

voulu tirer ; c'eſt à dire qu'ils renvoyeront ces Religieux à M. l'E-
veſque d'Alet, pour luy demander pardon de leurs entrepriſes, & attendre de ſa lumiere & de ſa bonté, qu'il les employe, s'il le juge neceſſaire, à des fonctions qu'ils ne peuvent uſurper d'eux meſmes,
ſans ſacrilege.

§. 8. *De l'affaire des Capucins, qui n'eſtant point du Dioceſe d'Alet,*
veulent y queſter malgré M. d'Alet, en meſmes temps qu'ils ne
travaillent qu'à décrier ſa conduite.

Comme les Capucins ſont les plus ardens defenſeurs de la revolte
des Gentilshommes, & les plus unis avec eux pour décrier M. d'A-
let ; les Gentilshommes de leur coſté, n'ont pas entrepris avec
moins de chaleur de les ſoutenir dans leur pretention ſi indigne de
Religieux de S. François, de queſter dans un Dioceſe, où ils n'ont
aucun Convent, contre les ordres de l'Eveſque, qui n'a point dû
ſouffrir, que ſon peuple qui eſt tres pauvre, fut obligé de nourrir des
Religieux d'autres Dioceſes qui ne luy rendent aucun ſervice, & qui
ne travaillent au contraire, qu'à ruiner autant qu'ils peuvent tout le
bien que leur Prelat s'eſt efforcé d'établir par des travaux continuels
de 25. années. Et ainſi cette affaire eſt tout à fait jointe à celle de la
Nobleſſe ; & en voicy l'origine.

Il n'y a aucun Convent de Capucins dans le Dioceſe d'Alet. Mais
ceux de la Ville de Limoux du Dioceſe de Narbonne, & ceux de
Chalabre du Dioceſe de Mirepoix y viennent queſter. Ceux d'Ille
en Rouſſillon, & ceux d'un autre Convent de Cerdaigne pretendent
depuis quelques années y venir auſſi.

Ceux qui connoiſſent plus particulierement ces Religieux ſçavent qu'il n'y en a guere de plus attachez aux méchantes maximes
des Caſuiſtes, tant parce qu'ils n'étudient gueres d'autres livres, que
parce qu'ils en trouvent la doctrine commode pour complaire aux
gens du monde dont leur ſubſiſtance dépend. C'eſt dans cet eſprit,
que ces Capucins des environs d'Alet, ont entrepris depuis pluſieurs
années de décrier la conduitte de M. l'Eveſque d'Alet & des Eccleſiaſtiques de ſon Dioceſe. On a appris de tous coſtez, que tous ceux
qui y viennent pour queſter, que ceux qui y paſſent, ne parlent de ce
Prelat que comme d'un heretique ; que comme d'un tyran qui acca-
ble les ames par ſa ſeverité extraordinaire ; que comme d'un homme
qui a des maximes & des regles contraires à celles de l'Egliſe touchant l'adminiſtration du Sacrement de penitence, parce que leur
aveuglement eſt tel que tout ce qui n'eſt pas conforme aux ſentimens d'Eſcobar, de Tambourin, de Guimenius, & de ſemblables cor-
rupteurs de la Morale Chreſtienne, leur paroiſt n'eſtre pas conforme aux ſentimens de l'Egliſe.

C'eſt principalement dans les maiſons des Gentilshommes où ils

logent, & chez les perſonnes où ils vont faire la queſte, qu'ils tiennent de ſemblables diſcours. L'un d'eux s'eſt emporté juſqu'a dire
au Sieur Morin Medecin de M. le Prince de Conty qui les trouva aux
bains dans le Dioceſe d'Alet, qu'il vouloit ſe traveſtir pour venir informer dans les Villages du Dioceſe, de tous les maux que ce Prelat
y cauſoit. Vn autre a eu l'inſolence, en parlant à des perſonnes qui
avoient une eſtime particuliere de la conduitte de M. d'Alet, de les
menacer par un emportement de phanatique, qu'ils s'éleveroient
contr'elles au jugement de Dieu, ſi elles ne la quittoient ſuivant le
conſeil qu'ils leur en donnoient, & que ce Prelat eſtoit tel, qu'il n'y
avoit aucun mal à le diffamer. C'eſt pourquoy ils s'en acquittent fort
bien, & jamais l'enfer n'a vomy de plus impudentes calomnies contre perſonne, que celle qu'ils ont oſé debiter contre ce bon Eveſque
à des grilles de Religieuſes par une effronterie plus digne de demons,
que de Preſtres & de Chreſtiens.

M. d'Alet faiſant ſa viſite il y a quatre ou cinq ans, receut pluſieurs
plaintes des Curez & des Vicaires contre ces Freres Capucins. Ils
luy repreſenterent qu'ils excitoient les peuples à s'élever contre la
conduitte que l'on tenoit envers eux pour leur propre bien ; qu'ils
ſemoient diverſes calomnies tant contre luy, que contre eux : Que
cela portoit un extreme préjudice aux ames à qui ces Freres tâchoiết
de rendre odieuſe la pratique tres ſalutaire de differer, ou de refuſer
l'abſolution dans les cas où il le faut faire ſelon l'eſprit de l'Egliſe :
Que pour leur donner plus de moyen de ſecoüer le joug de la diſcipline eccleſiaſtique, il les exhortoient de ſe venir confeſſer à eux dans
leur convent de Chalabre, en les aſſurant qu'ils pouvoient ſe confeſſer par tout à qui ils voudroient : Qu'en effet pluſieurs perſonnes
ſcandaleuſes, ou engagées dans des habitudes vitieuſes, & quelques
uns meſmes qui eſtoient interdits de l'entrée de l'Egliſe, eſtoient allez ſe confeſſer dans ce Monaſtere & y avoient eſté receus à la ſainte
communion.

Sur ces plaintes des Curez M. d'Alet s'addreſſa aux Gardiens de
ces maiſons, afin qu'ils remediaſſent à ces maux ; qu'ils retinſſent
leurs Religieux dans leur devoir ; & qu'ils les obligeaſſent à quelque
ſatisfaction pour le paſſé. Mais toutes ſes remontrances furent ſans
effet

Quelque temps apres M. d'Alet eſtant en viſite en Rocfortois il y
rencontra le Frere Blaiſe Gardien de Chalabre, duquel on luy avoit
fait diverſes plaintes, ſur ce qu'il extorquoit des ſimples gens & des
femmes les choſes qu'il demandoit, par des diſcours qui reſſentoient
ceux des charlatans ; qu'il entroit hardiment dans les maiſons, où
ſouvent il n'y avoit que des femmes, les maris eſtant occupez aux
travaux de la campagne, & que dans les maiſons des Gentilshommes
où il alloit loger, il combattoit toutes les regles de la diſcipline & des

mœurs qui s'obſervent dans le Dioceſe.

M. d'Alet le fit venir, afin de l'entendre luy meſme ſur ce qu'il avoit à dire pour ſa juſtification. Vn Eccleſiaſtique qui tenoit la place du Promoteur expoſa à M. d'Alet en la preſence de ce Capuein, tout ce qui vient d'eſtre dit. Il s'excuſa de quelque choſe : Il avoüa les autres, & ſoutint hardiment, qu'ils pouvoient confeſſer tous ceux qui viendroient à eux, quoy que d'un autre Dioceſe, où ils n'eſtoient point approuvez.

On luy repreſenta ce que le Pape avoit determiné ſur ces matieres dans le Bref envoyé à M. l'Eveſque d'Angers ; & M. d'Alet luy dit qu'il ne donneroit plus aux Capucins la permiſſion de queſter, s'ils ne luy promettoient de ſe conformer aux determinations contenuës dans ce Bref touchant les confeſſions.

Il n'y avoit rien de plus juſte que cette propoſition, & ce Capucin ne pouvoit refuſer de l'accepter, qu'en faiſant voir que ces gens là veulent bien que le Pape leur puiſſe donner les privileges dont ils abuſent pour ſe moquer de l'autorité des Eveſques ; mais qu'ils ne veulent point ſe ſoûmettre au Pape, lors qu'il les remet dans l'ordre. Ce fut le mouvement de ce Gardien. Il ne voulut point promettre de ſe conformer à ce Bref envoyé à M. d'Angers. Mais parce qu'ils ne vouloient pas auſſi perdre leur queſte qui leur eſt fort chere ; plûtoſt que d'accepter une condition ſi raiſonnable, ils ſe ſont pourveus à la juſtice Seculiere, afin de pouvoir queſter dans le Dioceſe d'Alet, ſans en obtenir la permiſſion de M. l'Eveſque d'Alet, comme ils avoient fait juſquà lors, & ſans avoir plus rien qui les retienne dans le deſſein qu'ils ont de déchirer cet Eveſque par toutes ſortes de calomnies.

Ils ont ſurpris deux Arreſts ſur Requeſte, l'un à Toulouze l'autre au Conſeil, pour ſe conſerver ce droit de queſte, faiſant voir par là, qu'ils ne la regardent pas tant, comme une aumoſne volontaire, que comme une eſpece de tribut, & qu'ils ſont bien éloignez de cet eſprit d'une pauvreté ſublime dont ils ſe ſont tant vantez, de ne poſſeder rien ny en particulier ny en commun, puiſqu'ils ont eſté preſts de plaider au Parlement de Grenoble pour du vin de queſte qui avoit eſté ſaiſi, ce qui a bien fait voir que cette deſappropriation ſi entiere de tout Domaine, n'eſt qu'une belle idée dont on ſe repaiſt l'eſprit, mais qu'on ne pretend rien perdre de tous les avantages reels & effectifs du Domaine.

Ils ne ſe ſont pas contentez de faire donner par ces Arreſts ſur Requeſte ſans oüir Partie, le pouvoir de queſter ſans le conſentement des ordinaires ; ils ont eu ſoin d'y faire inſerer *qu'il ſeroit informé des contraventions*, & ils n'ont pas manqué de faire valoir cette clauſe pour tourmenter les Curez, qui avoient de la peine de voir le mépris que faiſoient ces Religieux de l'autorité de leur Eveſque.

Le

Le moindre mot que ces Curez ou les Vicaires ont pû dire, pour témoigner leur estonnement de ce que ces Religieux entreprenoient de quester sans la permission de M. d'Alet, a esté un sujet suffisant de faire informer contre eux, & les obliger de quitter leurs Parroisses, pour satisfaire à des ajournemens personnels qu'on a fait decreter contre eux au Parlement de Toulouze. Le Curé de Rennes fut contraint de s'y aller presenter, & il paroist par sa reponse à l'interrogatoire qu'on luy fit, qu'on luy avoit malicieusement imposé d'avoir parlé dans son Prosne contre cette aumône des Capucins, quoy qu'il n'en eust point parlé.

Cependant les Capucins triomphent de n'avoir plus besoin des Mandemens de M. d'Alet. Ils ne portent plus que leurs Arrests: Ils les lisent avec insulte dans les places publiques; & ils les accompagnent de menaces contre les Curez & Vicaires qui leur apportent quelque trouble dans la levée de cette espece de taille, qu'ils tirent de ce pauvre peuple.

Ainsi l'on voit un Diocese tres-pauvre, qui n'ayant aucun Monastere de Capucins, ny par consequent aucune obligation d'en nourrir, ne laisse pas d'estre mangé par quatre Convents étrangers de ces Freres Mendians, qui y viennent tant qu'il leur plaist & qui ne payent les aumônes qu'on leur y fait, que par d'insolentes declamations contre l'Evesque & contre les Curez, & par des discours seditieux pour porter les peuples à la revolte contre leurs Pasteurs.

Si ces choses avoient esté connuës du Parlement de Toulouze & du Conseil, où les Arrests dont les Capucins abusent, ont esté rendus, il n'y a point d'apparence qu'ils les y eussent obtenus. Et ainsi il y a sujet d'esperer que Messeigneurs les Commissaires nommez par sa Majesté r'envoyeront encore ces Reguliers à M. l'Evesque d'Alet pour luy demander pardon de leurs excez; pour luy promettre de ne plus troubler l'ordre de son Diocese, en s'ingerant de confesser des personnes qu'ils n'ont point pouvoir d'absoudre, selon les vrayes regles de l'Eglise; & pour attendre de luy la permission de faire leur queste, selon la qualité de leurs besoins & le pouvoir de son peuple.

VINCENT RAGOT Prestre Promoteur d'Alet.